特·别·鸣·谢

国家社会科学基金

"211工程"三期重点学科建设项目
(西部大开发与区域发展理论创新)

国家开发银行资助项目
(西部大开发重大战略问题研究基金)

浙江大学人口与发展研究所

国家社科基金
GUOJIA SHEKE JIJIN HOUQI ZIZHU XIANGMU
后期资助项目

中国少数民族
人口学特征地域性的
理论与实证

Demographics of Ethnic Minorities in China:
A Theoretical and Empirical Study on Regionality

原华荣 等 著

ZHEJIANG UNIVERSITY PRESS
浙江大学出版社

国家社科基金后期资助项目
出版说明

  后期资助项目是国家社科基金设立的一类重要项目，旨在鼓励广大社科研究者潜心治学，支持基础研究多出优秀成果。它是经过严格评审，从接近完成的科研成果中遴选立项的。为扩大后期资助项目的影响，更好地推动学术发展，促进成果转化，全国哲学社会科学工作办公室按照"统一设计、统一标识、统一版式、形成系列"的总体要求，组织出版国家社科基金后期资助项目成果。

全国哲学社会科学工作办公室

前　言

本书为国家社科基金后期资助项目"中国少数民族人口学特征的地域性研究"（16FRK001）成果。

人口学特征指用一系列人口学概念、指标描述、刻画的共同体特征,亦称人口现象。这些概念、指标包括空间分布、出生、死亡、迁移、婚姻、家庭、生育、性别、年龄、人口类型、负担系数、受教育程度、产业和职业构成……以及（相对慢变化的）文化、习俗和宗教等。

地域性是中国少数民族人口学特征的显著标志。从分布看,是从空间到民族的"大分散"、"小集中"——人口数量在各个地区、民族广泛分布,在部分地区、少数民族中的相对（大量）集聚,和由之规定的低离散、规模悬殊的显著特征。从人口学特征看,一方面是在趋异效应下,同一民族人口学特征在不同地域的"趋异"（地域趋异）;一方面是在趋同效应下,不同民族人口学特征的"趋同"（民族趋同）。在"趋异"和"趋同"的长期共同作用下,形成了中国少数民族人口学特征鲜明的地域性:以同一地域为聚居地的少数民族,不论他们的文化、习俗、宗教（人口学特征变化相对慢的部分）如何不同,其人口学特征总是相近的;以不同地域为聚居地的少数民族,不论他们的文化、习俗、宗教如何相近,其人口学特征总是存在着显著差异的。在大尺度上,中国少数民族人口学特征的地域性展现为:在东部与西部、西南与西北之间的"地域趋异",在东部、西部、西南、西北内的"民族趋同"。

环境可塑性是对民族人口学特征地域性根本而简明的解释。人口学特征的民族性/民族特质并非是刚性和不变的,通过环境（自然—经济—社会—文化）的长期"侵蚀"（影响/作用）,民族人口现象是可变的,即存在对环境而言的可塑性。

人口学特征的地域性和民族性是一枚钱币的两个面——既是民族的、各异的,也是地域的、共同的,而民族性,在本质上也是一种地域性——历史地域性和现实地域性。历史地域性,指环境在历史上对某一共同地域人群投下的"影子",不同的历史环境造就了不同的民族;现实地域性,指变化着的环境,通过"趋异—趋同机制"再塑造着原有民族的人口学特征,在其上打上新的"烙印"。在对民族人口学特征再塑造的过程中,地域因子的作用是共同的、综合的,以受教育程度、离散效应和"边缘—胁迫效应"最为根本。

1990—2010 年是中国在改革开放后迅速发展的 20 年,也是中国少数民族人口学特征随经济、社会发展天翻地覆变化的 20 年。对此,本书利用1990 年、2010 年两次全国人口普查民族部分的资料,对 55 个已识别少数民族人口学特征的现状和变化,通过资料展示、分析和比较——1990 年与2010 年,少数民族与全国,东部与西部、西南与西北,给予了全方位的展现,在勾画出总体面貌的同时,力求使每一个民族、每一个地域的民族,都能从中找到自己的人口学特征和 20 年来的发展变化情况,及在中华民族大家庭中所处的位置。

中国少数民族人口学特征的现状和变化,在作为民族人口学特征地域性理论实证的同时,也将自身的现代性(在进步、合目的性意义上)进程,呈现在读者的面前:

概略而言,这是一个人口流动性增强,由(地域)封闭走向开放,受教育程度提高,婚姻、家庭变化指向妇女解放,生育观念进步,死亡率下降,性别、年龄、产业和职业构成趋于合理的过程……

中国的主要人口在东部,而中国的少数民族在西部,在西南,在乡村。2010 年,中国东部人口 96378.11 万占全国总人口的 72.31%;按居住地分别的民族人口,西部 8138.82 万占 72.69%,西南 5588.85 万占 68.67%,乡村 7519.76 万占 67.16%(三有其二,全国为二有其一)。

按聚居地,已识别少数民族中东部 8 个占 14.55%,西部 47 个占85.45%;西南 31 个占 65.96%,西北 16 个占 34.04%。

为最大限度地提供信息和方便使用,本书将 55 个已识别少数民族的全部相关资料以表的形式呈现给读者,并提供了大量直观的图;为方便阅读和理解,从方法只是工具和对工具的"节约"出发,本书大量使用的是两种最便宜、最简单的方法——(地域)"划记法"和相关分析。

对于时间有限而欲掌握全书概貌和重要结论的读者,可阅读本前言,第一至八章各章、节、目下提要性质的简短文字和第九章。

与数字打交道,是一件令人头疼的事,搞不好就会成为数字的堆积;从55 个已识别少数民族的数十种数字中探求规律、提升认知,并将之织成一本有用,简洁、流畅,有一定可读性的书,更是对我们组织能力、文字表达能力的考验。当然,也是对读者耐心的考验。能否达到这一目的是出版后的事,对于我们,只能说尽心了,尽力了!

本书内容并无多大吸引力,方法也是简单乃至原始的,但它所验证和透过它看到的结论,却是丰富的、重大的和原创的——这即是要把它写出来献给读者的全部理由。

本书的理论价值是,(在深化、系统性上)提出和实证了民族人口学特征的地域性理论:民族人口学特征的地域趋异和民族趋同(Ⅰ)。民族人口学特征在本质、大尺度上的地域性,或民族性在本质上也是一种地域性(Ⅱ);在尺度序列中,随着尺度的扩大,民族性减弱、"退隐",地域性增强、"凸显"(Ⅲ)。地域性理论的理论基础是环境可塑性;作用机制是"地域趋异—民族趋同";理论要件和展现有趋异效应、趋同效应、聚居地效应、离散效应、聚居地效应、教育效应、"边缘—胁迫效应"和地域因子综合作用原理等。

民族人口学特征地域性的理论渊源,可溯至古老而常新的人地关系问题。环境决定论是一种古老而长期占统治地位的,强调环境对生活方式、风俗习惯和人口特征"塑造"的人地观。对环境决定论的挑战,将人—地关系是决定论的还是非决定论的(来自生产方式决定论),何种情境下天胜人,何种情境下人胜天("或然论")摆在了人们的面前。在民族人口学特征地域性研究中对以上问题长期关注和思考的结果,是民族人口学特征地域性理论和新环境决定论的形成:新环境决定论延伸到民族人口学特征地域性的研究中并在那里证明了自己;民族人口学特征的地域性研究和地域性理论的构建以新环境决定论为理论并为之提供了实证。

地域性理论的实践意义是:

第一,地域性理论是强民族性/种族绝对性的"消解剂",为正确处理民族关系,反对分裂主义,维护社会稳定提供了一种理论认知。

强民族性/种族绝对性是分裂主义的土壤。地域性理论关于民族性的非刚性,环境烙印,民族人口学特征的可变性和本质上的地域性,可从理论上消解强民族性,为正确处理民族关系、反对分裂主义、维护社会稳定提供一种理论认知。

第二,民族人口学特征在本质、大尺度上的地域性,为新环境决定论在本质、大尺度上的决定论特征提供了一种证明。

新环境决定论认为:人的主观能动性、影响力被限定在小尺度,在大尺度上,环境对人类活动,乃至人类自身都具有规定性。地域性理论表明:在小尺度上,人口学特征展现着显著的个性/民族性;随着尺度的放大,民族性减弱,共性/地域性增强并凸显。

第三,民族政策调整的出发点和基础。

从民族人口学特征地域趋异、民族趋同出发,揭示了民族政策的"适宜性政策真空"和"政策摩擦"问题,为调整民族政策,推动民族融洽提供了理论依据。

第四,为基于地域性理论的民族团结和地区发展建议提供了理论依据。

地域性理论的相关内容,如作为"消解剂"的民族人口学特征的地域性,聚居地烙印、离散效应、教育效应,地域趋异与"适宜性政策真空",民族趋同与"政策摩擦"等,为基于地域性理论的民族团结和地区发展建议提供了理论依据。

第五,在民族人口学研究中引入地域性理论,可拓宽研究视野,改变单一的民族性研究,推动方法论转变。

拓宽民族人口学研究视野,改变单一的民族性研究,推动民族性与地域性研究的结合,在方法论上从个别到整体,从特殊到一般(普适),从全部到简约,从求"异"到求"同"的转变。

请读者和专家不吝赐教!

原华荣

2018 年 12 月于温州七都岛

目　录

第一章　人口分布

中国少数民族人口在民族、地域(聚居地、居住地)上的分布,总体呈"大分散"、"小集中"态势——人口数量在各个民族、地域广泛分布,在少数民族、部分地域相对(大量)集中,以及由之规定的低离散、规模悬殊的显著特征。

第一节　少数民族分布特征

一、少数民族人口

2010 年全国汉族之外已识别民族 55 个,包括未识别民族、入籍的外国人计 11196.63 万人(111966349 人),占全国的 8.40％;少数民族中,已识别民族 11132.48 万人(111324800 人——运算数,下同)占 99.43％,未识别民族和入籍外国人 64.15 万人(641549 人)(以下凡未说明者皆指已识别少数民族,下同)占 0.57％。(表 1-1,图 1-1)

已识别民族中,人口≥1000 万人的 4 个——壮族、回族、满族和维吾尔族,计 4796.98 万人占 43.09％;100 万～1000 万人的 14 个——苗族、彝族、土家族、藏族、蒙古族、侗族、布依族、瑶族、白族、朝鲜族、哈尼族、黎族、哈萨克族和傣族,计 5691.67 万人占 51.13％;10 万～100 万人的 18 个——畲族、傈僳族、东乡族、仡佬族、拉祜族、佤族、水族、纳西族、羌族、土族、仫佬族、锡伯族、柯尔克孜族、景颇族、达斡尔族、撒拉族、布朗族和毛南族,计 606.14 万人占 5.44％;1 万～10 万人的 13 个——塔吉克族、普米族、阿昌族、怒族、鄂温克族、京族、基诺族、德昂族、保安族、俄罗斯族、裕固族、乌孜别克族和门巴族,计 34.48 万人占 0.31％;＜1 万人的 6 个——鄂伦春族、独龙族、赫哲族、高山族、珞巴族和塔塔尔族,计 3.22 万人占 0.03％。

表 1-1   2010 年中国少数民族人口数量、构成和主要聚居地   单位:人,%

民族	人口数量	构成	主要聚居地
总人口	1332810869	100.00	全国各地
汉族	1220844520	91.60	
少数民族	111966349	8.40/100	西南、西北、东部等
壮族	16926381	15.12	广西、云南、广东、贵州、湖南、四川
回族	10586087	9.46	宁夏、甘肃、新疆、河南、青海、云南
满族	10387958	9.28	辽宁、河北、吉林、黑龙江、内蒙古
维吾尔族	10069346	8.99	新疆
苗族	9426007	8.42	贵州、湖南、云南、重庆、广西
彝族	8714393	7.78	云南、四川、贵州
土家族	8353912	7.46	湖南、湖北、重庆、贵州
藏族	6282187	5.61	西藏、四川、青海、甘肃、云南
蒙古族	5981840	5.34	内蒙古、辽宁、吉林、河北、黑龙江
侗族	2879974	2.57	贵州、湖南、广西
布依族	2870034	2.56	贵州、浙江
瑶族	2796003	2.50	广西、湖南、云南、广东
白族	1933510	1.73	云南、贵州、湖南
朝鲜族	1830929	1.64	吉林、黑龙江、辽宁
哈尼族	1660932	1.48	云南
黎族	1463064	1.31	海南
哈萨克族	1462588	1.31	新疆
傣族	1261311	1.13	云南
畲族	708651	0.63	福建、浙江、江西、广东
傈僳族	702839	0.63	云南、四川
东乡族	621500	0.56	甘肃、新疆
仡佬族	550746	0.49	贵州、浙江、广东
拉祜族	485966	0.43	云南
佤族	429709	0.38	云南
水族	411847	0.37	贵州、广西、江苏、浙江
纳西族	326295	0.29	云南
羌族	309576	0.28	四川

民族	人口数量	构成	主要聚居地
土族	289565	0.26	青海、甘肃、广东
仫佬族	216257	0.19	广西、贵州
锡伯族	190481	0.17	辽宁、新疆
柯尔克孜族	186708	0.17	新疆
景颇族	147828	0.13	云南
达斡尔族	131992	0.12	内蒙古、黑龙江
撒拉族	130607	0.12	青海、甘肃
布朗族	119639	0.11	云南
毛南族	101192	0.09	广西、贵州
塔吉克族	51069	0.05	新疆
普米族	42861	0.04	云南
阿昌族	39555	0.04	云南
怒族	37523	0.03	云南
鄂温克族	30875	0.03	内蒙古、黑龙江
京族	28199	0.03	广西、贵州
基诺族	23143	0.02	云南
德昂族	20556	0.02	云南
保安族	20074	0.02	甘肃
俄罗斯族	15393	0.01	新疆、内蒙古
裕固族	14378	0.01	甘肃
乌孜别克族	10569	0.01	新疆
门巴族	10561	0.01	西藏
鄂伦春族	8659	0.01	黑龙江、内蒙古
独龙族	6930	0.01	云南
赫哲族	5354	0.005	黑龙江
高山族	4009	0.004	福建
珞巴族	3682	0.003	西藏
塔塔尔族	3556	0.003	新疆
未识别民族	640101	0.57	贵州
中籍外国人	1448	0.001	云南、河南等地散布

资料来源:国务院人口普查办公室,国家统计局人口和就业统计司.中国 2010 年人口普查资料(上册)[M].北京:中国统计出版社,2012:35-54。

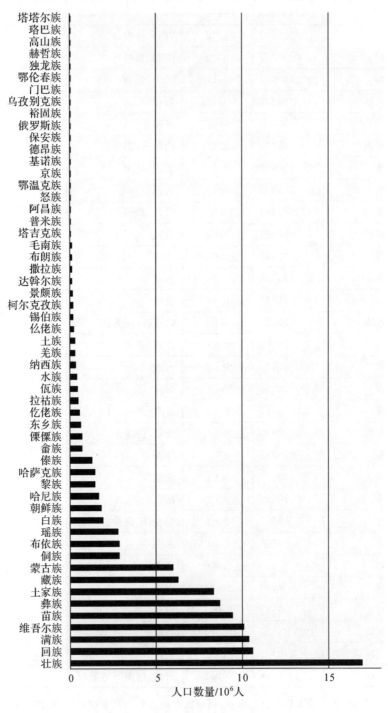

图 1-1　2010 年中国已识别少数民族人口

二、少数民族分布特征

1990 年民族人口按规模的基尼分布,前 2 个显著超过 1/4 分位,前 3 个显著超过 1/3 分位,前 5 个显著超过 1/2 分位,前 7 个超过 2/3 分位,前 9 个显著超过 3/4 分位,前 10 个显著超过 4/5 分位。到 2010 年,尽管少数民族的人口规模发生了显著变化,但"大分散"、"小集中"的空间特征依然如故,并保持着 20 年以前的基尼分布态势。

中国少数民族人口数量悬殊和"大分散"、"小集中"的特征,既是总体的,也更为显著地体现在各个层级——从东部到西部,从西南到西北是部分的,且以东部和西北为最。2010 年各聚居地民族数量的极差,东部为 1038.40 万人(满族 1038.80 万人,高山族 0.40 万人),西部为 1692.28 万人(壮族 1692.64 万人,塔塔尔族 0.36 万人);西南为 1692.27 万人(壮族 1692.64 万人,珞巴族 0.37 万人),西北为 1058.25 万人(回族 1058.61 万人,塔塔尔族 0.36 万人)。按规模排序的民族人口的基尼分布,西部前 4 个超过 1/2 分位、前 7 个达 3/4 分位,东部第 1 个接近 1/2 分位、前 2 个占到 87%;西南前 4 个超过 2/3 分位、前 6 个超过 3/4 分位,西北前 2 个超过 2/3 分位、前 3 个占到 90%。

表 1-2 1990 年、2010 年中国少数民族人口的基尼分布

序号	民族	2010 年		民族	1990 年	
		10⁴ 人	%		10⁴ 人	%
	合计	11132.48	100	合计	9056.72	100
1	壮族	1692.64	15.20	壮族	1555.58	17.18
2	回族	2751.25	24.71	满族	2540.26	28.05
3	维吾尔族	3790.04	34.04	回族	3401.46	37.56
4	满族	4796.98	43.09	苗族	4139.82	45.71
5	苗族	5739.58	51.56	维吾尔族	4860.52	53.67
6	彝族	6611.02	59.38	彝族	5518.38	60.93
7	土家族	7446.41	69.58	土家族	6090.88	67.25
8	藏族	8074.63	72.53	蒙古族	6571.12	72.56
9	蒙古族	8672.81	77.91	藏族	7030.43	77.63

资料来源:表 2-1。

表 1-3　1990 年、2010 年中国东部、西部少数民族人口的基尼分布

序号	民族	2010 年		民族	1990 年	
		10^4 人	%		10^4 人	%
东部地区	合计	2149.00	100.00	合计	1831.70	100.00
1	满族	1038.80	48.34	满族	984.68	53.76
2	土家族	1874.19	87.21	土家族	1557.18	85.01
3	朝鲜族	2057.28	95.73	朝鲜族	1749.52	95.51
西部地区	合计	8983.48	100.00	合计	7225.03	100.00
1	壮族	1692.64	18.84	壮族	1555.58	21.53
2	回族	2751.25	30.63	回族	2416.78	33.45
3	维吾尔族	3758.18	41.83	苗族	3155.14	43.67
4	苗族	4700.78	52.33	维吾尔族	3875.85	53.64
5	彝族	5572.22	62.03	彝族	4533.70	62.75
6	藏族	6200.44	69.02	蒙古族	5013.94	69.40
7	蒙古族	6798.62	75.68	藏族	5473.25	75.75

资料来源:表 2-1。

表 1-4　1990 年、2020 年中国西南、西北少数民族人口的基尼分布

序号	民族	2010 年		民族	1990 年	
		10^4 人	%		10^4 人	%
西北地区	合计	2960.61	100.00	合计	2276.79	100.00
1	回族	1058.61	35.76	回族	861.20	37.83
2	维吾尔族	2065.54	69.77	维吾尔族	1581.90	69.47
3	蒙古族	2663.73	89.97	蒙古族	2062.14	90.57
西南地区	合计	6022.87	100.00	合计	4948.24	100.00
1	壮族	1692.64	28.10	壮族	1555.58	31.44
2	苗族	2635.24	43.75	苗族	2293.94	46.36
3	彝族	3506.68	58.22	彝族	2951.80	59.65
4	藏族	4134.90	68.65	藏族	3411.10	68.94
5	侗族	4422.89	73.43	布依族	3665.93	74.09
6	布依族	4709.90	78.20	侗族	3916.80	79.16

资料来源:表 2-1。

第二节　少数民族的地域分布

中国少数民族的空间分布,同样呈两大关联的显著特征,一是差异极其悬殊,一是"大分散"、"小集中"——大部分民族、少量人口散布于广大地域(聚居地、居住地),少部分民族、大量人口向局部地域集中。

一、少数民族的居住地分布

1. 少数民族的城乡分布

中国少数民族人口三分有二在乡村。城镇化的发展虽然没有改变这一基本格局,但却使城乡结构发生了极为显著的变化——由乡村向城镇,特别是镇的聚集成了中国少数民族人口数量在增加过程中空间变动的鲜明特征。(表 1-5)

表 1-5　1990 年、2000 年、2010 中国按市、镇、县分别的少数民族人口

年份	市		镇		县	
	10^4 人	%, 百分点	10^4 人	%, 百分点	10^4 人	%, 百分点
1990	886.24	9.70	607.51	6.65	7638.56	83.64
2000	1242.42	11.81	1215.15	11.55	8065.05	76.64
2010	1773.29	15.84	1903.59	17.00	7519.76	67.16
1990—2010	887.05	6.14	1296.08	10.35	−118.80	−16.48

资料来源:附表 2。

1990 年乡村人口 7638.56 万人占 83.64%,市人口 886.24 万人占 9.70%,镇人口 607.51 万人占 6.65%。至 2010 年,分布在乡村的少数民族略有减少——7519.76 万人,减 1.56%、118.80 万人,但比重则因城镇人口的显著增加而大幅下降——67.16%,减少了 16.48 个百分点;城镇少数民族 3676.88 万人,增 1.46 倍、2183.13 万人,比重增 16.49 个百分点达32.82%。其中,市人口 1773.29 万人,增 1.00 倍、887.05 万人,比重增6.14 个百分点达 15.84%;镇人口 1903.59 万人,增 2.13 倍、1296.08 万人,比重增 10.35 个百分点达 17.00%。

2. 少数民族的行政区分布

中国少数民族人口主要分布在西部,又以西南居多。(表 1-6、2-4)

表 1-6　1990 年、2010 年中国少数民族人口的行政区分布　单位:人,%

行政区	人口数量		占地区比重		占民族比重	
	1990 年	2010 年	1990 年	2010 年	1990 年	2010 年
全国	91323096	111966349	8.08	8.39	100.00	100.00
西部地区	67369149	81388198	20.51	22.05	73.77	72.69
西南地区	48300130	55888484	21.22	22.57	52.89	49.92
四川(8)	4890241	4907804	4.56	6.10	5.35	4.38
重庆(17)		1937109		6.72		1.73
贵州(4)	11242295	12404400	34.71	35.70	12.31	11.08
云南(2)	12358054	15349186	33.42	33.39	13.53	13.71
广西(1)	16577766	17107665	39.24	37.17	18.15	15.28
海南(18)	1116582	1425418	17.03	16.44	1.22	1.27
西藏(10)	2115192	2756902	96.32	91.83	2.32	2.46
西北地区	19069019	25499714	18.88	21.01	20.88	22.77
陕西(29)	156436	189636	0.48	0.51	0.17	0.17
甘肃(13)	1857478	2410446	8.30	9.42	2.03	2.15
青海(11)	1878040	2643202	42.14	46.98	2.06	2.36
宁夏(14)	1549068	2214983	33.27	35.15	1.70	1.98
新疆(3)	9461474	12985821	62.42	59.52	10.36	11.60
内蒙古(7)	4166523	5055626	19.42	20.46	4.56	4.52
东部地区	23953947	30578151	2.99	3.17	26.23	27.31
辽宁(5)	6165912	6643149	15.63	15.19	6.75	5.93
湖南(6)	4823837	6551409	7.95	9.97	5.28	5.85
河北(9)	2409093	2992877	3.94	4.17	2.64	2.67
湖北(12)	2140570	2468535	3.97	4.31	2.34	2.20
吉林(15)	2525371	2185705	10.24	7.96	2.77	1.95
广东(16)	355317	2067321	0.57	1.98	0.39	1.85
黑龙江(19)	1998632	1374810	5.68	3.59	2.19	1.23
浙江(20)	212752	1214697	0.51	2.56	0.23	1.08
河南(21)	1009521	1121585	1.18	2.23	1.11	1.00
北京(22)	414036	801214	3.83	1.19	0.45	0.72

续表

行政区	人口数量		占地区比重		占民族比重	
	1990 年	2010 年	1990 年	2010 年	1990 年	2010 年
福建(23)	466800	796855	1.55	4.09	0.51	0.71
山东(24)	505900	725889	1.34	2.16	0.55	0.65
安徽(25)	324352	395642	0.58	0.76	0.36	0.35
江苏(26)	153343	384926	0.23	0.66	0.17	0.34
天津(27)	202666	331417	2.31	0.49	0.22	0.30
上海(28)	62235	276163	0.47	1.20	0.07	0.25
江西(30)	101288	152310	0.27	0.34	0.11	0.14
山西(31)	82295	93647	0.29	0.26	0.09	0.08

资料来源:国务院人口普查办公室,国家统计局人口统计司.中国 1990 年人口普查资料(第一册)[M].北京:中国统计出版社,1993:300-301;中国 2010 年人口普查资料(上册)[M].35-54.

注:括号内数字为各省、区、市 2010 年按少数民族人口数量的排序。

　　1953 年,西部 2777.99 万人占 81.67%,东部 623.39 万人占 18.33%;西南 1997.43 万人占 71.90%,西北 780.55 万人占 28.10%。半个多世纪之中,各地区民族人口皆有显著增长且以东部为著,但西部对东部、西南对西北的巨大优势并未改变:2010 年,西部 8138.82 万人占 72.69%,东部 3057.82 万人占 27.31%;西南 5588.85 万人占 68.67%,西北 2549.97 万人占 31.33%。

　　2010 年,各行政区中,少数民族人口≥1000 万人的有 4 个:广西、云南、新疆和贵州,计 5784.71 万人,占 51.66%;100 万～1000 万人的有 17 个:辽宁、湖南、内蒙古、四川、河北、西藏、青海、湖北、甘肃、宁夏、吉林、广东、重庆、海南、黑龙江、浙江和河南,计 4997.16 万人,占 44.63%;其余 10 个行政区<100 万人,计 414.77 万人,占 3.70%。

　　广西 1710.77 万人最多,是山西(9.36 万人)的 183 倍。按规模排序的民族人口的基尼分布,前 3 个行政区(广西、云南、新疆)占到总量的 2/5 分位——4544.27 万人,占 40.59%;前 4 个行政区(增贵州)超过总量的 1/2 分位——5784.71 万人,占 51.66%;前 7 个行政区(增辽宁、湖南、内蒙古)超过总量的 2/3 分位——7609.73 万人,占 67.96%;前 9 个行政区(增四川、河北)达到总量的 3/4 分位——8399.79 万人,占 75.02%。

少数民族占所在地人口的比重,差异悬殊。山西 0.26%,西藏 91.83%,相差 91.57 个百分点。民族人口在 1/3 以上的行政区有西藏 (91.83%)、新疆(59.52%)、青海(46.98%)、广西(37.17%)、贵州 (35.70%)、宁夏(35.15%)和云南(33.39%);21%~5% 之间的有内蒙古 (20.46%)、海南(16.44%)、辽宁(15.19%)、湖南(9.97%)、甘肃(9.42%)、 重庆(6.71%)和四川(6.10%);其余 17 个省市在 5% 以下。

二、少数民族的聚居地分布

1. 少数民族的聚居地分布

从首位分布地(民族人口的第 1 基尼分布地,以省、区、市为地域单元) 看,以西部为聚居地的少数民族(47 个)占绝大多数,西部之中又以西南为 最。(表 1-7,图 1-2)

表 1-7　1990 年、2010 年中国少数民族按人口规模的聚居地分布

聚居地	年份	单位	—— 10 —— 100 —— 500 ——			
			10⁴ 人			
全国	1990	10⁴ 人	52.59	451.83	2461.43	6090.88
		个/%	22/0.6	15/5.0	11/27.2	7/67.3
	2010	10⁴ 人	37.69	606.14	1815.83	8672.81
		个/%	19/0.3	18/5.4	9/16.3	9/77.9
东部地区	1990	10⁴ 人	1.41	80.76	192.34	1557.18
		个/%	3/0.1	2/4.4	1/10.5	2/85.0
	2010	10⁴ 人	1.80	89.91	183.09	1874.19
		个/%	3/0.1	2/4.2	1/8.5	2/87.2
西部地区	1990	10⁴ 人	51.17	371.06	2269.09	4533.70
		个/%	19/0.7	13/5.1	10/31.4	5/62.7
	2010	10⁴ 人	35.89	516.23	1632.74	6798.62
		个/%	16/0.4	16/5.7	8/18.2	7/75.7
其中: 西南	1990	10⁴ 人	30.73	287.94	1677.78	2951.80
		个/%	11/0.6	9/5.8	8/33.9	3/59.7
	2010	10⁴ 人	21.30	380.19	1486.48	4134.90
		个/%	9/0.4	11/6.3	7/24.7	4/68.7

聚居地	年份	单位	── 10 ── 100 ── 500 ──			
			10^4 人			
西北	1990	10^4 人	20.45	83.12	591.32	1581.90
		个/%	8/0.9	4/3.7	2/26.0	2/69.5
	2010	10^4 人	14.59	136.04	146.26	2663.73
		个/%	7/0.5	5/4.6	1/4.9	3/90.0

资料来源:表 2-1。

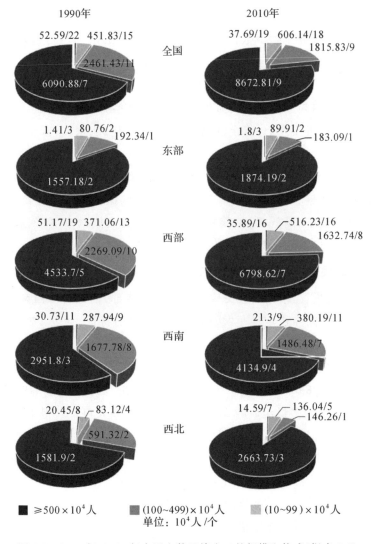

图 1-2　1990 年、2010 年中国少数民族人口的规模和构成(据表 1-7)

以东部为聚居地的民族 8 个,占已识别少数民族的 14.55%;满族、朝鲜族、锡伯族、鄂伦春族、赫哲族、土家族、畲族和高山族;以西部为聚居地的民族 47 个占 85.45%。西部之中,以西南为聚居地的少数民族 31 个占 56.36%:壮族、苗族、彝族、藏族、侗族、布依族、瑶族、白族、哈尼、黎族、傣族、傈僳族、仡佬族、拉祜族、佤族、水族、纳西族、羌族、仫佬族、景颇族、布朗族、毛南族、普米族、阿昌族、怒族、京族、基诺族、德昂族、门巴族、独龙族和珞巴族。未识别的民族,也基本分布在西南;以西北为聚居地的民族 16 个占 29.09%:回族、维吾尔、蒙古族、哈萨克族、东乡族、土族、柯尔克孜族、达斡尔族、撒拉族、塔吉克族、鄂温克族、保安族、俄罗斯族、裕固族、乌孜别克族和塔塔尔族。

按首位分布地计的少数民族以"少数民族的王国"云南最多,16 个占 29.63%:彝族、白族、哈尼族、傣族、傈僳族、拉祜族、佤族、纳西族、景颇族、布朗族、普米族、阿昌族、怒族、基诺族、德昂族、独龙族;新疆次之,7 个占 12.73%:维吾尔族、哈萨克族、柯尔克孜族、塔吉克族、俄罗斯族、乌孜别克族和塔塔尔族;贵州 5 个:苗族、侗族、布依族、仡佬族、水族,未识别少数民族的绝大部分也在贵州;广西 5 个:壮族、瑶族、仫佬族、毛南族、京族。以下依次是:西藏(藏族、门巴族、珞巴族),内蒙古(蒙古族、达斡尔族、鄂温克族),甘肃(东乡族、保安族、裕固族),青海(土族、撒拉族),黑龙江(鄂伦春族、赫哲族),辽宁(满族、锡伯族),福建(畲族、高山族),宁夏(回族),吉林(朝鲜族),四川(羌族),海南(黎族)和湖南(土家族)。

2. 少数民族人口的聚居地分布

从人口数量看,中国少数民族主要分布在西部,西部又以西南为多;在各聚居地内,则同样稳定地呈"大分散、小集中"的特征。(表 1-3、1-4、1-7、2-1、2-2,图 1-3、2-5)

1953 年各聚居地的少数民族人口,东部 353.21 万人占 10.40%,西部 3041.87 万人占 89.60%;西南 2099.82 万人占 69.03%,西北 942.05 万人占 30.97%。半个多世纪后的 2010 年,各少数民族人口皆获得了显著增长且以东部为著,但西部对东部、西南对西北在人口数量上的巨大优势依然故而:东部 2149.00 万人占 19.30%,西部 8983.48 万人占 80.70%;西北 2960.61 万人占 32.96%,西南 6022.87 万人占 67.04%。

在各聚居地,人口向少数(量)民族的集中更为突出。2010 年各聚居地民族人口的规模分布,东部满族(1038.80 万人)占 48.34%,与土家族一起(1874.19 万人)占 87.21%,畲族、锡伯族、鄂伦春族、赫哲族、高山族等 5 个民族合计(91.72万人)仅占4.27%;西南壮族(1692.64万人)占28.10%,与苗族、彝族、藏族一起(4134.90万人)占68.65%,傈僳族、仡佬族、拉祜族、佤族、水族、纳西族、羌族、仫佬族、景颇族、布朗族、毛南族、普米族、阿昌族、怒族、京族、基诺族、德昂族、门巴族、独龙族、珞巴族等20个民族(401.49万人)仅占6.67%;西北回族、维吾尔族、蒙古族(2809.99万人)占89.97%,东乡族、土族、柯尔克孜族、达斡尔族、撒拉族、塔吉克族、鄂温克族、保安族、俄罗斯族、裕固族、乌孜别克族、塔塔尔族等12个民族(150.63万人)仅占5.09%。

三、少数民族人口的密度区分布

中国少数民族的密度区分布特征:一是人口在高密度区的相对集中;二是密度区分布的东高西低、南高北低;三是低密度区人口显著减少,高密度区人口显著增加。(表1-8,图1-3)

1. 少数民族人口的密度区分布

(以行政区为单元)少数民族人口的密度区(人/km²)分布,2010年大部分生活在<200人的密度区——8158.60万人占78.82%。其中100～200人密度区聚集的人口最多——5214.45万人占46.57%。

与1990年相比,居住在低密度区的人口显著减少,高密度区的人口显著增加:<100人密度区的人口,由38.75%、3538.45万人降至26.29%、2944.16万人,减12.46个百分点、639.29万人;≥300人密度区的人口,由6.19%、564.92万人升至25.64%、2870.88万人,增19.45个百分点、2305.96万人。

2. 少数民族人口密度区分布的地域特征

东部民族主要生活在高密度区——≥300人密度区人口2677.17万人占87.55%,西部民族基本生活在低密度区——<200人密度区的人口,7802.57万人占95.87%;西南民族基本生活在≥100人密度区——5313.16万人占95.07%,西北的民族基本生活在<100人密度区——2531.01万人占99.26%。

3. 少数民族人口密度区分布的地域变化

人口按密度区分布的地域变化,东部大于西部,西北大于西南。1990—2010年,东部200～300人密度区由57.19%、1369.84万人降至0.80%、24.60万人,减98.20%、1345.24万人、56.39个百分点;≥300人密度区由23.58%、564.92万人升至87.55%、2677.17万人,增3.74倍、2112.25万人、63.97个百分点。

表 1-8　1990 年、2010 年中国少数民族人口的密度区分布

聚居地	年份	单位	—— 10 —— 100 —— 200 —— 300 —— 人/km²				
全国	1990	10⁴ 人	1345.47	2192.98	3659.10	1369.84	564.92
		%	14.73	24.01	40.07	15.00	6.19
	2010	10⁴ 人	540.01	2404.15	5214.45	167.14	2870.88
		%	4.82	21.47	46.57	1.49	25.64
	1990—2010	10⁴ 人	−805.46	−211.17	1555.53	1202.70	2305.96
		百分点	−9.91	−2.54	6.50	−13.51	19.45
东部地区	1990	10⁴ 人		199.86	260.77	1369.84	564.92
		%		8.34	10.89	57.19	23.58
	2010	10⁴ 人		137.48	218.57	24.60	2677.17
		%	1345.47	4.50	7.15	0.80	87.55
	1990—2010	10⁴ 人	19.97	−62.38	−42.20	−1345.24	2112.25
		百分点		−3.84	−3.74	−56.39	63.97
西部地区	1990	10⁴ 人		1993.11	3398.33		
		%		29.58	50.44		
	2010	10⁴ 人	540.01	2266.69	4995.87	142.54	193.71
		%	6.63	27.85	61.38	1.75	2.38
	1990—2010	10⁴ 人	−805.46	273.58	1597.54	142.54	193.71
		百分点	−13.34	−1.73	10.94	1.75	2.42
其中：西南	1990	10⁴ 人	211.52	1235.81	3382.68		
		%	4.38	25.59	70.03		
	2010	10⁴ 人	275.69		4976.91	142.54	193.71
		%	4.93		89.05	2.55	3.47
	1990—2010	10⁴ 人	64.17	−1235.81	1594.23	142.54	193.71
		百分点	0.55	−25.59	19.02	2.55	3.47
西北	1990	10⁴ 人	1133.95	757.31	15.64		
		%	59.47	39.71	0.82		
	2010	10⁴ 人	264.32	2266.69	18.96		
		%	10.37	88.89	0.74		
	1990—2010	10⁴ 人	−869.63	1509.38	3.32		
		百分点	−49.10	49.18	−0.08		

资料来源：附表 2、3。

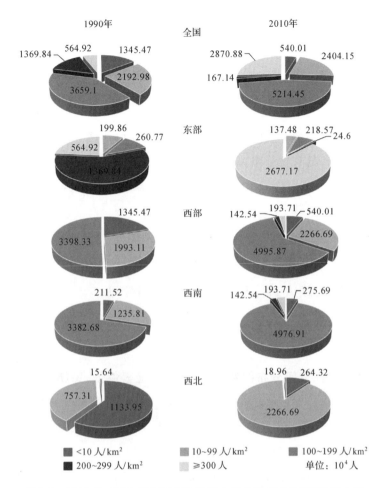

图 1-3 1990 年、2010 年中国少数民族人口的密度区分布(据表 1-8)

西部变化主要发生在 100～199 人密度区,由 50.44%、3398.33 万人升至 61.38%、4995.87 万人,增 47.01%、1597.54 万人、10.94 个百分点。西南 100～199 人密度区由 70.03%、3382.68 万人升至 89.05%、4976.91 万人,增 47.13%、1597.54 万人、19.02 个百分点;西北 <10 人密度区由 59.47%、1133.95 万人降至 10.37%、264.32 万人,减 76.69%、869.63 万人、49.10 个百分点;10～99 人密度区由 39.71%、757.31 万人升至 88.89%、2266.69 万人,增 99.31%、1509.38 万人、49.18 个百分点。

第三节　少数民族人口空间分布的离散程度

一、少数民族人口空间分布的离散程度

人口空间分布的离散度和基尼分布是判断人口地域分布状况简单而有效的指标。人口的首位分布率即首位基尼系数；离散度可借用辛普森多样性指数——$1-\sum n_i^2/N^2$ 表示。式中，N 为某民族人口总量，n_i 为该民族在各地域单元的人口数[①]。

以全国 31 个省、区、市为地域单元，据以上界定给出 55 个已识别少数民族 1990 年、2010 年人口空间分布的离散度和不完全基尼分布。（表 1-9）

二、少数民族人口空间分布的特征和变动

中国少数民族人口空间分布的基本特征是，离散程度显著偏低但上升趋势显著。（表 1-9、1-10、1-11）

1. 民族人口空间分布的特征：离散程度显著偏低，民族差异悬殊

中国少数民族人口空间分布的特征是，离散程度显著偏低和民族差异悬殊。2010 年，离散度的均值、中值为 0.3200 和 0.2469；极差为 0.9120——高山族最高 0.9255，维吾尔族最低仅 0.0135。

离散度 ≥0.5，即空间集中程度偏低、散布程度较高的已识别民族有 16 个——高山族、回族（0.9068），土家族（0.7783），藏族（0.7018 ），苗族（0.7509 ）、满族（0.6772）、畲族（0.6579）、侗族（0.6512）、瑶族（0.6334 ）、朝鲜族（0.6260）、鄂伦春族（0.6151）、俄罗斯族（0.6021）、达斡尔族（0.5707）、彝族（0.5641）、赫哲族（0.5361）和毛南族（0.5043 ）；离散度 0.3～0.1、<0.1 的民族各 16 个，<0.05 的 6 个——维吾尔族（0.0135）、基诺族（0.0329）、德昂族（0.0356）、哈尼族（0.0374）、普米族（0.0378）和拉祜族（0.0445）。

2010 年人口数量的基尼分布，更显著地展现出少数民族人口的高度集中——首位分布率的均值 77.88%、中值 86.30%，和显著差异——极差 79.8 个百分点（维吾尔族 99.3%，高山族 19.5%）。

---

① 孙儒泳、李庆芬，牛翠娟，娄安如.基础生态学[M].北京：高等教育出版社，2002：143-144.

表 1-9　1990 年、2010 年中国少数民族人口的空间离散度和不完全基尼分布

民族	2010 年				1990 年			
	离散度	基尼系数（%）			离散度	基尼系数（%）		
		Ⅰ	Ⅱ	Ⅲ		Ⅰ	Ⅱ	Ⅲ
总人口	0.9548	7.8	15.0	22.1	0.9507	9.5	17.1	24.5
汉族	0.9517	8.4	16.2	23.8	0.9474	9.8	18.0	26.1
少数民族	0.9163	15.3	29.0	40.6	0.9060	18.2	31.7	44.0
满族	0.6772	51.4	72.3	80.6	0.6872	50.3	67.9	80.0
土家族	0.7783	31.5	56.7	73.9	0.7373	31.4	62.3	81.1
朝鲜族	0.6260	56.8	74.7	87.8	0.5510	61.5	85.1	97.1
畲族	0.6579	51.6	75.0	87.9	0.6060	55.0	82.4	94.5
锡伯族	0.3491	79.7	91.2	96.3	0.0438	97.8	98.6	99.0
鄂伦春族	0.6151	45.5	87.5	89.7	0.5353	51.7	96.1	97.3
赫哲族	0.5361	67.5	73.0	77.0	0.2158	88.4	93.9	95.3
高山族	0.9255	19.5	30.0	36.9	0.9287	18.1	26.7	34.7
壮族	0.2635	85.4	92.5	97.7	0.1606	91.4	97.9	98.8
苗族	0.7509	42.1	64.0	76.7	0.6842	49.7	70.9	83.0
彝族	0.5641	57.8	88.2	97.8	0.5337	61.7	88.9	99.6
藏族	0.7018	43.2	67.1	88.9	0.6891	45.6	69.3	89.2
侗族	0.6512	49.7	79.4	90.0	0.5859	55.8	85.7	97.1
布依族	0.2318	87.5	91.9	94.1	0.0522	97.3	98.7	99.1
瑶族	0.6334	53.4	78.9	88.8	0.5569	62.1	83.7	91.8
白族	0.3326	80.9	90.2	96.2	0.2842	83.9	91.7	98.8
哈尼族	0.0374	98.1	98.5	98.7	0.0084	99.6	99.7	99.7
黎族	0.2469	86.3	95.5	96.9	0.1513	91.7	99.0	99.3
傣族	0.0600	96.9	97.6	98.1	0.0208	99.0	99.5	99.6
傈僳族	0.0948	95.1	98.1	98.4	0.0611	96.9	99.7	99.8
仡佬族	0.1900	89.9	93.1	95.1	0.0341	98.3	99.0	99.6
拉祜族	0.0445	97.7	98.1	98.5	0.0157	99.2	99.4	99.6
佤族	0.1295	93.3	94.6	95.7	0.0240	98.8	99.1	99.3
水族	0.2793	84.7	88.0	91.1	0.1316	93.1	96.9	99.2
纳西族	0.0972	95.0	98.1	98.4	0.0856	95.6	98.7	99.1
羌族	0.0799	95.9	96.5	97.0	0.0201	99.0	99.5	99.6

续表

民族	2010 年				1990 年			
	离散度	基尼系数（%）			离散度	基尼系数（%）		
		I	II	III		I	II	III
仫佬族	0.4816	69.5	87.6	91.6	0.4766	69.5	88.7	93.9
景颇族	0.0647	96.7	97.2	97.6	0.0144	99.3	99.7	99.8
布朗族	0.0505	97.4	97.9	98.1	0.0126	99.4	99.6	99.7
毛南族	0.5043	64.8	91.8	96.8	0.0340	98.3	99.1	99.4
普米族	0.0378	98.1	98.4	98.7	0.0259	98.7	99.0	99.2
阿昌族	0.0739	96.2	97.8	98.2	0.0071	99.6	99.7	99.8
怒族	0.2785	84.8	88.5	90.1	0.0379	98.1	99.4	99.6
京族	0.3148	82.6	86.6	89.7	0.2312	87.5	92.1	94.5
基诺族	0.0329	98.3	98.6	98.7	0.0188	99.1	99.6	99.8
德昂族	0.0356	98.2	98.5	98.7	0.0083	99.6	99.8	99.8
门巴族	0.1623	91.5	92.8	93.6	0.0204	99.0	99.1	99.1
独龙族	0.1591	91.7	92.9	93.7	0.0954	95.1	96.8	97.5
珞巴族	0.1015	94.8	97.1	97.5	0.0626	96.8	97.2	97.5
回族	0.9068	20.5	32.4	41.7	0.9153	17.7	30.4	40.5
维吾尔族	0.0135	99.3	99.4	99.5	0.0042	99.8	99.9	
蒙古族	0.4855	70.6	81.6	84.7	0.4857	70.4	82.6	85.9
哈萨克族	0.0596	97.0	97.3	97.6	0.0081	99.6	99.9	
东乡族	0.2175	87.9	97.8	98.8	0.2802	83.5	98.6	99.3
土族	0.4873	70.6	81.2	84.7	0.2669	84.9	96.0	97.1
柯尔克孜族	0.0654	96.7	98.1	98.9	0.0234	98.8	99.8	99.9
达斡尔族	0.5707	57.8	88.3	92.5	0.5002	58.9	93.7	98.1
撒拉族	0.3160	82.0	92.3	95.2	0.2223	87.7	95.4	99.7
塔吉克族	0.1392	92.5	99.1	99.5	0.0016	99.9		
鄂温克族	0.2754	84.7	93.2	94.7	0.2047	88.6	98.5	98.9
保安族	0.1778	90.5	95.0	97.8	0.1794	90.3	95.5	96.6
俄罗斯族	0.6021	55.1	85.5	87.7	0.5366	59.9	92.2	94.6
裕固族	0.1813	90.4	93.1	94.3	0.0779	96.0	98.3	99.1
乌孜别克族	0.0841	95.7	96.5	97.2	0.0065	99.7	99.8	99.8
塔塔尔族	0.1683	91.2	92.7	93.4	0.0556	97.2	97.7	98.1

资料来源：中国 1990 年人口普查资料（第一册）[M].300-319；中国 2010 年人口普查资料（上册）[M].35-54.

2. 民族人口分布变化的趋势：离散度显著上升，集中程度显著下降

中国少数民族人口空间分布变化的基本趋势是，离散度显著上升，首位分布率和集中程度显著下降。1990—2010 年，离散度均值由 0.2403 增至 0.3200，中值由 0.0954 增至 0.2469。离散度≥0.5 的民族增加了 2 个，≥0.3 的民族增加了 7 个，≥0.1 的民族增加了 12 个，幅度为 44.44%；<0.05 的民族减少 15 个，幅度为 71.43%。

首位基尼分布率的均值、中值，1990 年为 81.80%、95.10%，2010 年降至 77.10%、86.30%，减少了 4.70 个百分点和 8.80 个百分点。1990—2010 年，集中本民族人口数量 80%、95% 以上的民族，首位基尼分布的数量减少了 4 个和 12 个；二位基尼分布的数量减少了 5 个和 16 个；三位基尼分布的数量减少了 3 个和 14 个。

三、少数民族人口空间离散程度的地域分布和变化

中国少数民族人口离散度地域分布的基本特征，一是东高西低、南低北高，东西差异显著大于南北差异；一是以西南为聚居地少数民族离散度的显著提高和与西北差距的缩小。（表 1-10、1-11）。

表 1-10　1990 年、2010 年中国少数民族人口空间离散度的聚居地分布

单位：个

年份	离散度	全国	东部地区	西部地区	其中：	
					西南	西北
1990	0.5	14	6	8	5	3
	0.3	2		2	1	1
	0.1	11	1	10	5	5
	0.05	7		7	5	2
		21	1	20	15	5
2010	0.5	16	7	9	6	3
	0.3	7	1	6	3	3
	0.1	16		16	10	6
	0.05	10		10	7	3
		6		6	5	1

资料来源：表 1-9。

表 1-11　1990 年、2010 年中国少数民族人口首位分布率的聚居地分布 单位：个

年份	聚居地	—— 50 ——	60 ——	80 ——	95 ——	
		%				
1990	全国	5	6	5	11	28
	东部地区	2	3	1	1	1
	西部地区	3	3	4	10	27
	其中：西南	2	1	3	5	20
	西北	1	2	1	5	7
2010	全国	7	7	6	19	16
	东部地区	3	3	2		
	西部地区	4	4	4	19	16
	其中：西南	3	2	2	12	12
	西北	1	2	2	7	4

资料来源：表 1-9。

离散度≥0.3 的少数民族，1990 年东部 6 个占 75.0％，西部 10 个占 21.3％；西南 6 个占 19.4％，西北 4 占 25.0％。2010 年东部 8 个占 100.0％，西部 15 个占 31.9％；西南 9 个占 29.0％，西北 6 占 31.3％。

首位分布率＜60％的民族，1990 年东部 5 个占 62.5％，西部 6 个占 12.8％；西南 3 个占 9.7％，西北 3 个占 18.8％。2010 年东部 6 个占 75.0％，西部 8 个占 17.0％；西南 5 个占 16.3％，西北 3 个占 18.8％。

如上，1990 年以来少数民族，特别是以西南为聚居地少数民族人口空间离散度的显著提高虽未能改变东（部）高、西（部）低，（西）北高、（西）南低的基本态势，但东部与西部、西南与西北的差距还是有所缩小。

第二章　人口变动

中国少数民族人口数量、分布自然变动差异大，与空间分布的离散度、受教育程度关联而带有显著的地域性烙印；出生率、自然增长率呈东低西高、南低北高态，死亡率呈东低西高、南高北低态。

第一节　少数民族人口变化

一、少数民族人口变化

1953—2010年，中国少数民族人口（包括未识别）由3503.21万人（按居住地的民族人口为3401.38万人）升至11196.63万人，增2.20倍、7693.42万人，年递增率20.59‰。少数民族人口的变化，大体呈"马鞍形"，可分为三个阶段。（表2-1、2-2、2-3）

1. 人口恢复阶段（1953—1964）

其间，少数民族人口增13.96%、489.17万人，年均44.47万人，年递增率11.95‰。在该阶段，少数民族人口的增幅、年递增率皆小于、慢于全国平均（19.62%、16.10‰）和汉族（19.98%、16.70‰）。

2. 加速增长阶段（1964—1990）

其间，人口增128.74%、5139.94万人，年均197.69万人，年递增率32.40‰。1964—1982年增68.42%、2731.52万人，年均151.75万人，年递增率29.40‰；1982—1990年增35.82%、2408.41万人，年均310.05万人，年递增率38.80‰。在该阶段前、后期，少数民族的增幅高出汉族24.60个和25.38个百分点，年递增率高出汉族9.00个和25.70个千分点。

3. 平稳发展阶段（1990—2010）

其间，人口增22.60%、2064.33万人，年均103.22万人，年递增率10.20‰。1990—2000年增15.22%、1390.30万人，年均139.05万人，年递增率14.30‰；2000—2010年增6.41%、674.02万人，年均67.40万人，年

表 2-1　1990—2010 年中国少数民族人口规模和变动　单位：人，％，‰

民族	2010 年	1990 年	1990—2010 年		
			增量	增幅	递增率
总人口	1332810869	1130510638	202300231	(100.0)	17.89	8.27
汉族	1220844520	1039187548	181656972	(89.8)	17.48	8.09
少数民族	111966349	91323090	20643259	(10.2)	22.60	10.24
东部民族	21489953	18316953	31730005	15.29	17.32	8.02
满族	10387958	9846776	541182	2.62	5.50	2.68
土家族	8353912	5725049	2628863	12.73	45.92	19.07
朝鲜族	1830929	1923361	−92432	−0.45	−4.81	−2.46
畲族	708651	634700	73951	0.36	11.65	5.53
锡伯族	190481	172932	17549	0.09	10.15	4.84
鄂伦春族	8659	7004	1655	0.01	23.63	10.66
赫哲族	5354	4254	1100	0.01	25.86	11.57
高山族	4009	2877	1132	0.01	39.35	16.73
西部民族	89834847	72250292	17584555	84.71	24.34	10.95
西南民族	60228700	49482414	10746286	51.77	21.72	9.88
壮族	16926381	15555820	1370561	6.64	8.81	4.23
苗族	9426007	7383622	2042385	9.89	27.66	12.29
彝族	8714393	6578524	2135869	10.35	32.47	14.16
藏族	6282187	4593072	1689115	8.18	36.78	15.78
侗族	2879974	2508624	371350	1.80	14.80	6.93
布依族	2870034	2548294	321740	1.56	12.63	5.96
瑶族	2796003	2137033	658970	3.19	30.84	13.53
白族	1933510	1598052	335458	1.63	20.99	9.57
哈尼族	1660932	1254800	406132	1.97	32.37	14.12
黎族	1463064	1112498	350566	1.70	31.51	13.79
傣族	1261311	1025402	235909	1.14	23.01	10.41
傈僳族	702839	574589	128250	0.62	22.32	10.12
仡佬族	550746	438192	112554	0.55	25.69	11.50
拉祜族	485966	411545	74421	0.36	18.08	8.35
佤族	429709	351980	77729	0.38	22.08	10.03
水族	411847	347116	64731	0.31	18.65	8.59
纳西族	326295	277750	48545	0.24	17.48	8.09
羌族	309576	198303	111273	0.54	56.11	22.52

民族	2010 年	1990 年	1990—2010 年		
			增量	增幅	递增率
仫佬族	216257	160648	55609	0.27	34.62	14.97
景颇族	147828	119276	28552	0.14	23.94	10.79
布朗族	119639	82398	37241	0.18	45.20	18.82
毛南族	101192	72370	28822	0.12	39.83	16.90
普米族	42861	29721	13140	0.06	44.21	18.47
阿昌族	39555	27718	11837	0.06	42.71	17.94
怒族	37523	27190	10333	0.05	38.00	16.24
京族	28199	18749	9450	0.05	50.40	20.62
基诺族	23143	18022	5121	0.02	28.42	12.58
德昂族	20556	15461	5095	0.02	32.95	14.34
门巴族	10561	7498	3063	0.01	40.85	17.27
独龙族	6930	5825	1105	0.01	18.97	8.72
珞巴族	3682	2322	1360	0.01	58.57	23.32
西北民族	29606147	22767878	6838269	32.94	30.03	13.22
回族	10586087	8612001	1974086	9.56	22.92	10.37
维吾尔族	10069346	7207024	2862322	13.87	39.72	16.86
蒙古族	5981840	4802407	1179433	5.71	24.56	11.04
哈萨克	1462588	1110758	351830	1.70	31.67	13.85
东乡族	621500	373669	247831	1.20	66.32	25.76
土族	289565	192568	96997	0.47	50.37	20.61
柯尔克孜族	186708	143537	43171	0.21	30.08	13.23
达斡尔族	131992	121463	10529	0.05	8.67	4.17
撒拉族	130607	87546	43061	0.21	49.19	20.20
塔吉克族	51069	33223	17846	0.09	53.72	21.73
鄂温克族	30875	26379	4496	0.02	17.04	7.90
保安族	20074	11683	8391	0.04	71.82	27.43
俄罗斯族	15393	13500	1893	0.01	14.02	6.58
裕固族	14378	12293	2085	0.01	16.96	7.86
乌孜别克族	10569	14763	−4194	−0.02	−28.41	−16.57
塔塔尔族	3556	5064	−1508	−0.01	−29.78	−17.52

资料来源：中国 1990 年人口普查资料（第一册）[M].300-319；中国 2010 年人口普查资料（上册）[M].199-258。

递增率 6.30‰。与汉族比,增幅高 5.12 个百分点;年递增率快 2.15 个千分点。民族间的极差,增量 295.48 万人(维吾尔族、朝鲜族),增幅 101.60 个百分点(保安族、塔塔尔族),年递增率 44.95 个千分点(保安族、塔塔尔族)。

二、人口变化的民族特征

少数民族人口数量变动的民族特征是增量多、增幅高和增速快,差异悬殊且与民族规模正相关。(表 2-1,图 2-1、2-2、2-3、2-4)

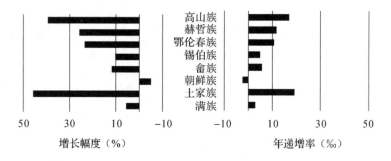

图 2-1 1990—2010 年中国东部少数民族人口增长幅度和年递增率(据表 2-1)

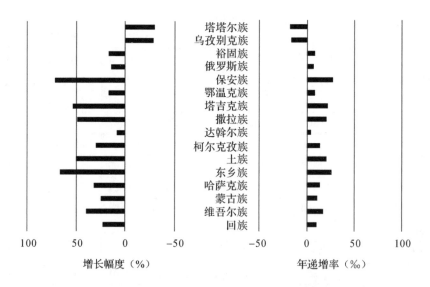

图 2-2 1990—2010 年中国西北少数民族人口增长幅度和年递增率(据表 2-1)

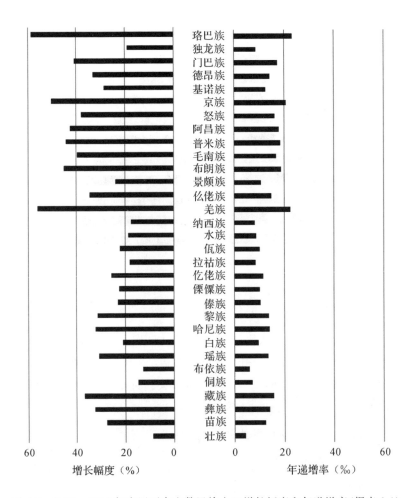

图 2-3　1990—2010 年中国西南少数民族人口增长幅度和年递增率（据表 2-1）

1. 增量多,增幅高、增速快而民族差异悬殊

1990—2010 年,增量最大的是维吾尔族,286.23 万人,增幅最高、增速最快的是保安族——71.82％和 27.43‰。在各民族人口显著增加的同时,朝鲜族、乌孜别克族和塔塔尔族稍有减少——依次为 4.81％、9.24 万人,28.41％、0.42 万人和 29.78％、0.15 万人。在百万人口以上的民族中,满族增幅最小——5.50％、54.12 万人。

2. 数量增长主要发生在百万人口以上的民族之中

1990 年以来人口数量的增长,主要发生在百万人口(18 个,其中朝鲜族负增长)以上的民族之中,1936.33 万人占 93.80％。增量(万人)前 8 位的民族——维吾尔族(286.23)、土家族(262.89)、彝族(213.59)、苗族

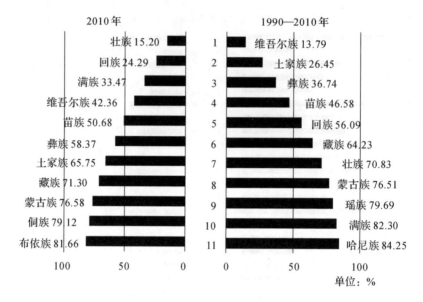

图 2-4 中国少数民族人口数量(2010)和增量(1990—2010)的基尼分布(据表 2-1)

(204.24)、回族(197.41)、藏族(168.91)、壮族(137.06)、蒙古族(117.94)，即超过总增量的 3/4 分位——1588.26 万人占 76.51％。其中前 6 位接近2/3分位——1333.26 万人占 64.23％；前 5 位大大超过 1/2 分位——1164.35 万人占 56.09％；前 3 位显著超过 1/3 分位——762.71 万人占 36.74％。

3. 百万人口以上少数民族的增幅、增速突出

百万人口以上民族年递增率高于 10‰ 的比例占 66.67％(12 个)，与 1 万～50 万人口民族(27 个)的 66.67％(13 个)持平；增幅超过 20％的占 72.22％(13 个)，显著高于 1 万～50 万人口民族的 59.26％(16 个)。

三、人口变化的聚居地特征

聚居地人口变化的特征是，西部增速极显著慢于东部而增量极显著大于东部；西北增速快于西南而增量显著少于西南。(表 2-2、2-3)

1953—2010 年已识别少数民族由 3395.08 万人升至 11132.48 万人，增 2.28 倍、7737.40 万人，年递增率 21.06‰。半个多世纪中，东部由 353.21 万人升至 2149.00 万人，增 5.08 倍、1795.78 万人，年递增率 32.19‰，(占全国民族人口的)比重由 10.40％升至 19.30％，增 8.90 个百分点；西部由 3041.87 万人升至 8983.48 万人，增 1.95 倍、5941.62 万人，年递增率 19.18‰，比重由 89.60％降至 80.70％，相应减 8.90 个百分点。西南由 2099.82 万人升至 6022.87 万人，增 1.87 倍、3923.05 万人，年递增率

18.66‰,比重由 61.85％降至 54.10％减 7.75 个百分点;西北由 942.05 万人升至 2960.61 万人,增 2.14 倍、2018.57 万人,年递增率 20.29‰,比重由27.75％降至 26.59％减 1.16 个百分点。

加速增长在人口恢复和快速增长阶段,东部皆快于西部;到平稳发展阶段,东部增长开始放缓且在 2000—2010 年出现负增长。在人口恢复和平稳发展阶段,西北增速快于西南;在快速增长阶段,西南快于西北。

表 2-2　1953—2010 年中国各普查年分聚居地的少数民族人口

聚居地	单位	1953 年	1964 年	1982 年	1990 年	2000 年	2010 年
少数民族	10⁴ 人	3503.21	3992.37	6723.90	9132.31	10522.61	11196.13
已识别	10⁴ 人	3395.08	3988.39	6643.43	9056.72	10449.07	11132.48
东部地区	10⁴ 人	353.21	483.14	936.99	1831.70	2255.00	2149.00
	％	10.40	12.11	14.10	20.22	20.62	19.30
西部地区	10⁴ 人	3041.87	3505.25	5706.45	7225.03	8297.08	8983.48
	％	89.60	87.89	85.90	79.78	79.38	80.70
其中:西南	10⁴ 人	2099.82	2368.46	3875.30	4948.29	5687.28	6022.87
	％	61.85	59.38	58.33	54.64	53.95	54.10
西北	10⁴ 人	942.05	1136.80	1831.14	2276.79	2656.80	2960.61
	％	27.75	28.50	27.56	25.14	25.43	26.59

资料来源:附表 1。

表 2-3　1953—2010 年中国各普查年分聚居地的少数民族人口变化

聚居地	单位	1953—1964 年	1964—1982 年	1982—1990 年	1990—2000 年	2000—2010 年
总人口	10⁴ 人	11336.40	31269.38	12659.67	11210.16	9019.86
	％	19.62/1.61	45.24/2.09	12.61/1.49	9.92/0.95	7.26/0.70
已识别少数民族	10⁴ 人	593.31	2655.04	2413.29	1392.35	683.41
	％	17.48/1.47	66.56/2.87	36.33/3.95	15.37/1.44	6.54/0.64
东部地区	10⁴ 人	129.93	453.85	894.71	323.30	−6.00
	％	36.78/2.89	93.94/3.75	89.43/8.74	17.65/1.64	−0.28/−0.01
西部地区	10⁴ 人	463.38	2201.19	1518.58	1069.05	689.41
	％	15.23/1.30	62.80/2.74	26.61/2.99	14.80/1.39	8.31/0.80

续表

聚居地	单位	1953—1964 年	1964—1982 年	1982—1990 年	1990—2000 年	2000—2010 年
其中:西南	10⁴ 人	268.63	1506.85	1072.99	689.04	385.59
	%	12.79/1.10	63.62/2.77	29.63/3.30	13.92/1.31	6.84/0.67
西北	10⁴ 人	194.75	694.35	445.64	380.01	303.82
	%	20.67/1.72	61.08/2.68	24.34/2.76	16.69/1.55	11.44/1.09

资料来源:表 2-2。

第二节　少数民族人口自然变动

中国少数民族人口自然变动的特征,一是民族差异和变化皆十分显著;一是地域差异显著且呈不同态势,出生率、自然增长率东低西高、南低北高,死亡率东低西高,南高北低。(表 2-4、2-5、2-6、2-7)

一、出生率的民族和地域分布

1. 出生率的民族分布和变化

中国少数民族人口出生率总体较高,民族之间的差异和变化十分显著。

2010 年,出生率 14.89‰(均值 15.26‰,中值 14.94‰),高出全国(10.34‰)4.55 个千分点;与 1990 年(37.33‰)相比,下降了 22.44 个千分点。

1990 年出生率≥35‰的民族居多,46 个占 83.6%。出生率(‰)≥50 的民族 9 个:塔吉克族(59.00,最高,全书同)、柯尔克孜族、门巴族、德昂族、珞巴族、维吾尔族、鄂伦春族、赫哲族和布朗族;<35 的民族 9 个:朝鲜族(23.75,最低,全书同)、毛南族、壮族、纳西族、畲族、土家族、满族、仡佬族和裕固族——极差(千分点)35.25。

2010 年出生率在 12‰～15‰的民族居多,37 个占 67.3%。出生率(‰)≥20 的民族 6 个:保安族(22.87)、阿昌族、维吾尔族、珞巴族、德昂族和撒拉族;<10 的民族 3 个:朝鲜族(5.14)、俄罗斯族和纳西族——极差(千分点)17.73,比 1990 年下降了 17.52。

表 2-4　2010 年中国少数民族人口出生率、死亡率和自然增长率　　单位:‰

民族	出生率	死亡率	自然增长率	民族	出生率	死亡率	自然增长率
全国	10.34	5.57	4.78	羌族	11.63	4.96	6.67
汉族	9.93	5.59	4.34	仫佬族	16.39	3.97	12.42
少数民族	14.89	5.37	9.52	景颇族	17.16	7.18	9.97
东部民族	11.46	5.00	6.46	布朗族	17.01	5.61	11.40
满族	10.53	4.50	6.03	毛南族	16.58	5.52	11.06
土家族	13.67	5.42	8.25	普米族	14.72	5.51	9.22
朝鲜族	5.14	5.65	−0.51	阿昌族	21.14	5.11	16.03
畲族	14.81	5.75	9.06	怒族	15.78	8.63	7.14
锡伯族	10.24	3.58	6.66	京族	19.15	6.60	12.55
鄂伦春族	14.32	4.04	10.28	基诺族	17.07	4.41	12.66
赫哲族	12.33	1.87	10.46	德昂族	20.58	6.86	13.72
高山族	12.22	2.49	9.73	门巴族	19.13	11.27	7.86
西部民族	15.70	5.46	10.24	独龙族	15.58	9.24	6.35
西南民族	15.31	5.83	9.49	珞巴族	20.91	11.95	8.96
壮族	14.24	5.45	8.79	西北民族	16.47	4.70	11.77
苗族	15.66	5.54	10.11	回族	13.45	4.46	8.99
彝族	16.18	5.99	10.19	维吾尔族	21.09	5.25	15.84
藏族	15.55	6.23	9.32	蒙古族	12.66	4.15	8.51
侗族	16.00	6.03	9.97	哈萨克族	19.68	4.66	15.02
布依族	16.10	6.60	9.50	东乡族	18.86	4.23	14.62
瑶族	17.43	5.13	12.30	土族	13.69	5.74	7.95
白族	12.49	6.04	6.44	柯尔克孜族	18.93	4.72	14.21
哈尼族	15.27	6.35	8.92	达斡尔族	12.38	4.14	8.24
黎族	16.23	4.41	11.81	撒拉族	20.20	3.58	16.62
傣族	14.26	6.05	8.22	塔吉克族	14.94	4.56	10.38
傈僳族	14.52	7.18	7.34	鄂温克族	14.35	3.92	10.43
仡佬族	14.92	5.65	9.27	保安族	22.87	4.18	18.68
拉祜族	13.68	7.53	6.15	俄罗斯族	8.77	3.70	5.07
佤族	13.21	7.29	5.92	裕固族	10.22	4.38	5.84
水族	17.67	8.45	9.22	乌孜别克族	14.19	2.84	11.35
纳西族	9.73	6.24	3.49	塔塔尔族	14.06	4.78	9.28

资料来源:中国 2010 年人口普查资料(上册)[M].199-258、453;中国 2010 年人口普查资料(中册)[M].755-756。

表 2-5　1990 年中国少数民族人口出生率、死亡率和自然增长率　　单位:‰

民族	出生率	死亡率	自然增长率	民族	出生率	死亡率	自然增长率
全国	31.06	9.14	21.92	羌族	37.85	8.87	28.98
汉族	30.51	9.06	21.44	仫佬族	36.82	6.39	30.43
少数民族	37.33	9.98	27.35	景颇族	48.78	15.76	33.02
东部民族	32.94	8.13	24.81	布朗族	50.12	17.84	32.28
满族	34.22	6.49	27.73	毛南族	28.71	8.39	20.33
土家族	33.71	10.32	23.39	普米族	39.40	12.05	27.35
朝鲜族	23.75	10.00	13.75	阿昌族	47.77	13.28	34.49
畲族	32.74	9.02	23.71	怒族	48.80	16.55	32.25
锡伯族	37.85	5.46	32.39	京族	43.47	7.41	36.06
鄂伦春族	52.11	11.28	40.83	基诺族	43.95	10.82	33.13
赫哲族	51.25	5.88	45.37	德昂族	56.72	16.49	40.23
高山族	40.32	7.99	32.33	门巴族	57.48	16.00	41.48
西部民族	38.44	10.46	27.98	独龙族	49.79	17.34	32.45
西南民族	36.27	10.89	25.38	珞巴族	56.42	17.23	39.19
壮族	30.26	9.09	21.18	西北民族	43.15	9.52	33.63
苗族	38.23	10.95	27.28	回族	36.88	7.72	29.16
彝族	38.33	12.09	26.24	维吾尔族	52.65	12.65	40.01
藏族	42.19	12.96	29.23	蒙古族	39.16	8.03	31.14
侗族	35.39	9.99	25.40	哈萨克族	45.76	9.46	36.29
布依族	38.63	12.22	26.41	东乡族	42.55	8.16	34.39
瑶族	36.20	10.17	26.03	土族	40.42	9.98	30.45
白族	37.35	10.42	26.93	柯尔克孜族	58.78	13.57	45.21
哈尼族	42.43	14.59	27.84	达斡尔族	40.68	9.99	30.69
黎族	41.70	9.29	32.40	撒拉族	44.75	9.15	35.60
傣族	41.36	11.27	30.09	塔吉克族	59.00	13.88	45.12
傈僳族	42.55	15.13	27.42	鄂温克族	48.98	10.08	38.89
仡佬族	34.40	10.33	24.06	保安族	38.43	6.51	31.93
拉祜族	45.82	17.50	28.32	俄罗斯族	39.56	7.11	32.44
佤族	47.35	19.62	27.73	裕固族	34.57	7.00	27.58
水族	37.07	10.64	26.43	乌孜别克族	42.27	6.37	35.90
纳西族	32.28	11.53	20.75	塔塔尔族	37.52	7.90	29.62

资料来源:中国 1990 年人口普查资料(第一册)[M].300-319、808-811、1020-1023。

表 2-6 2010 年中国少数民族人口出生率、死亡率、自然增长率的聚居地分布

单位:个

项目		全国	东部地区	西部地区	其中: 西南	西北
出生率 (‰)	16	11		11	5	6
	15	16		16	16	
	12	21	5	16	8	8
		7	3	4	2	2
死亡率 (‰)	7	9		9	9	
	6	9		9	9	
	5	15	3	12	10	2
		22	5	17	3	14
自然 增长率 (‰)	11	16		16	9	7
	9	16	4	12	9	3
	7	12	1	11	7	4
		11	3	8	6	2

资料来源:表 2-4。

表 2-7 1990 年中国少数民族人口出生率、死亡率、自然增长率的聚居地分布

单位:个

项目		全国	东部地区	西部地区	其中: 西南	西北
出生率 (‰)	45	16	2	15	10	5
	40	13	1	12	7	5
	35	16	1	15	10	5
		10	4	5	4	1
死亡率 (‰)	15	19		10	10	
	12	9		9	6	3
	9	20	4	16	11	5
		16	4	12	4	8
自然 增长率 (‰)	35	12	2	10	4	6
	30	18	2	16	9	7
	25	18	1	17	14	3
		7	3	4	4	

资料来源:表 2-5。

2. 出生率的聚居地分布和变化

中国少数民族人口出生率呈东低西高、南低北高态。

1990 年的人口出生率(‰),东部 32.94,西部 38.94,西南 36.27,西北 43.15,差异(千分点)南北大于东西——东西 5.50,南北 6.88。出生率≥45 的民族,东部 2 个占 25.0%,西部 15 个占 31.9%,西南 10 个占 32.3%,西北 5 个占 31.3%;<35 的民族,东部 4 个占 50.0%,西部 5 个占 10.6%,西南 4 个占 12.9%,西北 1 个占 6.3%。

2010 年的人口出生率(‰),东部 11.46,西部 15.70,西南 15.31,西北 16.47,差异(千分点)南北小于东西——东西 4.24,南北 1.16。人口出生率≥16 的民族,东部无,西部 11 个占 23.4%,西南 5 个占 16.1%,西北 6 个占 37.5%;<15 的民族,东部 8 个占 100.0%,西部 20 个占 42.6%,西南 10 个占 32.3%,西北 10 个占 62.5%。

二、死亡率的民族和地域分布

1. 死亡率的民族分布和变化

中国少数民族人口死亡率总体较低但民族之间的差异十分显著。

2010 年人口粗死亡率 5.37‰(均值 5.56‰,中值 5.45‰),比全国 (5.57‰)低 0.20 个千分点;比 1990 年(9.98‰)下降 4.61 个千分点。

1990 年死亡率以≥9‰的民族居多,39 个占 70.9%。死亡率(‰)≥15 的民族 10 个:佤族(19.62)、布朗族、拉祜族、独龙族、珞巴族、怒族、德昂族、门巴族、景颇族和傈僳族;<7 的 6 个:锡伯族(5.46)、赫哲族、乌孜别克族、仡佬族、满族和保安族——极差(千分点)14.16。

2010 年死亡率以<6‰的民族居多,37 个占 67.3%。死亡率(‰)≥8 的民族 5 个:珞巴族(11.95)、门巴族、独龙族、景颇族和水族;<3 的民族 3 个:赫哲族(1.87)、高山族和乌孜别克族——极差(千分点)10.09,比 1990 年缩减 4.07。

2. 死亡率的地域分布和变化

中国少数民族人口的死亡率呈东低西高、南高北低态。

1990 年少数民族人口的死亡率(‰),东部 8.13,西部 10.46,西南 10.89,西北 9.98,差异(千分点)南北小于东西——东西 2.33,南北 1.37。≥12‰的民族,东部无,西部 19 个占 40.4%,西南 16 个占 51.3%,西北 3 个占 18.8%;<9 的民族,东部 4 个占 50.0%,西部 12 个占 25.5%,西南 4 个占 12.9%,西北 8 个占 50.0%。

2010 年少数民族人口的死亡率(‰),东部 5.00,西部 5.46,西南 5.83,西北 4.70,差异(千分点)南北大于东西——东西 0.46,南北 1.13。≥6 的民族,东部无,西部 18 个占 38.3%,西北无,西南 18 个占 58.1%;<5 的民族,东部 5 个占 62.5%,西部 17 个占 36.2%,西南 3 个占 9.7%,西北 14 个占 87.5%。与出生率不同的是,西北既极大地低于西南,也明显低于东部,形成了死亡率的"洼地"[1]。

三、自然增长率的民族和地域分布

1. 自然增长率的民族分布

少数民族自然增长率同样呈较高而差异十分显著的特征。

2010 年中国少数民族人口自然增长率 9.52‰(均值 9.71‰,中值 9.28‰),比全国(4.78‰)、汉族(4.34 ‰)高 4.74 个和 5.18 个千分点。

1990 年的人口自然增长率(‰),25～29、30～34、≥35 的民族各有 18 个、18 个和 12 个,合计 48 个占 82.3%。自然增长率(‰)≥40 的民族 7 个:赫哲族(45.37)、柯尔克孜族、塔吉克族、门巴族、鄂伦春族、德昂族和维吾尔族;<7 的民族 7 个:朝鲜族(13.75)、毛南族、纳西族、土家族、畲族、壮族和仡佬族——极差(千分点)31.62。

2010 年自然增长率(‰)分布相对均匀,<7、7～8、9～10、≥11 的民族各有 11 个、12 个、16 个和 16 个。≥15 的民族 5 个:保安族(18.68)、撒拉族、阿昌族、维吾尔族和哈萨克族;<5 的民族 2 个:朝鲜族(−0.51)、纳西族——极差(千分点)19.19,比 1990 年缩减 12.43。

2. 自然增长率的地域分布

中国少数民族人口的自然增长率呈东低西高、南低北高态。

1990 年的人口自然增长率(‰),东部 24.31,西部 27.98,西南 25.38,西北 33.63,差异(千分点)东西显著小于南北——东西 3.67,南北 8.25。自然增长率(‰)≥25 的民族,东部 5 个占 62.5%,西部 43 个占 91.5%;西南 27 个占 87.1%,西北 16 个占 100.0%。

2010 年的人口自然增长率(‰),东部 6.46,西部 10.24,西南 9.48,西北 11.77,差异(千分点)东西大于南北——东西 3.78,南北 2.28。自然增长率(‰)≥9 的民族,东部 4 个占 50.0%,西部 28 个占 59.6%;西南 18 个占

---

[1] 死亡率南高北低表明的,是"江南卑湿,丈夫早夭"(司马迁《史记·货殖列传》);东高北低表明的,是比较干燥的气候对人类在一定程度上的适宜性。

58.1%,西北 10 个占 62.5%。

第三节　少数民族人口迁移变动

一、迁移变动和迁移人口的民族、地域分布

1. 少数民族人口迁移变动:总量、比例和性别比

1990—2010 年中国少数民族人口迁移和变化的总体特征,一是总量迅速增加而以省际迁移为主;一是省内迁移为主而县内迁移多于县际迁移;一是男女比例在总体上基本均衡,男性比例随远离居住地增加。(表 2-8、2-9)

表 2-8　1990 年、2010 年中国少数民族人口迁移状况

项目	单位	1990 年		2010 年	
		总人口	少数民族	总人口	少数民族
合计	10⁴ 人	3412.76*	220.62	26093.79	1653.86
	%	3.02	2.42	19.58	14.77
	男女比例	55∶45		52∶48	50∶50
省内迁移	10⁴ 人	2302.57	161.95	17506.16	1163.50
	%	2.04 (67.5)	1.77 (73.4)	13.13 (67.1)	10.39 (70.4)
	男女比例	54∶46		49∶51	49∶51
其中:县内	10⁴ 人			9037.26	608.64
	%			51.6	52.3
	男女比例			48∶52	48∶52
县际	10⁴ 人			8468.90	554.86
	%			48.4	47.7
	男女比例			54∶46	50∶50
省际迁移	10⁴ 人	1106.54	58.67	8587.63	490.36
	%	0.98 (32.5)	0.64 (26.6)	6.44 (32.9)	4.38 (29.6)
	男女比例	58∶42		56∶44	54∶46

资料来源:中国 1990 年人口普查资料(第一册)[M]. 300-319、1096-1101;中国 2010 年人口普查资料(上册)[M].35-54;国家统计局人口和就业统计司.中国 2010 年人口普查民族人口资料.表 8-1 外来人口分民族户口登记地状况。

* 1990 年迁移人口中包括其他 3.65 万人;括号内数据为省内迁移与省际迁移人口构成。

表 2-9　1990—2010 年中国少数民族人口迁移状况变化

项目	合计		省内迁移		省际迁移	
	10^4 人	百分点	10^4 人	百分点	10^4 人	百分点
总人口	22681.03	16.56	15203.59	11.09	7481.09	5.46
少数民族	1433.24	12.35	1001.55	8.62	431.69	3.74

资料来源:表 2-8。

2010 年,中国少数民族迁移人口 1653.86 万人,比 1990 年增 6.50 倍、1433.24 万人;占少数民族人口的比例 14.77%,比全国(19.58%)低 4.81 个百分点,较 1990 年增加 12.35 个百分点。

省内迁移 1163.50 万人,占少数民族的 10.39%,分别比 1990 年增 6.18 倍、1001.55 万人和 8.62 个百分点;省际迁移 490.36 万人,占少数民族的 4.38%,分别比 1990 年增 7.36 倍、431.69 万人和 3.74 个百分点。

迁移人口以省内为主而显著多于省际,构成比 70.4∶29.6,与 1990 年(73.4∶26.6)相比,分别减少/增加了 3.0 个百分点;省内迁移人口中,县内稍多于县际,构成比为 52.3∶47.7。

迁移人口中,男女比例基本均衡——50∶50,男性比例随远离居住地增加:县内 48∶52,县际 50∶50(省内 49∶51),省际 54∶46。

2. 迁移人口的民族分布

迁移人口比例差异显著但各组分布相对均匀。（表 2-10、2-11）

表 2-10　2010 年中国少数民族按迁移人口比例的聚居地分布　　单位:个

聚居地	—— 10 —— 15 —— 20 —— 25 ——				
	%				
全国	16	13	18	6	2
东部地区			3	3	2
西部地区	16	13	15	3	
其中:西南	13	10	8		
西北	3	3	7	3	

资料来源:表 2-11。

迁移人口比例(%),15～19 组最多,18 个民族占 32.7%;<10 组次之,16 个民族占 29.1%;10～14 组 13 个民族,排第三占 23.6%。一极是<7 的

珞巴族(6.08)、傈僳族、德昂族和柯尔克孜族，一极是≥20 的满族(28.84)、赫哲族、朝鲜族、高山族、俄罗斯族、鄂伦春族、鄂温克族和蒙古族——极差(百分点)22.76。

迁移人口比例(%)，东部 26.93，西部 14.15，相差 12.78 个百分点；西南 13.94，西北 14.57，相差 0.63 个百分点。东西之间，≥15 的民族，东部 8 个占 100%，西部 18 个占 38.3%；≥20 的民族，东部 5 个占 62.5%，西部 3 个占 6.4%。南北之间，≥10%的民族，西南 18 个占 58.1%，西北 13 个占 81.3%；≥15%的民族，西南 8 个占 25.8%，西北 10 个占 62.5%。

表 2-11　2010 年中国少数民族迁移人口　　　　单位:%

民族	迁移人口	民族	迁移人口	民族	迁移人口	民族	迁移人口
总人口	19.58	彝族	11.29	仫佬族	17.22	蒙古族	20.02
汉族	20.02	藏族	8.24	景颇族	11.24	哈萨克族	10.02
少数民族	14.86	侗族	15.55	布朗族	7.20	东乡族	8.94
东部民族	26.93	布依族	15.49	毛南族	18.34	土族	19.23
满族	28.84	瑶族	13.17	普米族	9.62	柯尔克孜族	6.52
土家族	16.90	白族	11.97	阿昌族	10.87	达斡尔族	17.73
朝鲜族	24.07	哈尼族	12.81	怒族	8.06	撒拉族	16.32
畲族	18.61	黎族	10.84	京族	15.48	塔吉克族	13.02
锡伯族	18.68	傣族	8.17	基诺族	9.13	鄂温克族	20.91
鄂伦春族	23.09	傈僳族	6.18	德昂族	6.40	保安族	17.92
赫哲族	25.38	仡佬族	18.81	门巴族	7.74	俄罗斯族	23.17
高山族	23.62	拉祜族	8.10	独龙族	7.85	裕固族	12.92
西部民族	14.15	佤族	9.16	珞巴族	6.08	乌孜别克族	15.64
西南民族	13.94	水族	13.93	西北民族	14.57	塔塔尔族	15.55
壮族	17.27	纳西族	12.91	回族	18.53		
苗族	16.26	羌族	14.52	维吾尔族	8.10		

资料来源:中国 2010 年人口普查资料(第一册)[M].35-54;中国 2010 年人口普查民族人口资料.表 8-1 外来人口分民族户口登记地状况。

二、迁移原因及民族、地域分布

中国少数民族迁移原因以务工经商为主，民族、地域差异显著。(表 2-12、2-13)

表 2-12　2010 年中国少数民族人口迁移原因　　　　　单位:%

民族	务工经商	工作调动	学习培训	随迁家属	投靠亲友	拆迁搬家	寄挂户口	婚姻嫁娶	其他
总人口	45.12	3.85	11.42	14.17	4.21	9.30	0.72	4.83	6.39
汉族	45.43	3.86	11.31	13.98	4.23	9.43	0.73	4.68	6.35
少数民族	40.47	3.74	12.94	16.96	3.98	7.43	0.51	7.04	6.92
东部民族	36.91	3.82	13.99	15.80	5.22	9.90	0.66	6.58	7.11
满族	28.88	3.83	15.92	16.57	6.10	12.96	1.10	7.74	6.89
土家族	49.19	3.70	14.62	15.15	3.33	3.74	0.35	4.41	5.50
朝鲜族	30.95	4.06	8.44	14.84	7.45	22.76	0.56	2.18	8.76
畲族	43.18	2.48	14.28	19.59	3.31	10.05	0.43	4.00	3.07
锡伯族	21.77	4.07	17.02	15.81	5.32	17.91	0.99	7.15	9.95
鄂伦春族	21.51	5.75	24.76	16.51	5.60	10.91	0.70	7.25	7.00
赫哲族	36.28	4.49	21.12	12.66	5.52	9.79	0.88	5.00	4.27
高山族	39.49	4.75	17.42	11.72	2.85	9.29	0.84	6.65	6.97
西部民族	41.42	3.74	12.48	17.22	3.65	6.27	0.45	6.52	6.93
西南民族	48.59	3.76	11.82	14.63	3.36	3.90	0.31	5.82	5.81
壮族	53.01	3.71	11.12	13.73	2.97	3.98	0.29	6.34	4.86
苗族	55.39	2.52	9.53	14.79	2.98	2.57	0.24	7.32	4.67
彝族	36.62	3.83	12.05	15.82	5.38	4.00	0.37	11.4	7.27
藏族	21.78	6.97	20.88	17.29	3.57	8.41	0.45	5.25	15.39
侗族	54.24	3.55	12.01	14.77	3.13	3.01	0.23	4.83	4.22
布依族	55.48	2.54	8.81	14.66	2.66	3.86	0.28	7.32	4.41
瑶族	53.33	3.76	11.34	12.72	2.76	4.51	0.30	6.66	4.62
白族	44.14	5.76	16.77	13.97	3.73	4.54	0.63	5.57	4.89
哈尼族	50.61	2.86	8.72	19.54	3.49	1.53	0.18	8.42	4.66
黎族	39.73	4.42	14.76	16.11	2.72	2.39	0.55	13.06	6.26
傣族	43.33	5.38	12.98	11.17	3.20	1.87	0.36	13.33	8.37
傈僳族	35.94	4.75	12.86	10.36	3.49	7.33	0.63	18.86	5.78
仡佬族	45.23	3.72	13.99	19.66	4.81	3.34	0.23	4.09	4.93
拉祜族	42.24	3.42	9.03	14.86	4.14	2.72	0.16	17.19	6.23
佤族	51.63	4.94	9.27	10.46	2.63	1.49	0.15	13.35	6.07
水族	55.80	2.37	11.05	14.08	3.18	2.40	0.21	6.96	3.95
纳西族	30.18	8.83	17.63	14.15	4.80	12.13	1.12	4.37	6.78
羌族	30.44	6.73	27.00	9.06	4.62	6.92	0.50	7.05	7.67

续表

民族	务工经商	工作调动	学习培训	随迁家属	投靠亲友	拆迁搬家	寄挂户口	婚姻嫁娶	其他
仫佬族	53.75	4.27	9.87	13.31	3.55	3.75	0.45	6.58	4.45
景颇族	33.17	4.30	8.69	11.37	3.33	4.96	0.33	18.65	15.2
布朗族	39.31	4.20	16.43	13.32	4.32	5.02	0.14	11.38	5.89
毛南族	54.13	4.61	11.11	13.00	3.07	3.14	0.24	6.04	4.68
普米族	33.92	7.30	24.48	14.60	3.47	4.61	0.46	7.71	3.44
阿昌族	46.80	4.51	12.72	11.42	2.79	3.07	0.79	9.30	8.58
怒族	39.65	7.55	17.82	10.10	3.38	3.25	0.36	12.82	5.07
京族	32.21	5.75	15.97	22.29	3.99	5.38	1.12	8.27	5.02
基诺族	29.45	8.43	19.18	14.73	5.21	2.37	0.33	12.59	7.72
德昂族	42.25	3.80	11.93	9.35	2.96	2.20	0.08	16.95	10.49
门巴族	25.34	6.98	29.50	10.40	5.88	5.88	0.00	6.61	9.42
独龙族	28.13	9.01	22.79	14.71	2.76	1.47	0.18	17.10	3.86
珞巴族	20.54	1.79	20.98	7.59	9.38	21.88	0.00	10.71	7.14
西北民族	27.48	3.71	13.78	22.25	4.21	10.90	0.70	7.88	9.09
回族	29.35	3.27	10.35	22.22	4.42	13.84	0.88	6.57	9.10
维吾尔族	23.97	3.12	11.52	27.55	3.69	5.69	0.54	12.96	10.96
蒙古族	26.35	4.66	19.90	19.14	4.44	10.49	0.49	6.68	7.85
哈萨克族	19.44	4.13	20.84	22.26	3.24	9.89	1.22	8.83	10.15
东乡族	35.43	4.25	7.73	23.22	3.14	6.25	0.83	8.97	10.17
土族	49.28	4.41	15.80	12.91	2.94	4.67	0.29	3.77	5.93
柯尔克孜族	19.67	5.41	37.38	20.40	2.62	4.75	0.22	3.85	5.70
达翰尔族	22.17	4.98	19.66	16.64	6.93	9.79	0.90	10.45	8.49
撒拉族	41.62	2.28	8.10	27.63	3.22	5.48	0.22	4.54	6.92
塔吉克族	45.56	2.09	18.63	26.39	1.80	0.32	0.02	2.65	2.54
鄂温克族	17.55	5.17	26.22	16.80	5.39	9.37	0.87	9.85	8.78
保安族	21.43	9.31	18.27	13.18	3.56	7.92	2.39	3.98	19.96
俄罗斯族	20.10	6.56	16.57	16.26	7.01	14.66	1.32	7.15	10.37
裕固族	33.64	5.49	8.93	22.44	2.37	10.76	0.59	7.70	8.07
乌孜别克族	20.51	4.11	12.64	25.89	3.87	11.43	0.24	8.65	12.64
塔塔尔族	21.16	5.42	17.90	21.16	3.98	10.85	0.36	6.51	12.66

资料来源:中国 2010 年人口普查民族人口资料[M].表 8-7 各民族分年龄、性别、迁移原因的人口。

表 2-13　**2010 年中国少数民族五大迁移原因构成的聚居地分布**　　单位:个

迁移原因		全国	东部地区	西部地区	其中:	
					西南	西北
务工经商 (‰)	50 40 30	10		10	10	
		11	2	9	6	3
		15	3	12	10	2
		19	3	16	5	11
家属随迁 (‰)	20 15 10	11		11	1	10
		14	5	9	5	4
		27	3	24	22	2
		3		3	3	
学习培训 (‰)	20 15 10	11	2	9	6	3
		16	3	13	6	7
		17	2	15	12	3
		11	1	10	7	3
拆迁搬家 (‰)	10 5 3	13	5	8	2	6
		15	2	13	6	7
		16		16	13	3
		11	1	10	10	
婚姻嫁娶 (‰)	10 5 3	15		15	13	2
		29	5	24	15	9
		9	2	7	3	4
		2	1	1		1

资料来源:表 2-12。

1. 迁移原因和构成的民族分布

迁移人口按原因(‰)的排序为,务工经商 40.47,随迁家属 16.96,学习培训 12.94,拆迁搬家 7.43、婚姻嫁娶 7.04,投靠亲友 3.98,工作调动 3.74,寄挂户口 0.51,其他 6.92。与全国相比,大致相近而比例有所差异(百分点):务工经商、拆迁搬家低 4.65 和 1.87,随迁家属、婚姻嫁娶、学习培训高 2.79、2.21 和 1.52。迁移原因中(‰),务工经商＜40 的民族居多,34 个占

61.8%,其中<30 的 19 个,<20 的 3 个:鄂温克族(17.55)、哈萨克族、柯尔克孜族;≥50 的 10 个,≥55 的民族 3 个:水族(55.80)、布依族和苗族——极差(百分点)38.25。随迁家属比例(%)基本≥10,52 个占 94.5%,其中 10~14 的最多,27 个占 49.1%。<10 的 3 个:珞巴族(7.59)、羌族、德昂族;≥25 的民族 4 个:撒拉族(27.63)、维吾尔族、塔吉克族、乌孜别克族——极差(百分点)20.04。学习培训构成的民族分布(%)呈中间高、两头低态势:10~14、15~19 的民族 17 个、16 个,占 30.9%和 29.1%,≥20、<10 的民族各 11 个,各占 20.0%。东乡族(7.73)最低,柯尔克孜族(37.38)最高,极差(百分点)29.65。拆迁搬家构成的民族分布(%)亦呈中间高、两头低态势而与学习培训相近:3~4、5~9 的民族 16 个、15 个,占 29.1%和 27.3%,≥10、<3 的民族 13 个、11 个,占 23.6%和 20.0%。<2 的民族 5 个:塔吉克族(0.32)、独龙族、佤族、哈尼族和傣族;≥15 的民族 3 个:朝鲜族(22.76)、珞巴族、锡伯族——极差(百分点)22.44。大部分民族婚姻嫁娶的比例(%)≥5,44 个占 80.0%,其中 5~9 的民族最多,29 个占 52.7%。<3 的民族 2 个:朝鲜族(2.18)、塔吉克族;≥15 的民族 5 个:傈僳族(18.86)、景颇族、拉祜族、独龙族、德昂族——极差(百分点)16.68。

2. 迁移原因的地域分布

迁移原因的地域分布离散而差异大,前 3 位总体呈以下态势:务工经商东低西高、南高北低,随迁家属东低西高、南低北高,学习培训东高西低、南低北高,且南北差异皆大于东西而以务工经商、随迁家属为著。

务工经商(%)东部 36.91,西部 41.42;西南 48.59,西北 27.48——差异(百分点)东西 5.51,南北 21.11。随迁家属(%)东部 15.80,西部 17.22;西南 14.63,西北 22.25——差异(百分点)东西 1.42,南北 7.62。学习培训(%)东部 13.99,西部 12.48;西南 11.82,西北 13.78——差异(百分点)东西 1.51,南北 1.96。

3. 迁移原因的地域—民族分布

前 5 位迁移原因(%)的地域—民族分布特征是:务工经商,东部民族皆<50 且各区间分布相对均匀;西部分布相对离散,≥50 民族 10 个占 21.3%,<40 民族 28 个占 59.6%,其中<30 民族 16 个占 34.0%。西南主要分布在≥50、30~39 两个区间,皆有 10 个民族各占 32.3%;西北大部分民族<30,11 个占 68.8%。

第四节 人口自然、迁移变动与空间分布和受教育程度

一、人口自然变动与空间分布和受教育程度

中国少数民族人口自然变动与空间分布、受教育程度的关联特征是:离散度、平均受教育年限与出生率、死亡率显著关联而与自然增长率不相关。(表 2-14)

表 2-14　2010 年中国少数民族人口自然、迁移变动与空间分布和受教育程度

项目		相关系数（R）	置信度（α）	临界值（r）	相关程度
出生率	空间离散度	−0.3773	0.01	0.3415	显著相关
	首位分布率	0.3506	0.01	0.3415	显著相关
	平均受教育年限	−0.5734	0.001	0.4280	极显著相关
死亡率	空间离散度	−0.3100	0.05	0.2632	相关
	首位分布率	0.3016	0.05	0.2632	相关
	平均受教育年限	−0.6501	0.001	0.4280	极显著相关
自然增长率	空间离散度	−0.2093	0.1	0.2221	不相关
	首位分布率	0.1871	0.1	0.2221	不相关
	平均受教育年限	−0.2196	0.1	0.2221	不相关
迁移人口比例	空间离散度	0.6640	0.001	0.4327	极显著相关
	首位分布率	−0.6060	0.001	0.4327	极显著
	平均受教育年限	0.7400	0.001	0.4327	极显著相关

资料来源:据表 1-9、2-4、2-11、6-3 数据计算。

1. 人口自然变动与空间离散度和首位分布率

人口空间离散度与出生率显著负相关（$R = -0.3773$），与死亡率负相关（$R = -0.3100$）:人口空间分布的离散度上升,出生率明显下降,死亡率较明显下降;反之,出生率明显上升,死亡率较明显上升。

首位分布率与出生率显著正相关（$R = 0.3506$），与死亡率正相关（$R = 0.3016$）:首位地域聚集的人口比重上升,出生率明显增加,死亡率较明显增加;反之,出生率明显下降,死亡率较明显下降。

2. 自然变动与平均受教育年限

平均受教育年限与出生率、死亡率极显著负相关（$R=-0.5734$，-0.6501）：人口受教育程度增加，出生率、死亡率十分明显地下降；反之，十分明显地上升。

空间离散度、受教育水平高，出生率、死亡率低；离散度、受教育水平低，出生率、死亡率高——是故，自然增长率与空间离散度和受教育水平不相关。

二、迁移人口比例与空间离散程度、受教育程度和人口规模

迁移人口与人口空间分布和受教育程度极显著正相关，与首位分布率极显著负相关，与人口规模不相关。（表 2-14、2-15，图 2-5、2-6）

表 2-15　2010 年中国少数民族迁移人口比例的规模、空间离散度和受教育程度分布

单位：个

项目		—— 10 —— 15 —— 20 —— 25 ——				
		%				
人口规模 （10^4 人）	100	3	6	6	2	1
	10	6	4	8		
		7	3	4	4	1
空间离散度	0.5	1	2	7	4	2
	0.3		1	5	1	
	0.1	6	4	5	1	
	0.05	4	5	1		
		5	1			
平均受 教育年限 （年）	9			4	3	2
	8	1	5	6		
	7	3	4	6		
		2	4	2		

资料来源：表 1-9、2-1、2-11、6-3。

1. 迁移人口比例与空间离散度和首位分布率

迁移人口比例与空间离散度极显著正相关（$R=0.6640$）。迁移人口比例≥10％的民族，空间离散度<0.05 的 1 个占（6，指该区间民族数，下同）

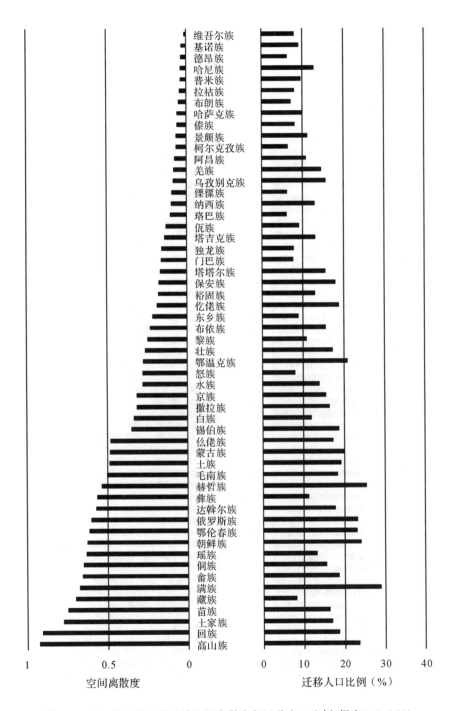

图 2-5 2010 年中国少数民族空间离散度与迁移人口比例(据表 1-9、2-11)

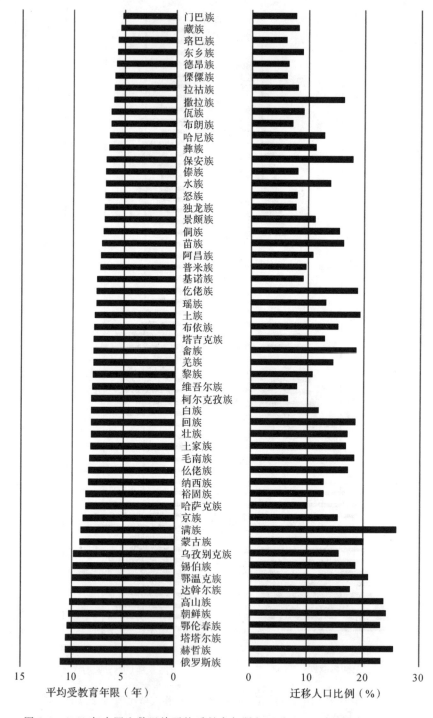

图 2-6　2010 年中国少数民族平均受教育年限与迁移人口比例(据表 2-11、6-3)

16.7％,0.05～0.09 的 6 个占(10)60.0％,0.1～0.2 的 10 个占(16)62.5％,0.3～0.49 的 7 个占(7)100.0％,≥0.5 的 15 个占(16)93.8％。

迁移人口比例与首位分布率极显著负相关(R＝－0.6060)。

2. 迁移人口比例与平均受教育年限

迁移人口比例与平均受教育年限极显著正相关(R＝0.7400)。随其增加迅速上升,随其减小迅速下降:迁移比例≥15％的民族,平均受教育年限＜7 年的 2 个占(18)11.1％,7 年的 6 个占(13)46.2％,8 年的 6 个占(12)50.0％,≥9 年的 9 个占(9)100.0％。

第三章　性别、年龄和人口类型

中国少数民族人口性别比、年龄结构、人口类型民族、地域差异大而变化迅速,性别比正常而总体下降;少儿系数大幅下降,老年系数增加,年龄结构开始老化;劳动年龄人口比重大幅上升,总负担社会系数和负担少儿系数大幅度下降。

第一节　少数民族人口性别构成

中国少数民族人口性别比正常且总体下降、民族差异显著,大体呈东高西低、南北相近的态势。

一、性别构成的民族分布

中国少数民族人口性别比(每 100 名女性对应的男性数)总体正常而民族差异显著。(表 3-1、3-3,图 3-1)

2010 年中国少数民族人口性别比(女性＝100.00)为 104.80,与全国(104.90)、汉族(104.90)相近;与 1990 年的 105.14 相比稍有下降。已识别民族中,性别比以 100～105 居多——25 个占 45.5％,总体正常但差异明显——畲族最高 117.75,鄂伦春族最低 87.18,相差 30.57。

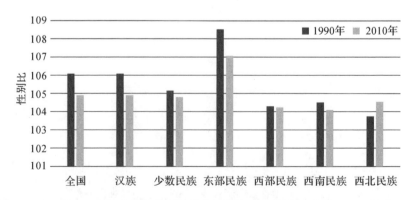

图 3-1　1990 年、2010 年中国少数民族分聚居地的人口性别比(女性＝100,据表 3-1)

表 3-1　1990 年、2010 年中国少数民族人口性别比（女性＝100）

民族	1990 年	2010 年	1990 —2010 年	民族	1990 年	2010 年	1990 —2010 年
总人口	106.04	104.90	−1.14	羌族	102.98	102.29	−0.69
汉族	106.12	104.90	−1.22	仫佬族	103.41	104.52	1.11
少数民族	105.14	104.80	−0.34	景颇族	95.52	93.21	−2.31
东部民族	108.51	107.06	−1.45	布朗族	104.04	104.83	0.79
满族	109.46	108.34	−1.12	毛南族	107.20	109.26	2.06
土家族	110.63	106.44	−4.19	普米族	103.04	100.02	−3.02
朝鲜族	98.07	98.93	0.86	阿昌族	99.91	99.73	−0.18
畲族	114.81	117.75	2.94	怒族	101.47	101.56	0.09
锡伯族	110.52	109.53	−0.99	京族	91.59	104.59	13.00
鄂伦春族	93.69	87.18	−6.51	基诺族	101.09	103.03	1.94
赫哲族	98.88	98.08	−0.80	德昂族	99.75	95.45	−4.30
高山族	103.18	102.47	−0.71	门巴族	99.52	99.26	−0.26
西部民族	104.29	104.24	−0.05	独龙族	92.05	93.52	1.47
西南民族	104.54	104.08	−0.46	珞巴族	94.47	95.96	1.49
壮族	104.27	105.49	1.22	西北民族	103.76	104.56	0.80
苗族	107.07	106.91	−0.16	回族	103.21	103.10	−0.11
彝族	103.60	104.66	1.06	维吾尔族	104.47	102.53	−1.94
藏族	97.64	100.93	3.29	蒙古族	103.27	100.58	−2.69
侗族	112.23	110.52	−1.71	哈萨克族	104.92	104.49	−0.43
布依族	103.40	102.93	−0.47	东乡族	106.41	104.43	−1.98
瑶族	109.10	109.10	0.00	土族	105.59	104.63	−0.96
白族	102.84	102.57	−0.27	柯尔克孜族	103.86	102.80	−1.06
哈尼族	104.33	108.25	3.92	达斡尔族	101.56	96.63	−4.93
黎族	103.05	107.21	4.16	撒拉族	103.14	103.04	−0.10
傣族	99.47	98.28	−1.19	塔吉克族	104.36	104.63	0.27
傈僳族	103.06	102.28	−0.78	鄂温克族	99.46	90.50	−8.96
仡佬族	115.41	110.71	−4.70	保安族	105.69	99.58	−6.11
拉祜族	103.68	103.93	0.25	俄罗斯族	87.24	89.83	2.59
佤族	101.71	101.49	−0.22	裕固族	100.11	103.86	3.75
水族	106.65	107.79	1.14	乌孜别克族	109.34	115.87	6.53
纳西族	100.87	99.37	−1.50	塔塔尔族	108.14	114.60	6.46

资料来源:中国 1990 年人口普查资料(第一册)[M].380-453;中国 2010 年人口普查资料(上册)[M].199-258。

1990—2010 年性别比下降的民族 32 个占 58%。其中东部 6 个占 75.0%,西部 26 个占 57%——西南升降各占一半持平,西北以下降为主,11 个占 69%。各民族中,变动最大的为京族(13.00)、鄂温克族(-8.96)、乌孜别克族(6.53)、鄂伦春族(-6.51)、塔塔尔族(6.46)和保安族(-6.11)。

二、性别构成的地域分布

少数民族人口性别比聚居地分布东高西低、南北相近(1990 年南高北低,2010 年南低北高)而差异显著;居住地呈乡村高于市镇,东高西低、南高北低态,差异和变化显著。(表 3-1、3-2、3-3,图 3-1)

表 3-2　1990 年、2000 年中国少数民族人口性别比的聚居地分布　单位:个

年份	聚居地	—— 100 ——	103 ——	107 ——	110 ——	
1990	全国	14	7	23	6	5
	东部地区	3		1	1	3
	西部地区	11	7	22	5	2
	其中:西南	9	5	12	3	2
	西北	2	2	10		2
2010	全国	15	12	16	7	5
	东部地区	3	1	1	2	1
	西部地区	12	11	15	5	4
	其中:西南	8	8	8	5	2
	西北	4	3	7		2

资料来源:表 3-1。

1. 性别构成的聚居地分布

2010 年各聚居地的性别比,东部 107.06,西部 104.24,相差 2.82;西南 104.08,西北 104.56,相差 0.48。性别比＜103 的民族,东部 4 个占 50.0%,西部 33 个占 70.2%;西北 7 个占 43.8%,西南 16 个占 51.6%。性别比≥110 的民族,东部 1 个占 12.5%,西部 4 个占 8.5%;西南 2 个占 6.5%,西北 2 个占 12.5%。

1990—2010 年,性别比＜103 的民族,东部由 3 个增至 4 个,西部由 18 个增至 23 个——其中西南由 14 个增至 16 个,西北由 4 个增至 7 个;性别比≥110 的民族,东部由 3 个减至 1 个,西部由 2 个增至 4 个——西南 2 个

表 3-3　1990 年、2010 年中国少数民族分居住地的人口性别比（女性＝100）

地区	1990 年	2010 年	1990—2010 年	地区	1990 年	2010 年	1990—2010 年
全国	105.14	104.80	−0.34	东部地区	106.24	106.71	0.47
市	106.02	101.86	−4.16	辽宁	106.86	105.46	−1.41
镇	108.28	102.39	−5.88	吉林	102.56	104.06	1.49
县	104.80	106.13	1.34	黑龙江	109.43	113.21	3.79
西部地区	104.76	104.09	−0.67	浙江	95.73	113.34	17.61
西南地区	105.17	104.82	−0.35	福建	113.14	121.34	8.20
四川	104.39	103.15	−1.24	广东	74.12	119.77	45.66
重庆		102.61	−1.68	北京	107.28	104.87	−2.41
贵州	108.24	106.16	−2.08	天津	100.08	102.27	2.19
云南	103.49	104.39	0.90	河北	107.58	105.38	−2.20
广西	105.77	105.14	−0.63	山西	97.42	104.42	7.00
海南	102.79	107.67	4.88	上海	101.79	100.58	−1.21
西藏	97.59	101.91	4.32	江苏	83.91	91.43	7.52
西北地区	103.73	102.53	−1.20	安徽	97.57	93.34	−4.23
陕西	103.02	102.61	−0.41	江西	114.69	121.76	7.07
甘肃	104.15	102.93	−1.22	山东	95.12	96.42	1.30
青海	102.18	102.75	0.56	河南	101.79	102.89	1.10
宁夏	104.31	102.96	−1.35	湖北	111.02	104.66	−6.36
新疆	104.55	103.22	−1.33	湖南	109.92	107.27	−2.65
内蒙古	102.22	100.31	−1.91				

资料来源：中国 1990 年人口普查资料（第一册）[M].300、460-461、540-541、620-621；中国 2010 年人口普查资料（上册）[M].35-122、199-258。

未变，西北增加 2 个（乌孜别克族由 109.34 升至 115.87，塔塔尔族由 108.14 升至 114.60）。

2. 性别构成的城乡和居住地分布

2010 年乡村人口性别比 106.13，高出市、镇 4.27 和 3.74；与 1990 年相比，市、镇下降了 4.16 和 5.88，乡村上升了 1.34。

少数民族人口性别比＜100 的有山东（96.42）、安徽（93.34）和江苏

（91.43）；≥110 的有江西（121.76）、福建、广东、浙江和黑龙江。各居住地少数民族人口性别比东高（106.71）西低（104.09），南高（104.82）北低（102.53），大致呈由东南向西北的倾斜态——黑龙江（113.21）和沿海高地（浙江 113.34、福建 121.34、广东 119.77），西北洼地①。

三、出生人口性别比

中国少数民族出生人口性别比总体上升、民族差异显著，大体呈东高西低、南高北低态。（表 3-4、3-5）

1. 出生人口性别比的民族分布和变化

2010 年中国少数民族出生人口性别比 114.75，低于全国（121.21）、汉族（122.03）6.46 个和 7.28 个百分点而十分显著。

出生人口性别比以≥120 的民族最多 21 个，107～110 的民族最少 3 个——哈尼族、傣族和蒙古族，100～107、110～120 的民族各为 9 个；偏高、偏低者以小规模民族居多：≥120 的 21 个民族，人口在 50 万人以上者有 7 个——壮族、侗族、布依族、瑶族、朝鲜族、畲族和东乡族，余多为小规模民族；＜100 的 9 个民族中，拉祜族、佤族、羌族人口规模在 10 万人以上，余皆在万人左右。

1990—2010 年出生人口性别比的最大变化，一是在人口性别比总体下降背景下的显著上升——增 7.64 个百分点；除高山族缺乏数据外，41 个民族上升，13 个民族下降；二是 100～107 的民族的显著减少——由 36 个降至 9 个，以及≥120 的民族显著增加——由 1 个升至 21 个。

2. 出生人口性别比的聚居地分布和变化

2010 年，出生人口性别比的空间分布，从聚居地看呈东高（115.31）西低（112.34），南高（113.96）北低（109.15），东西差异（2.97 个百分点）小，南北差异（4.81 个百分点）大的态势。

2010 年，出生人口性别比≥110 的民族，东部 6 个占 85.7%（高山族无数据，总数按 7 个计），西部 27 个占 57.4%，西南 19 个占 61.3%，西北 8 个占 60.0%；≤107 的民族，东部 1 个占 14.3%，西部 17 个占 36.2%，西南 10 个占 32.3%，西北 7 个占 43.8%。

---

① 乡村高于城镇、东部高于西部的基本态势表明，"不孝有三，无后为大"的传统观念，对少数民族人口的性别比也有一定影响。

表 3-4 1990、2010 年中国少数民族出生人口性别比（女性＝100）

民族	2010 年	1990 年	1990—2010 年	民族	2010 年	1990 年	1990—2010 年
总人口	121.21	111.45	9.76	羌族	98.17	104.91	−6.74
汉族	122.03	111.93	10.10	仫佬族	117.09	108.20	8.89
少数民族	114.75	107.11	7.64	景颇族	100.67	103.64	−2.97
东部民族	115.31	109.63	5.68	布朗族	124.66	113.22	11.44
满族	115.81	111.53	4.28	毛南族	145.65	101.36	44.29
土家族	112.96	107.92	5.04	普米族	113.04	108.36	4.68
朝鲜族	123.53	105.61	17.92	阿昌族	122.22	101.83	20.39
畲族	128.19	105.11	23.08	怒族	152.94	97.47	55.47
锡伯族	144.19	107.88	36.31	京族	145.45	112.24	33.21
鄂伦春族	200.00	96.24	103.76	基诺族	135.71	98.99	36.72
赫哲族	50.00	103.74	−53.74	德昂族	121.05	104.43	16.62
高山族	—	114.81	—	门巴族	200.00	122.16	77.84
西部民族	112.34	106.28	6.06	独龙族	100.00	102.80	−2.8
西南民族	113.96	106.90	7.06	珞巴族	83.33	81.94	1.39
壮族	124.14	111.82	12.32	西北民族	109.15	105.11	4.04
苗族	104.17	103.40	0.77	回族	115.84	106.54	9.30
彝族	111.51	105.34	6.17	维吾尔族	104.17	103.4	0.77
藏族	105.06	103.93	1.13	蒙古族	109.52	106.45	3.07
侗族	124.09	116.49	7.60	哈萨克族	105.19	106.01	−0.82
布依族	129.99	102.43	27.56	东乡族	124.19	102.42	21.77
瑶族	124.09	109.26	14.83	土族	113.64	103.34	10.30
白族	100.65	101.70	−1.05	柯尔克孜族	119.64	98.99	20.65
哈尼族	109.22	111.16	−1.94	达斡尔族	93.44	106.91	−13.47
黎族	117.71	106.32	11.39	撒拉族	92.00	104.17	−12.17
傣族	107.14	102.92	4.22	塔吉克族	134.38	105.24	29.14
傈僳族	119.11	103.61	15.5	鄂温克族	142.86	107.72	35.14
仡佬族	104.36	106.24	−1.88	保安族	173.33	107.87	65.46
拉祜族	97.70	106.95	−9.25	俄罗斯族	40.00	106.98	−66.98
佤族	98.18	106.10	−7.92	裕固族	120.00	105.31	14.69
水族	129.35	105.31	24.04	乌孜别克族	60.00	105.94	−45.94
纳西族	110.74	103.91	6.83	塔塔尔族	100.00	102.13	−2.13

资料来源：中国 1990 年人口普查资料（第一册）[M].300、460-461、540-541、620-621；中国 2010 年人口普查资料（中册）[M].755。

表 3-5　1990 年、2000 年中国少数民族出生人口性别比的聚居地分布 单位:个

年份	聚居地	——100	——107	——110	——120	——
1990	全国	5	36	7	7	1
	东部地区	1	3	2	2	
	西部地区	4	33	5	5	1
	其中:西南	3	19	3	5	1
	西北	1	14	2		
2010	全国	9	9	3	12	21
	东部地区	1			3	3
	西部地区	8	9	3	9	18
	其中:西南	4	6	2	6	13
	西北	4	3	1	3	5
1990 —2010	全国	4	−27	−4	5	20
	东部地区		−3	−2	1	3
	西部地区	4	−24	−2	4	17
	其中:西南	1	−13	−1	1	12
	西北	2	−11	−1	3	5

资料来源:表 3-4。

1990—2010 年,出生人口性别比≥120 的民族,东部增 3 个占 42.9%,西部增 17 个占 36.2%,西南增 12 个占 38.7%,西北增 5 个 31.3%;100～107 的民族,东部减 3 个占 42.9%,西部减 24 个占 51.1%,西南减 13 个占41.9%,西北减 11 个占 68.8%。

第二节　少数民族人口年龄构成

中国少数民族人口年龄构成的基本特征,一是少儿系数大幅下降,劳动年龄人口比重大幅上升,年龄结构开始老化;一是民族、地域差异显著。

一、年龄构成的民族分布

少数民族人口年龄构成分布呈两大特征。(表 3-6)

表 3-6　1990 年、2010 年中国少数民族人口年龄构成　　　单位：%

民族	2010 年			1990 年		
	0～14 岁	15～64 岁	≥65 岁	0～14 岁	15～64 岁	≥65 岁
总人口	16.61	74.47	8.92	27.69	66.74	5.57
汉族	16.07	74.83	9.10	27.13	67.20	5.67
少数民族	22.43	70.58	6.99	34.03	61.54	4.44
东部民族	18.49	73.59	7.93	29.84	65.71	4.44
满族	16.90	76.38	6.71	30.78	65.11	4.11
土家族	22.49	68.77	8.74	29.56	65.55	4.89
朝鲜族	8.39	80.40	11.20	24.74	70.67	4.59
畲族	20.75	71.01	8.24	31.96	62.47	5.57
锡伯族	17.79	76.19	6.02	34.37	62.18	3.45
鄂伦春族	21.15	76.24	2.61	41.33	57.58	1.09
赫哲族	17.15	78.45	4.41	39.52	58.72	1.76
高山族	18.43	75.26	6.31	28.54	67.64	3.82
西部民族	23.30	69.92	6.77	35.05	60.52	4.43
西南民族	23.59	69.22	7.19	34.64	60.80	4.56
壮族	20.27	70.97	8.76	33.64	61.17	5.19
苗族	25.47	67.38	7.15	34.82	60.99	4.19
彝族	27.24	66.87	5.89	35.36	60.59	4.05
藏族	25.64	68.45	5.91	35.86	59.33	4.81
侗族	22.63	68.64	8.73	32.22	63.55	4.23
布依族	26.49	65.38	8.13	33.74	61.41	4.85
瑶族	23.99	69.07	6.93	36.68	59.16	4.16
白族	21.05	71.05	7.90	32.49	62.70	4.81
哈尼族	23.13	70.90	5.97	36.66	59.46	3.88
黎族	22.89	71.23	5.88	38.93	57.20	3.87
傣族	20.06	73.72	6.22	33.61	61.92	4.47
傈僳族	22.91	71.26	5.82	37.11	58.80	4.09
仡佬族	28.44	64.00	7.58	33.96	62.08	3.96
拉祜族	19.83	74.76	5.42	37.41	59.27	3.32
佤族	19.84	74.63	5.53	38.58	58.18	3.24
水族	27.46	65.29	7.25	37.13	58.89	3.98
纳西族	16.87	73.96	9.18	28.47	66.01	5.52

续表

民族	2010 年			1990 年		
	0～14 岁	15～64 岁	≥65 岁	0～14 岁	15～64 岁	≥65 岁
羌族	18.91	73.88	7.19	33.76	62.09	4.15
仫佬族	20.98	71.44	7.58	33.96	62.08	3.96
景颇族	24.43	71.08	4.48	40.32	56.29	3.39
布朗族	24.01	70.91	5.08	38.81	57.32	3.87
毛南族	22.62	68.76	8.63	37.83	58.18	3.99
普米族	23.74	70.31	5.95	35.41	60.11	4.48
阿昌族	28.39	66.82	4.79	39.95	56.05	4.00
怒族	23.30	70.29	6.40	40.81	54.65	4.54
京族	23.82	68.44	7.73	35.34	59.73	4.93
基诺族	20.79	73.01	6.19	34.02	61.55	4.43
德昂族	25.60	69.91	4.48	41.59	54.22	4.19
门巴族	27.72	67.46	4.83	42.74	53.61	3.65
独龙族	24.89	69.87	5.24	42.39	53.01	4.60
珞巴族	31.07	64.88	4.05	37.81	57.71	4.48
西北民族	22.72	71.34	5.94	35.93	59.91	4.15
回族	21.17	71.51	7.32	31.99	63.50	4.51
维吾尔族	25.87	69.33	4.79	39.42	55.81	4.77
蒙古族	19.66	75.56	4.78	35.82	61.10	3.08
哈萨克族	23.76	72.34	3.90	42.92	54.44	2.64
东乡族	27.50	66.43	6.06	36.08	60.39	3.53
土族	21.04	74.29	4.67	34.97	62.18	2.85
柯尔克孜族	26.07	68.92	5.01	44.01	51.75	4.24
达斡尔族	17.87	77.70	4.43	35.95	61.20	2.85
撒拉族	28.53	66.05	5.41	40.58	55.99	3.43
塔吉克族	26.22	68.99	4.79	42.77	52.56	4.67
鄂温克族	20.51	76.75	2.74	40.54	57.76	1.70
保安族	29.23	68.06	2.71	31.64	64.85	3.51
俄罗斯族	·15.46	76.40	8.13	31.26	66.24	2.50
裕固族	18.53	74.75	6.73	31.62	65.06	3.32
乌孜别克族	22.19	71.84	5.96	38.26	58.38	3.36
塔塔尔族	19.32	73.82	6.86	39.44	58.11	2.45

资料来源:同表 3-1。

1. 少儿系数大幅下降,老年系数增加,结构开始老化且变化迅速

2010 年,少数民族少儿系数 22.43%,老年系数 6.99%,老少比 31.16%,中位年龄 29.87 岁。与全国(16.61%、8.92%、53.73%、34.93 岁)和汉族(16.07%、9.10%、56.61%、35.40 岁)相较还明显年轻,但在总体上已步入老年。与 1990 年(34.03%、4.44%、13.04% 和 22.04 岁)相比,少儿系数下降了 11.60 个百分点,老年系数上升了 2.58 个百分点,老少比增加了 18.12 个百分点,中位年龄增加了 7.83 岁。

1990—2010 年,少儿系数≥30% 的民族由 51 个(92.7%)减少到 1 个(1.8%);老年系数<5% 的民族由 52 个(94.5%)减少到 15 个(27.3%),≥7% 的民族由无增至 17 个(30.9%);中位年龄≥25 岁以上的民族由 2 个(3.6%)增加到 49 个(89.1%)。少儿系数下降幅度甚大——≥10 个百分点的民族 45 个,≥15 个百分点的民族 22 个;老年系数的增幅则要小得多——≥2 个百分点的民族 30 个,≥3 个百分点的民族 15 个。

2. 民族差异悬殊并呈扩大态

中国少数民族人口年龄结构的极差,1990 年少儿系数 19.27 个百分点(朝鲜族 24.74%,柯尔克孜族 44.01%);老年系数 4.48 个百分点(鄂伦春族 1.09%,畲族 5.57%);中位年龄 10.37 岁(柯尔克孜族 17.70 岁,朝鲜族 28.07 岁)。2010 年极差进一步扩大——少儿系数增达 22.68 个百分点(朝鲜族 8.39%,珞巴族 31.07%);老年系数增达 8.59 个百分点(鄂温克族 2.74%,朝鲜族 11.20%);中位年龄增达 19.23 岁(珞巴族 21.90 岁,朝鲜族 41.13 岁)。

二、年龄构成的地域分布

中国少数民族人口年龄构成的地域分布特征是,东部老于西部,西南的老龄化发展快于西北。(表 3-6、3-7、3-16)

1990 年按聚居地分别的年龄构成差异并不十分明显。少儿系数(%)东部 29.84,西部 35.05,西南 34.64,西北 35.93;老年系数(%)东部 4.44,西部 4.43,西南 4.56,西北 4.15。中位年龄<25 岁的民族,东部 7 个占 87.5%,西部 46 个占 97.9%,西南 30 个占 96.8%、西北 16 个占 100.0%。

表 3-7　1990 年、2010 年中国少数民族各聚居地人口少儿系数、

老年系数、劳动年龄人口和中位年龄分布　　　　　　　单位：个

项目		1990 年				2010 年			
		东部	西部	西南	西北	东部	西部	西南	西北
少儿系数（%）	30	5	16		16		1	1	
	25	2	30	30			15	9	6
	20	1	1	1		3	22	17	5
						5	9	4	5
老年系数（%）	7					3	14	12	2
	6					2	8	5	3
	5	1	2	2		1	12	9	3
		7	45	29	16	2	13	5	8
劳动年龄人口（%）	70	1				7	26	16	10
	65	3	3	1	2	1	18	12	6
	60	2	18	12	6		3	3	
		2	26	18	8				
中位年龄（岁）	30					6	15	9	6
	25	1	1	1		2	26	20	6
		7	46	30	16		6	2	4

资料来源：表 3-6、3-16。

　　到 2010 年，年龄构成差异明显扩大而呈东部明显老于西部、西南老龄化发展快于西北的态势。少儿系数（%）东低（18.49）西高（23.30），南高（23.59）北低（22.72）；老年系数（%）东高（7.93）西低（6.77），南高（7.19）北低（5.94）；中位年龄≥25 岁的民族，东部 8 个占 100.0%，西部 41 个占 87.2%，西南 29 个占 93.5%，西北 12 个占 75.0%。

　　1990—2010 年各聚居地年龄构成变化，少儿系数下降呈东部大于西部、西南稍大于西北的态势；老年系数上升呈东部大于西部、西南稍大于西北的态势；中位年龄的增加呈东部大于西部、西南与西北相近态势。

第三节 少数民族年龄性别构成

一、年龄性别构成的民族、地域分布和变化

中国少数民族年龄性别构成特征,一是民族、地域差异大,一是变化显著。(表3-8、3-9,图3-2、3-3)

表3-8 1990年中国少数民族分聚居地的人口年龄性别结构(女性=100)

年龄组 (岁)	总人口	汉族	少数 民族	东部 民族	西部 民族	西南 民族	西北 民族
合计	106.03	106.17	105.14	108.75	104.25	104.43	103.76
0~4	110.22	110.60	106.55	107.81	106.32	107.64	103.87
5~9	108.23	108.59	105.16	104.35	105.30	106.53	102.82
10~14	106.68	106.78	105.78	104.82	105.96	106.36	104.98
15~19	105.38	105.38	105.25	103.79	105.54	106.36	103.70
20~24	104.40	104.50	103.20	104.38	102.79	104.42	99.20
25~29	105.43	105.42	105.62	107.19	105.09	106.61	102.02
30~34	108.80	108.89	107.68	113.92	105.61	106.92	103.15
35~39	106.67	106.58	107.92	116.58	105.27	106.94	101.93
40~44	109.76	109.88	108.13	117.38	105.76	106.53	104.10
45~49	111.29	111.65	106.99	116.20	104.92	104.82	105.14
50~54	112.09	112.40	108.26	114.42	105.75	105.36	106.71
55~59	109.92	110.08	107.62	117.24	105.30	103.39	110.25
60~64	105.99	106.12	104.12	111.71	102.20	98.01	112.67
65~69	96.29	96.24	96.99	110.44	92.78	85.88	111.64
70~74	85.97	85.70	89.90	106.58	86.29	78.43	108.90
75~79	75.09	74.52	83.62	94.65	80.22	71.02	104.25
80~84	59.37	58.50	72.76	84.97	70.35	59.55	100.94
85~89	46.53	45.39	65.52	72.19	64.29	48.47	106.11
90~94	36.77	34.41	71.90	66.51	73.06	40.27	119.33
95~99	33.60	26.69	90.42	54.66	93.43	37.08	150.56
≥100	30.34	21.69	65.77	64.52	65.95	28.17	140.80

资料来源:中国1990年人口普查资料(第一册)[M].380-453。

表 3-9　2010 年中国少数民族分聚居地的人口年龄性别结构(女性＝100)

年龄组 (岁)	总人口	汉族	少数 民族	东部 民族	西部 民族	西南 民族	西北 民族
合计	104.90	104.95	104.80	107.06	104.23	105.12	102.45
0～4	119.13	119.84	113.70	113.39	113.63	116.02	109.05
5～9	118.66	119.53	112.13	112.47	112.00	109.61	107.93
10～14	116.24	117.05	110.75	110.46	109.98	111.84	106.06
15～19	108.17	108.51	103.39	103.40	105.22	107.24	101.55
20～24	100.95	101.00	100.29	99.90	113.88	102.18	97.83
25～29	101.32	101.16	102.19	101.42	103.17	104.32	101.03
30～34	104.00	103.88	105.18	105.82	105.05	106.73	101.62
35～39	104.78	104.60	106.84	108.35	106.37	108.42	102.23
40～44	104.03	103.90	105.62	108.02	104.96	106.75	101.30
45～49	103.78	103.64	105.00	107.11	104.36	105.39	102.27
50～54	105.14	105.22	104.10	110.97	101.88	102.40	100.93
55～59	102.12	102.05	103.13	111.95	100.26	100.41	99.96
60～64	103.47	103.60	101.79	111.88	98.93	97.66	101.70
65～69	101.88	102.19	97.95	108.63	95.22	92.38	102.53
70～74	99.00	98.63	95.42	107.71	92.27	88.04	104.15
75～79	89.71	89.83	87.73	94.63	84.51	79.50	100.49
80～84	79.37	79.44	78.15	100.39	74.83	68.00	97.99
85～89	64.09	63.97	66.23	80.95	62.33	54.43	90.64
90～94	50.68	50.39	55.49	64.13	52.75	44.12	84.39
95～99	46.66	46.08	55.15	64.13	53.77	45.49	83.59
≥100	32.69	31.52	45.80	45.18	45.96	35.00	75.05

资料来源:中国 2010 年人口普查资料(第一册)[M].199-258。

1. 年龄性别构成的民族分布和变化:少数民族与汉族

少数民族的年龄性别比,低龄组低于汉族但差距不大,高龄组高于汉族且差距十分显著;1990—2010 年,二者差距在低龄组有所扩大而在高龄组显著减小。1990 年,0～64 岁各组,除 25～29、35～39 岁外皆低于汉族;从 65～69 岁开始,各年龄组皆高于汉族,且差距随年龄的增加而急剧扩大。

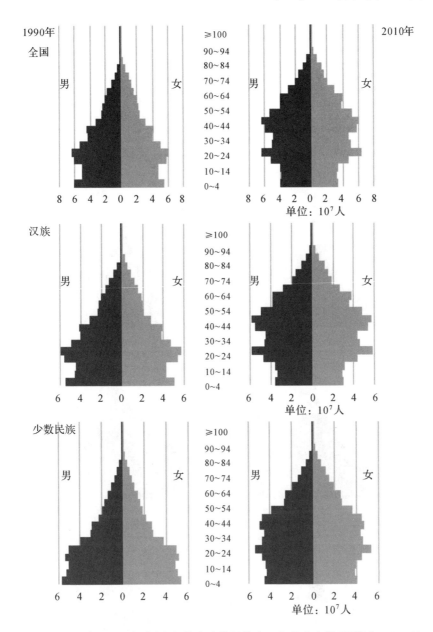

图 3-2　1990 年、2010 年全国、汉族和少数民族人口年龄金字塔（据附表 4-1、4-2）

　　2010 年，0～24 岁各组皆低于汉族且以低龄组为著；25～49 岁各组高于汉族但相差不大；50～79 岁各组，除 55～59 岁外皆低于汉族且差距随年龄扩大；85 岁后各组高于汉族且差距十分显著地扩大。

2. 年龄性别构成的地域分布和变化：西部与东部

　　以西部为聚居地民族与以东部为聚居地民族年龄性别构成的基本差异

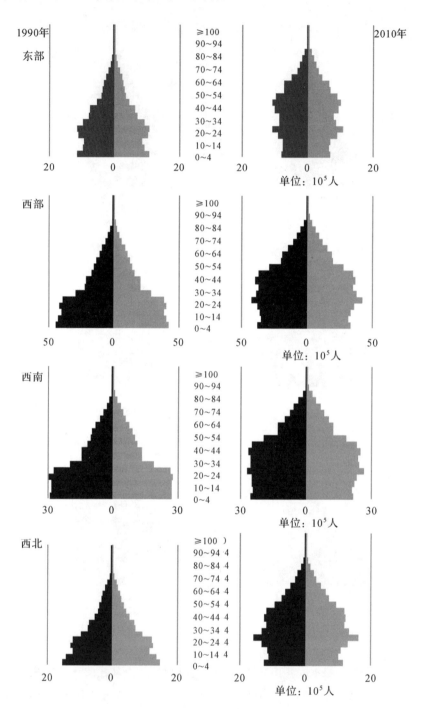

图 3-3　1990 年、2010 年中国东部、西部、西南、西北少数民族人口年龄金字塔（据附表 4-3、4-4）

　　和变化趋势是,西部性别比在大多数年龄组低于东部,且差距随年龄增加呈"负偏态分布"。1990—2010 年,西部性别比高于东部的年龄组减少(由 6

组降至 5 组)但前移,在 30 岁之前形成对东部的优势。

1990 年,在 90 岁之前各年龄组,除 5～9 岁、10～14 岁、15～19 岁外,西部皆低于东部,差距显著且呈"负偏态分布"——20～24 岁、25～29 岁 1.59 和 2.10,70～74 岁 20.29,80～84 岁、85～89 岁分别为 14.61 和 7.90;在 90 岁之后各组,西部高于东部且以 95～99 岁为著(38.77)。

2010 年,在 30 岁之前各年龄组,西部多数年龄组(4 个)稍高于东部但在 20～24 岁形成显著优势(13.98);从 30 岁开始,除≥100 岁外,西部在各龄组皆低于东部且差距呈"负偏态分布"——30～34 岁、35～39 岁分别为 0.77 和 1.98,80～84 岁 25.56,95～99 岁 10.33。

3. 年龄性别构成的地域分布和变化:西南与西北

少数民族西南与西北年龄性别构成的基本差异和变化趋势是,西南中、低年龄段高于西北,高龄段低于西北;1990—2010 年,差距变化分界显著后移(3 个年龄组),中、低龄段差距有所扩大且显著前移,高龄段各组差距则极显著地缩小。1990 年各年龄组的性别比,45 岁之前西南高于西北且差异明显;45 岁之后西南显著低于西北且差距随年龄增加而急剧扩大。2010 年各年龄组的性别比,60 岁之前西南皆高于西北且以低龄组为著;60 岁之后,西南皆低于西北且差距随年龄推移而显著扩大。

二、少年儿童、老年人口年龄性别构成的特征和变化

中国少数民族年龄性别构成的基本特点和变化趋势是,少年儿童各年龄组性别比由正常变得偏高;老年人口性别比和男性比较死亡率[①]民族、地域差异大且变化显著。(表 3-8、3-9,图 3-2、3-3)

1. 少年儿童年龄性别构成的特征和变化

0～14 岁各年龄组性别比,汉族在 1990 年稍高于(0～4 岁明显)少数民族而基本正常,2010 年高出 6～7 而显著偏高;少数民族,不论是东部还是西部,西南还是西北聚居地的性别比,1990 年皆处于正常范围;到 2010 年,除西北外,皆普遍上升了 5～8 而有所偏高。

2. 老年人口年龄性别构成的特征和变化

少数民族老年人口年龄性别构成的特征和变化,其一,性别比<100 且

---

① 本研究提出的男性比较死亡率是一个由年龄性别比体现的,以女性为参照的男性死亡状况,而非一个确切的值。作为一个方便使用的概念,可理解为:性别比越低——每百名女性对应的男性越少,男性比较死亡率便越高;反之,男性比较死亡率便越低。该值可用于同一人群不同时点、同一时点两个及以上人口群体男性死亡状况的比较。

随年龄增加极为迅速地降低;其二,地域差异显著。

1990 年、2010 年性别比＜100 的年龄组,少数民族皆始于 65～69 岁组。与汉族相比,性别比随年龄增加的减小显著缓慢且各年龄组皆高于汉族——1990 年的差距从 70～74 岁(9.09)开始显著增加,≥100 岁时达 44.08(90～94 岁的 63.73 可视为一种偶然);2010 年差距显著减小,从 90～94 岁(5.10)开始明显高于汉族,≥100 岁时达 14.28。

各聚居地之间,东部始于 75～79 岁,西部 1990 年为 65～69 岁,2010 年为 60～64 岁,相差 1～2 个年龄组。1990 年,90～94 岁之前各年龄组,东部高于西部——最小 7.90(80～84 岁),最大 20.29(70～74 岁);之后各年龄组,东部皆低于西部,95～99 岁达 38.77。2010 年,在除≥100 岁外的各年龄组,东部皆显著高于西部——最小 10.12(75～79 岁),最大 25.56(80～85 岁)。西南始于 60～64 岁组,1990 年西北除 20～24 岁(97.83)外,所有年龄组性别比都大于 100。从 60～64 岁开始,西南各年龄组皆显著低于西北且差距迅速上升——由 60～64 岁的 14.66,增至 95～99 岁、≥100 岁的 113.48 和 112.63。2010 年西北始于 80～84 岁,与西南相差 4 个年龄组。在从 60～64 岁开始的各年龄组,西北皆显著高于西南——最小 4.04(60～64 岁),最高 40.27(≥100 岁)。

3. 老龄组男性比较死亡率:民族、地域差异和变化

1990—2010 年老龄组,特别是高龄组男性的比较死亡率,汉族上升而少数民族下降,东部变化小而西部显著下降,西南显著上升而西北显著下降,西北尤低且在 1990 年低于女性。高龄组男性的比较死亡率,少数民族在 1990 年、2010 年皆低于汉族但差距有明显减少;西部由 1990 年的稍低于东部,变化为 2010 年的稍低于东部;西南与西北的差距虽有明显减小,但仍极大地高于西北。

老年段各龄组性别比的显著偏低,以及西南与西北男性比较死亡率显著差异的地理学、社会学含义是:女性对环境的适应性显著高于男性①且"适湿"("女人是水");男性对环境的适应性显著低于女性且"适干"("男人是泥"),对湿热的气候具高敏感性——"江南卑湿,丈夫早夭"(《史记·货殖列传》);西北男性显著之低比较死亡率的形成,除气候干燥外,还与"男尊女卑"有关。(参见第 33 页脚注①)

---

① 根本原因,从进化的角度看,是在"生殖使命"(人类之"传宗接代",生物之种群繁衍)和家庭中所扮演的角色和扮演角色的重要性。如,女子婚后的"发福",即是所扮演角色的规定——增加"耐受性"以当好母亲和不停地忙碌着的"家庭主妇"。

第四节　少数民族负担社会系数

一、劳动年龄人口

中国少数民族劳动年龄人口(15～64 岁)的显著特征:一是数量迅速增加、比重大幅上升;一是民族差异显著、地域差异大。(表 3-6、3-7、3-8、3-9、5-1,图 3-2、3-3)

劳动年龄人口比重极差(百分点),1990 年为 18.92(朝鲜族 70.67％、柯尔克孜族 51.75％),2010 年降至 15.52(朝鲜族 80.40％、珞巴族 64.88％)。劳动年龄人口比重≥65％的民族,1990 年为 7 个,2010 年达 52 个;≥70％的民族,1990 年只有 1 个,2010 年达 33 个。2010 年,劳动年龄人口比重≥70％的民族,东部 7 个占 87.5％,西部 26 个占 55.3％;西南 16 个占51.6％,西北 10 个占 62.5％。

1990—2010 年,劳动年龄人口增 40.6％、2282.30 万人,比重由61.64％升至 70.58％增 8.94 个百分点。增幅(百分点)≥10 的民族 33 个,≥15 的民族 13 个。各聚居地之间劳动年龄人口比重的上升,呈东部大于西部、西南稍大于西北的态势——东部升 12.0％、7.88 个百分点,西部升15.5％、9.39 个百分点;西南升 19.0％、11.58 个百分点,西北升 19.06％、11.42 个百分点。各聚居地增幅≥10 个百分点的民族,东部 4 个占 50.0％,西部 29 个占 61.7％;西南 17 个占 54.8％,西北 12 个占 75.0％。

二、负担社会系数的民族分布

中国少数民族负担社会系数变化的总趋势是总负担社会系数和负担少儿系数的大幅度下降,民族差异显著缩小;负担老年系数上升,民族差异扩大。(表 3-10、3-11)

1. 总负担社会系数的民族分布和变化

2010 年少数民族总负担社会系数(每 100 名劳动年龄人口对应的少年人口和老年人口数)为 41.68,明显高于全国(34.28)和汉族(33.64)。与1990 年的 62.50 相比,则显著减少了 20.82,幅度达 33.3％。

总负担社会系数,1990 年以≥60％的民族居多——43 个占 78.2％。＜50％的为朝鲜族(41.50)和高山族;≥80％的有柯尔克孜族(93.24)、塔吉

表 3-10 1990 年、2010 年中国少数民族负担社会系数

（15～64 岁人口＝100）

民族	总负担社会系数		负担少儿系数		负担老年系数	
	1990 年	2010 年	1990 年	2010 年	1990 年	2010 年
总人口	49.84	34.28	41.49	22.30	8.35	11.98
汉族	48.81	33.64	40.37	21.48	8.44	12.16
少数民族	62.50	41.68	55.29	31.78	7.21	9.90
东部民族	52.18	35.89	45.41	25.12	6.76	10.77
满族	55.59	30.92	47.27	22.13	6.31	8.79
土家族	52.55	45.41	45.10	32.70	7.46	12.71
朝鲜族	41.50	24.37	35.01	10.44	6.49	13.93
畲族	60.07	40.83	51.15	29.22	8.92	11.61
锡伯族	60.81	31.25	55.26	23.35	5.54	7.91
鄂伦春族	73.67	31.16	71.78	27.73	1.88	3.42
赫哲族	70.30	27.48	67.30	21.86	3.00	5.62
高山族	47.84	32.88	42.19	24.49	5.66	8.39
西部民族	65.23	43.05	57.91	33.35	7.32	9.70
西南民族	64.48	38.16	56.97	29.12	7.50	9.04
壮族	63.47	40.91	55.00	28.56	8.48	12.35
苗族	63.72	48.41	57.00	37.80	6.72	10.61
彝族	65.04	49.54	58.36	40.74	6.68	8.80
藏族	68.54	46.08	60.43	37.45	8.11	8.63
侗族	57.36	45.69	50.70	32.97	6.66	12.72
布依族	62.83	52.95	54.93	40.51	7.90	12.44
瑶族	69.03	44.77	62.01	34.73	7.03	10.04
白族	59.49	40.75	51.82	29.63	7.67	11.12
哈尼族	68.19	41.05	61.66	32.63	6.53	8.42
黎族	74.81	40.38	68.05	32.13	6.76	8.25
傣族	61.50	35.65	54.29	27.21	7.21	8.44
傈僳族	70.07	40.32	63.10	32.15	6.96	8.17
仡佬族	61.19	56.28	54.80	44.44	6.39	11.84
拉祜族	69.60	33.76	63.46	26.52	6.14	7.24
佤族	71.89	33.99	66.32	26.58	5.57	7.41
水族	69.81	53.17	63.05	42.06	6.76	11.11
纳西族	51.50	35.21	43.13	22.80	8.37	12.41

续表

民族	总负担社会系数		负担少儿系数		负担老年系数	
	1990 年	2010 年	1990 年	2010 年	1990 年	2010 年
羌族	61.08	35.33	54.39	25.60	6.69	9.74
仫佬族	72.92	39.98	66.07	29.36	6.86	10.61
景颇族	77.66	40.68	71.64	34.37	6.02	6.31
布朗族	74.42	41.02	67.69	33.86	6.75	7.16
毛南族	71.89	45.44	65.02	32.89	6.86	12.54
普米族	66.36	42.23	58.90	33.77	7.46	8.46
阿昌族	78.42	49.65	71.28	42.49	7.15	7.17
怒族	82.99	42.24	74.68	33.15	8.30	9.10
京族	67.43	46.09	59.17	34.80	8.26	11.29
基诺族	62.46	36.95	55.27	28.47	7.19	8.48
德昂族	84.45	43.02	76.72	36.62	7.73	6.40
门巴族	86.70	48.24	79.81	41.09	6.90	7.16
独龙族	88.63	43.06	79.95	35.63	8.68	7.43
珞巴族	73.28	54.12	65.52	47.89	7.76	6.24
西北民族	66.90	39.89	59.98	31.84	6.92	8.04
回族	57.48	39.83	50.38	29.60	7.10	10.23
维吾尔族	79.18	44.23	70.63	37.31	8.55	6.93
蒙古族	63.69	32.35	58.64	26.02	5.05	6.32
哈萨克族	83.69	38.24	78.84	32.85	4.85	5.39
东乡族	65.59	50.52	59.74	41.39	5.85	9.13
土族	60.82	34.60	56.25	28.32	4.58	6.29
柯尔克孜族	93.24	45.09	85.04	37.82	8.20	7.26
达斡尔族	63.40	28.70	58.74	23.00	4.66	5.70
撒拉族	78.57	51.39	72.46	43.20	6.12	8.20
塔吉克族	90.98	44.95	81.69	38.01	9.30	6.94
鄂温克族	73.11	30.29	70.17	26.72	2.94	3.57
保安族	54.19	46.93	48.78	42.95	5.41	3.98
俄罗斯族	50.97	30.88	47.19	20.24	3.78	10.65
裕固族	53.70	33.79	48.60	24.79	5.10	9.00
乌孜别克族	71.28	39.18	65.53	30.88	5.75	8.30
塔塔尔族	72.07	35.47	67.86	26.17	4.21	9.30

资料来源：据表 3-6 数据计算。

表 3-11　1990—2010 年中国少数民族负担社会系数变化

（15～64 岁人口＝100）

民族	总负担社会系数	负担少儿系数	负担老年系数	民族	总负担社会系数	负担少儿系数	负担老年系数
总人口	−15.56	−19.19	3.63	羌族	−25.75	−28.79	3.05
汉族	−15.17	−18.89	3.72	仫佬族	−32.94	−36.71	3.75
少数民族	−20.82	−23.51	2.69	景颇族	−36.98	−37.27	0.29
东部民族	−16.29	−20.29	4.01	布朗族	−33.40	−33.83	0.41
满族	−24.67	−25.14	2.48	毛南族	−26.45	−32.13	5.68
土家族	−7.14	−12.40	5.25	普米族	−24.13	−25.13	1.00
朝鲜族	−17.13	−24.57	7.44	阿昌族	−28.77	−28.79	0.02
畲族	−19.24	−21.93	2.69	怒族	−40.75	−41.53	0.80
锡伯族	−29.56	−31.91	2.37	京族	−21.34	−24.37	3.03
鄂伦春族	−42.51	−44.05	1.54	基诺族	−25.51	−26.80	1.29
赫哲族	−42.82	−45.44	2.62	德昂族	−41.43	−40.10	−1.33
高山族	−14.96	−17.70	2.73	门巴族	−38.46	−38.72	0.26
西部民族	−22.18	−24.56	2.38	独龙族	−45.57	−44.32	−1.25
西南民族	−26.32	−27.85	1.54	珞巴族	−19.16	−17.63	−1.52
壮族	−22.56	−26.44	3.87	西北民族	−27.01	−28.14	1.12
苗族	−15.31	−19.2	3.89	回族	−17.65	−20.78	3.13
彝族	−15.50	−17.62	2.12	维吾尔族	−34.95	−33.32	−1.62
藏族	−22.46	−22.98	0.52	蒙古族	−31.34	−32.62	1.27
侗族	−11.67	−17.73	6.06	哈萨克族	−45.45	−45.99	0.54
布依族	−9.88	−14.42	4.54	东乡族	−15.07	−18.35	3.28
瑶族	−24.26	−27.28	3.01	土族	−26.22	−27.93	1.71
白族	−18.74	−22.19	3.45	柯尔克孜族	−48.15	−47.22	−0.94
哈尼族	−27.14	−29.03	1.89	达斡尔族	−34.70	−35.74	1.04
黎族	−34.43	−35.92	1.49	撒拉族	−27.18	−29.26	2.08
傣族	−25.85	−27.08	1.23	塔吉克族	−46.03	−43.68	−2.36
傈僳族	−29.75	−30.95	1.21	鄂温克族	−42.82	−43.45	0.63
仡佬族	−4.91	−10.36	5.45	保安族	−7.26	−5.83	−1.43
拉祜族	−35.84	−36.94	1.10	俄罗斯族	−20.09	−26.95	6.87
佤族	−37.90	−39.74	1.84	裕固族	−19.91	−23.81	3.90
水族	−16.64	−20.99	4.35	乌孜别克族	−32.10	−34.65	2.55
纳西族	−16.29	−20.33	4.04	塔塔尔族	−36.60	−41.69	5.09

资料来源：据表 3-10 数据计算。

克族、独龙族、门巴族、德昂族、哈萨克族和怒族——极差 51.74。2010 年以＜50％的民族居多——49 个占 89.1％。＜30％的 3 个：朝鲜族（24.37）、赫哲族和达斡尔族；≥50％的 6 个：仡佬族（56.28）、珞巴族、水族、布依族、撒拉族和东乡族——极差降至 31.91。

1990—2010 年各民族总负担社会系数全部下降且幅度显著。幅度＜20 的 17 个占 30.9％，土家族最小 7.14；≥30 的民族 21 个占 38.2％，其中≥40 的 9 个：柯尔克孜族（－48.15）、塔吉克族、独龙族、哈萨克族、赫哲族、鄂温克族、鄂伦春族、德昂族和怒族——降幅相差 41.01。

2. 负担少儿系数的民族分布和变化

2010 年少数民族负担少儿系数为 31.78，明显高于全国（22.30）和汉族（21.48）。与 1990 年的 55.29 相比，减少了 23.51，幅度达 42.5％。

负担少儿系数，1990 年以≥50％的民族居多——47 个占 85.5％。＜40％的只有朝鲜族（35.01）；≥75％的民族 6 个：柯尔克孜族（85.04）、塔吉克族、独龙族、门巴族、哈萨克族、德昂族——极差 50.03。2010 年以＜40％的民族居多——46 个占 83.6％。＜25％的民族 7 个：朝鲜族（10.44）、裕固族、高山族、藏族、纳西族、赫哲族和俄罗斯族；≥40％的 9 个：珞巴族（47.89）、仡佬族、撒拉族、阿昌族、水族、东乡族、保安族、彝族和布依族——极差 37.45。

1990—2010 年各民族负担少儿系数全部显著减小。降幅＜20 的民族 10 个占 18.2％，≥30 的民族 24 个占 43.6％。＜15 的民族 4 个：保安族（5.83）、仡佬族、土家族和布依族；≥45 的民族 3 个：柯尔克孜族（47.22）、哈萨克族和赫哲族——降幅相差 41.39。

3. 负担老年系数的民族分布和变化

2010 年中国少数民族负担老年系数为 9.90，低于全国平均（11.98）和汉族（12.16）。与 1990 年的 7.21 相比，增加了 2.69，幅度为 37.3％。

负担老年系数，1990 年以≥5％的居多——47 个占 85.5％；＜5％的 8 个：鄂伦春族（1.88）、鄂温克族、赫哲族、俄罗斯族、塔塔尔族、达斡尔族、土族和哈萨克族；≥8％的民族 9 个：塔吉克族（9.30）、畲族、独龙族、壮族、纳西族、京族、柯尔克孜族、怒族和藏族——极差 7.42。2010 年以≥7％的民族居多——42 个占 76.4％；＜5％的为鄂伦春族（3.42）、鄂温克族和保安族；≥12％的为朝鲜族（13.93）、侗族、土家族、毛南族、布依族、纳西族和壮族——极差 10.51。

1990—2010 年负担老年系数大多上升，但幅度远小于负担少儿系数的下降。升幅≥5的民族7个:朝鲜族(7.44)、俄罗斯族、侗族、毛南族、仡佬族、土家族和塔塔尔族;下降的民族7个:塔吉克族(2.36)、维吾尔族、珞巴族、保安族、德昂族、独龙族和柯尔克孜族——变幅9.80。

三、负担社会系数的聚居地分布

中国少数民族负担社会系数呈东低西高、南低北高,东西差异显著大于南北的态势;降幅东小西大、南北相近。(表3-10、3-11、3-12、3-13,图3-4)

表 3-12　1990年、2010年中国少数民族负担社会系数的聚居地分布　单位:个

社会负担系数		东部地区		西部地区		其中:			
						西南		西北	
		1990年	2010年	1990年	2010年	1990年	2010年	1990年	2010年
总负担社会系数(%)	70	2		21		13		8	
	60	2		18		14		4	
	50	2		8	6	4	4	4	2
	40	2	2		24		20		4
			6		17		7		10
负担少儿系数(%)	60	2		26		18		8	
	50	2		17		12		5	
	40	3		4	9	1	6	3	3
	30	1	1		20		15		5
			7		18		10		8
负担老年系数(%)	10			3	14		12		2
	7	2	3	19	22	15	16	4	6
	5	4	1	22	9	16	3	6	6
		2	1	6	2			6	2

资料来源:表3-10。

1. 负担社会系数的聚居地分布

1990年,总负担社会系数西部65.23,东部52.18,相差13.05;西北66.90,西南64.48,相差2.42。负担少儿系数西部57.91,东部45.41,相差12.50;西北59.98,西南56.97,相差3.01。负担老年系数东低西高,南高北低——东6.76,西7.32,相差0.56;南7.50,北6.92,相差0.58。

表 3-13　1990—2010 年中国少数民族分聚居地的负担社会系数变化　单位:个

负担系数	百分点	全国	东部地区	西部地区	其中:	
					西南	西北
总负担 社会系数	—30	21	2	19	10	9
	—25	10	1	9	7	2
	—20	7	1	6	5	1
		17	4	13	9	4
负担少儿 系数	—35	17	2	15	9	6
	—30	7	1	6	3	3
	—25	12	1	11	8	3
		19	4	15	11	4
负担老年 系数	3	20	2	18	13	5
	2	8	5	3	1	2
	1	12	1	11	8	3
		15		15	9(—3)	6(—4)

资料来源:表 3-11。

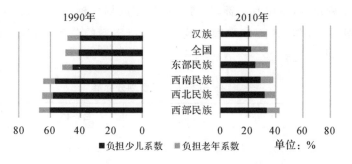

图 3-4　1990 年、2010 年中国少数民族分聚居地的负担社会系数(据表 3-10)

2010 年,东低西高、南低北高的态势依然如旧。总负担社会系数东(35.89)西(43.05)相差 7.16,南(38.16)北(39.89)相差 1.73。负担少儿系数东(25.12)西(33.35)相差 8.23,南(29.12)北(31.84)相差 2.72。负担老年系数依旧呈东高西低、南高北低态——东(10.77)西(9.70)相差 1.07,南(9.04)北(8.04)相差 1.00。

2. 负担社会系数聚居地分布的变化

1990—2010 年负担社会系数的聚居地分布发生了显著变化。

总负担社会系数呈显著下降。幅度<20 的民族 17 个占 30.9％,≥30 的民族 21 个占 38.2％。下降的幅度,西部(22.18)显著大于东部(16.29),西南(26.32)大于西北(27.01)。负担少儿系数下降<25 的民族 19 个占 34.5％,≥35 的民族 17 个占 30.9％;下降的幅度,西部(24.56)明显大于东部(20.29),西北(28.14)稍大于西南(27.85)。负担老年系数增加<1 的民族 8 个占 14.5％,≥3 的民族 20 个占 36.4％;增加的幅度,东部(4.01)显著大于西部(2.38),西南(1.54)大于西北(1.12)。

第五节 少数民族人口类型

一、少数民族人口类型

运用静态人口类型划分标准(表 3-14)和众数原则,55 个已识别少数民族 1990 年可明确区分出 16 个年轻型和 14 个成年型,25 个民族的少儿系数、老年系数、老少比和中位年龄,4 个指标中显示成年型、年轻型的(除高山族)各占一半而难以判断;2010 年,可明确区分出 22 个成年型和 20 个老年型,仍有 13 个民族的人口类型难以判断。为克服静态人口类型划分标准带来的不确定性,参照有关资料,将人口类型的划分标准量化;据量化后的标准给出 1990 年、2010 年中国少数民族人口类型的分值和相应的人口类型。(表 3-14、3-15)。

表 3-14 静态人口类型划分标准

项目	0～14 岁	≥65 岁	老少比	中位年龄
	%			岁
年轻型	>40	<4	<15	<20
成年型	30～40	4～7	15～30	20～30
老年型	<30	>7	>30	>30

在量化计分表 3-15 中,A 表示年轻型人口:A_1(<40 分)为极年轻型;A_2(40～60 分)为年轻型;A_3(60～80 分,部分指标具成年型,开始向成年型过渡)为较年轻型。B 表示成年型人口:B_1(80～100 分,离开 A_3 型不远,一些指标仍具年轻型特征)为成年初期;B_2(100～120 分)为成年中期;B_3(120～140,已出现老年型特征,开始向老年型过渡)为成年后期。C 表示老

年型：C_1（140～200分，仍具部分成年型特征）为年轻老年型，C_2（200～300分）为老年型，C_3（≥300分）为深度老年型。

表 3-15　人口类型指标量化计分

项目		老年系数		少儿系数		老少比		中位年龄	合计	分界
		%	分	%	分	%	分	岁	分	分
A：年轻型	A₁								5	40
	A₂	2	10	50	10	5	10	16	10	40
	A₃	3	15	45	15	10	15	18	15	60
		4	20	40	20	15	20	20	20	80
B：成年型	B₁	5	25	36	25	20	25	24	25	100
	B₂	6	30	33	30	25	30	27	30	120
	B₃	7	35	30	35	30	35	30	35	140
C：老年型	C₁	8	40	28	40	35	40	32	40	160
		9	45	26	45	40	45	34	45	180
		10	50	24	50	45	50	35	50	200
	C₂	11	55	22	55	50	55	36	55	220
		12	60	20	60	60	60	37	60	240
		13	65	18	65	70	65	38	65	260
		14	70	17	70	80	70	39	70	280
		15	75	15	75	90	75	40	75	300
	C₃	16	80	13	80	100	80	41	80	320
		17	85	12	85	110	85	42	85	340
		18	90	11	90	120	90	43	90	360
		19	95	10	95	130	95	44	95	380
		20	100	9	100	140	100	45	100	400

二、人口类型的民族分布

中国少数民族人口类型变动的总趋势是，老龄化加快和民族间差异显著扩大。（表 3-16）

1990年人口类型计91分（均值82分，中值81分）属 B_1 型（成年初期），年轻于全国（121，B_3）和汉族（123，B_3）。B_1 型的民族最多，26个；A_3 型次之，

表 3-16 1990 年、2010 年中国少数民族人口类型

民族	2010 年				1990 年			
	中位年龄	老少比	人口类型		中位年龄	老少比	人口类型	
	岁	%	类型	分	岁	%	类型	分
总人口	34.93	53.73	C_2	224	25.39	20.13	B_3	121
汉族	35.40	56.61	C_2	226	25.64	20.91	B_3	123
少数民族	29.87	31.16	C_1	160	22.04	13.04	B_1	91
满族	34.18	39.72	C_1	192	23.95	13.34	B_1	90
土家族	32.53	38.85	C_1	183	23.11	16.53	B_2	106
朝鲜族	41.13	133.47	C_3	331	28.07	18.55	B_3	126
畲族	32.36	39.72	C_1	183	22.85	17.43	B_2	106
锡伯族	32.06	33.86	C_1	173	22.19	10.3	B_1	83
鄂伦春族	26.93	12.34	B_2	116	18.57	2.62	A_2	48
赫哲族	28.67	25.71	C_1	156	19.82	4.47	A_2	59
高山族	30.20	34.24	C_1	168	25.12	13.40	B_2	103
壮族	31.99	43.25	C_1	186	22.38	15.51	B_1	98
苗族	28.60	28.06	B_3	138	21.13	11.78	B_1	86
彝族	27.15	21.61	B_3	134	21.02	11.46	B_1	84
藏族	26.50	23.05	B_3	128	21.38	13.42	B_1	89
侗族	32.29	38.59	C_1	178	22.30	13.13	B_1	93
布依族	29.49	30.70	C_1	152	21.96	14.38	B_1	95
瑶族	28.71	28.91	C_1	151	21.00	11.33	B_1	83
白族	31.95	37.54	C_1	175	22.28	14.80	B_1	98
哈尼族	28.83	25.81	C_1	145	20.78	10.60	B_1	80
黎族	27.66	25.68	C_1	145	19.64	9.94	A_3	75
傣族	30.72	31.00	C_1	163	22.36	13.29	B_1	93
傈僳族	28.43	25.42	C_1	144	20.82	11.03	B_1	81
仡佬族	28.98	26.64	C_1	144	20.69	11.65	B_1	86
拉祜族	29.51	27.31	C_1	153	20.81	8.86	A_3	75
佤族	28.90	27.86	C_1	154	20.30	8.40	A_3	72
水族	27.28	26.42	B_3	139	20.42	19.40	B_1	80
纳西族	33.89	54.40	C_2	212	24.01	19.40	B_2	116
羌族	31.89	38.04	C_1	177	20.90	12.30	B_1	88
仫佬族	30.05	36.15	C_1	171	20.69	11.65	B_1	86
景颇族	26.82	18.35	B_3	124	19.16	8.49	A_3	68

续表

民族	2010 年				1990 年			
	中位年龄	老少比	人口类型		中位年龄	老少比	人口类型	
	岁	%	类型	分	岁	%	类型	分
布朗族	26.88	21.16	B_3	130	20.16	9.97	A_3	76
毛南族	31.90	38.14	C_1	179	20.27	10.56	A_3	79
普米族	27.05	25.05	C_1	141	20.86	12.66	B_1	87
阿昌族	25.06	16.87	B_2	111	19.55	10.02	A_3	74
怒族	28.21	27.45	C_1	148	19.57	11.12	A_3	77
京族	28.33	32.44	C_1	159	22.24	13.96	B_1	93
基诺族	30.39	29.79	C_1	159	21.43	13.02	B_1	90
德昂族	26.15	17.48	B_2	118	19.15	10.08	A_3	72
门巴族	23.85	17.42	B_2	112	18.87	8.64	A_3	66
独龙族	25.97	20.87	B_3	128	19.24	10.85	A_3	75
珞巴族	21.90	13.02	B_1	94	20.76	11.85	B_1	83
回族	30.56	34.57	C_1	172	23.26	14.09	B_1	97
维吾尔族	25.37	18.53	B_3	121	19.80	12.10	B_1	81
蒙古族	30.17	24.31	B_3	138	21.14	8.61	A_3	76
哈萨克族	27.50	16.41	B_3	120	17.82	6.14	A_2	56
东乡族	24.78	22.05	B_3	124	20.59	9.00	A_3	78
土族	29.01	22.20	B_3	135	20.64	8.14	A_3	75
柯尔克孜族	25.12	19.21	B_3	121	17.70	9.64	A_3	66
达斡尔族	31.03	24.78	C_1	155	21.38	7.45	A_3	74
撒拉族	24.62	18.97	B_2	115	18.76	8.44	A_3	67
塔吉克族	24.60	18.27	B_2	118	18.53	11.38	A_3	74
鄂温克族	27.65	13.36	B_3	121	18.80	4.19	A_2	54
保安族	23.91	9.29	B1	89	22.10	11.09	B_1	89
俄罗斯族	35.35	52.61	C_2	223	22.91	8.01	B_1	82
裕固族	33.89	36.30	C_1	183	21.87	10.50	B_1	87
乌孜别克族	28.42	26.87	C_1	148	19.55	8.78	A_3	72
塔塔尔族	31.50	35.52	C_1	173	18.93	6.21	A_3	61

资料来源:(据以下资料计算)表 3-6;中国 1990 年人口普查资料(第一册)[M].380-459;中国 2010 年人口普查资料(上册)[M].199-258。

注:分值计算参照原华荣《中国少数民族人口类型研究》(西北人口,1996 年第 4 期第 32-37 页)。

20 个；A_2 型 4 个：鄂伦春族（48 分）、鄂温克族、哈萨克族和赫哲族；B_2 型 4 个：纳西族、畲族、高山族、土家族；B_3 型 1 个：朝鲜族（126 分）——极差 78 分。

2010 年人口类型计 160 分（均值 152，中值 148）——比 1990 年增加 75.8%、69 分——属 C_1 型，仍年轻于全国（224，C_2 型）和汉族（226，C_2 型），且分值也明显扩大——1990 年低 30 分、32 分，2010 年低 64 分和 66 分。其中 C_1 型最多，30 个；B_3 型次之，14 个；B_1 型 2 个：保安族（89 分）和珞巴族；B_2 型 6 个：门巴族、阿昌族、德昂族、撒拉族、塔吉克族和鄂伦春族；C_2 型 2 个：纳西族、俄罗斯族；C_3 型 1 个：朝鲜族（331，比 1990 年增加 205 分）——极差扩大到 242 分。

1990—2010 年，A_2 型、A_3 型消失，C_1、C_2、C_3 从无到有。变化最大的是 C_1 型，从 0 增至 30 个；B_1 型次之，从 26 个减至 2 个；B_3 型从 1 个增至 14 个，居第三。

三、人口类型的地域分布

中国少数民族人口的老化程度，总体上呈东高西低、南高北低态；老龄化进程，则呈东速西缓、南快北慢态。（表 3-17）

表 3-17　1990 年、2010 年中国少数民族人口类型的地域分布

年份	聚居地	A		B			C		
		A_2	A_3	B_1	B_2	B_3	C_1	C_2	C_3
1990	全国	4	20	26	4	1			
	东部地区	2		2	3	1			
	西部地区	2	20	24	1				
	其中：西南		11	19	1				
	西北	2	9	5					
2010	全国			2	6	14	30	2	1
	东部地区				1		6		1
	西部地区			2	5	14	24	2	
	其中：西南			1	3	7	19	1	
	西北			1	2	7	5	1	

资料来源：表 3-16。

1990 年的 B/成年型人口，东部 6 个占 75.5％，西部 25 个占 53.2％；西南 20 个占 64.5％，西北 5 个占 31.3％。2010 年的 C/老年型人口，东部7 个占 87.5％，西部 26 个占 55.3％；西南 20 个占 64.5％，西北 6 个占 37.5％。1990—2010 年，年轻型人口减少了 24 个，其中东部 2 个，西部 22 个（西南、西北各 11 个）；成年型的 B_1、B_2 型减少了 22 个，其中东部 4 个，西部 18 个（西南 16 个、西北 2 个）；B_3 型增 13 个，其中东部减少 1 个，西部增加 14 个（西南、西北各 7 个）；老年型增 33 个，东部 7 个占 87.5％，西部 26 个占 55.3％（西南 20 个占 64.5％，西北 6 个占 37.5％）。

第六节　性别比、人口类型、负担社会系数与空间离散度和受教育程度

一、性别比、人口类型、负担社会系数与空间离散度

空间离散度与性别比、总负担社会系数不相关；与人口类型显著正相关（$R=0.3736$），与少儿系数、负担少儿系数负相关（$R=-0.3248$，-0.2944），与老年系数、负担老年系数正相关（$R=0.3337,0.3025$）：随着人口空间离散度的上升，少儿系数下降、老年系数增加，人口较明显趋于老化，负担少儿系数下降而负担老年系数增加。（表 3-18）

二、性别比、人口类型、负担社会系数与平均受教育年限

平均受教育年限与性别比、老年系数和负担老年系数不相关；与人口类型极显著正相关（$R=0.4974$），与少儿系数、总负担社会系数和负担少儿系数极显著负相关（$R=-0.6838$，-0.6610，-0.6874）：与平均受教育年限上升同时存在的，是少儿系数、负担少儿系数和总负担社会系数的显著下降。

表 3-18　2010 年中国少数民族性别比、人口类型、总负担社会系数
与空间离散度和平均受教育年限

项目		相关系数（R）	置信度（α）	临界值（r）	相关程度
空间离散度	性别比	0.0871	0.1	0.2221	不相关
	出生人口性别比	0.0017	0.1	0.0221	不相关
	少儿系数	−0.3248	0.05	0.2632	相关
	老年系数	0.3337	0.05	0.2632	相关
	人口类型	0.3736	0.01	0.3415	显著相关
	总负担社会系数	−0.1888	0.1	0.2221	不相关
	负担少儿系数	−0.2944	0.05	0.2632	相关
	负担老年系数	0.3025	0.05	0.2632	相关
平均受教育年限	性别比	−0.0203	0.001	0.2221	不相关
	出生人口性别比	−0.1769	0.1	0.0221	不相关
	少儿系数	−0.6838	0.001	0.4280	极显著相关
	老年系数	0.1603	0.1	0.2221	不相关
	人口类型	0.4974	0.001	0.4280	极显著相关
	总负担社会系数	−0.6610	0.001	0.4280	极显著相关
	负担少儿系数	−0.6874	0.001	0.4280	极显著相关
	负担老年系数	0.0424	0.001	0.2221	不相关

资料来源:据表 1-9、3-1、3-4、3-6、3-10、3-17、6-3 数据计算。

第四章　婚姻和家庭

中国少数民族家庭类型以两代户为主,家庭规模趋于"小型化"而结构变化显著;人口初婚年龄性别、民族差异显著,峰期早而低,第一次婚姻完成迅速;有配偶率低,未婚率、丧偶率、离婚率高且两性差异显著。

第一节　少数民族家庭类型和规模

一、家庭类型

中国少数民族家庭类型①的基本特征是,以两代户为主,民族、地域差异大且变化十分显著。(表 4-1、4-2、4-3)

1. 少数民族家庭类型的民族差异

1990 年,一代户<7%、7%～9%、≥10%区间的民族依次为 16 个、23 个和 16 个,呈中间高两头低的态势。<5%的民族有塔塔尔族(4.17)、东乡族、傣族、德昂族和保安族;>15%的民族为珞巴族(15.73)——极差 11.56 个百分点。二代户<65%、65%～69%、≥70%区间的民族依次为 22 个、13 个和 20 个,呈中间低两头高的态势。<60%有塔塔尔族(38.75)、门巴族、基诺族、珞巴族、傣族、藏族和纳西族;≥75%的有赫哲族(77.44)、俄罗斯族、哈萨克族和达斡尔族——极差 38.69 个百分点。≥三代户<20%、20%～29%、≥30%区间的民族依次有 18 个、22 个和 15 个,大体呈中间高两头低态势。<15%的民族有俄罗斯族(11.72)、赫哲族、鄂伦春族、鄂温克族和土家族;>35%的民族有塔塔尔族(57.07)、门巴族、基诺族和傣族——极差 45.35 个百分点。

---

① 由于资料获取方面的原因,家庭类型的民族、聚居地情况按 1990 年数据分析,居住地情况按 2010 年数据分析。

表 4-1 1990 年全国按户主民族分的家庭户类型　　　　　　单位:%

民族	一代户	二代户	≥三代户	民族	一代户	二代户	≥三代户
总人口	12.32	69.00	18.67	羌族	5.83	64.59	29.58
汉族	12.53	69.00	18.47	仫佬族	6.40	61.62	31.98
少数民族	9.56	69.11	21.33	景颇族	5.57	65.79	28.63
东部民族	11.49	71.99	16.52	布朗族	5.66	63.41	30.93
满族	9.92	73.69	16.39	毛南族	7.55	67.05	25.41
土家族	14.97	70.75	14.28	普米族	6.02	62.51	31.47
朝鲜族	9.34	70.46	20.21	阿昌族	6.29	64.03	29.68
畲族	11.65	61.36	26.99	怒族	11.30	70.14	18.55
锡伯族	10.25	73.27	16.48	京族	11.25	63.88	24.87
鄂伦春族	13.05	74.96	11.99	基诺族	8.11	56.52	35.38
赫哲族	10.77	77.44	11.79	德昂族	4.58	64.24	31.18
高山族	14.33	69.23	16.44	门巴族	8.89	54.53	36.58
西部民族	9.09	67.98	22.93	独龙族	11.25	69.37	19.37
西南民族	8.36	66.33	25.31	珞巴族	15.73	56.57	27.70
壮族	7.57	64.95	27.49	西北民族	10.6	71.35	18.05
苗族	8.96	71.02	20.02	回族	9.80	70.21	19.99
彝族	9.18	69.63	21.19	维吾尔族	13.44	71.47	15.09
藏族	11.40	57.33	31.27	蒙古族	9.24	73.56	17.20
侗族	8.90	69.10	22.00	哈萨克族	7.06	75.20	17.74
布依族	7.68	67.56	24.77	东乡族	4.43	63.30	32.27
瑶族	8.17	66.65	25.18	土族	5.10	63.88	31.03
白族	7.43	63.66	28.91	柯尔克孜族	7.66	71.84	20.51
哈尼族	6.00	62.49	31.51	达斡尔族	9.84	75.01	15.15
黎族	7.42	67.97	24.61	撒拉族	5.91	62.52	31.57
傣族	4.46	56.73	38.82	塔吉克族	9.34	62.87	27.79
傈僳族	7.69	68.86	23.45	鄂温克族	11.22	74.95	13.83
仡佬族	10.01	73.77	16.22	保安族	4.87	64.34	30.79
拉祜族	6.58	67.38	26.04	俄罗斯族	12.49	75.79	11.72
佤族	8.20	69.99	21.81	裕固族	9.30	71.64	19.06
水族	11.26	71.91	16.83	乌孜别克族	7.32	73.86	18.82
纳西族	6.03	59.84	34.13	塔塔尔族	4.17	38.75	57.07

资料来源:中国 1990 年人口普查资料(第三册)[M].510-513。

表 4-2　1990 年中国少数民族家庭户类型的聚居地分布　　　　单位:个

聚居地	一代户			二代户			≥三代户		
	— 7 — 10 —			— 65 — 70 —			— 20 — 30 —		
	%								
全国	16	23	16	22	13	20	19	22	14
东部地区		2	6	1	1	6	6	2	
西部地区	16	21	10	21	12	14	13	20	14
其中:西南	11	13	7	15	12	4	4	17	10
西北	5	8	3	6		10	9	3	4

资料来源:表 4-1。

表 4-3　2010 年中国各行政区全户少数民族家庭户类型　　　　单位:%

地区	一代户	二代户	≥三代户	民族	一代户	二代户	≥三代户
全国	34.18	47.83	18.00	东部地区	38.72	46.07	15.21
少数民族	28.95	52.35	18.72	辽宁	35.33	50.36	14.32
西部地区	25.68	54.46	19.86	湖南	24.87	50.70	24.43
西南地区	26.83	51.41	21.75	河北	28.59	53.19	18.22
四川	20.99	59.16	19.85	湖北	35.52	47.42	17.06
重庆	43.12	43.89	12.99	吉林	42.25	47.37	10.18
贵州	33.48	50.26	16.26	广东	76.83	20.26	2.84
云南	18.09	52.49	28.42	黑龙江	41.08	47.60	11.07
广西	29.46	49.30	21.24	浙江	66.76	30.74	2.44
海南	20.43	62.44	16.59	河南	22.93	52.52	23.68
西藏	19.86	54.12	26.01	北京	59.29	33.67	6.96
西北地区	23.23	60.95	15.46	福建	53.91	38.78	7.31
陕西	34.9	50.46	14.47	山东	30.41	49.96	19.62
甘肃	15.84	49.63	34.54	安徽	41.48	45.58	12.52
青海	19.34	56.90	23.76	江苏	57.00	37.61	5.27
宁夏	23.13	62.13	14.74	天津	40.60	49.37	9.89
新疆	21.25	65.68	13.07	上海	67.04	29.50	3.44
内蒙古	34.95	53.30	11.50	江西	50.09	42.36	7.36
				山西	31.59	51.05	16.95

资料来源:中国 2010 年人口普查民族人口资料[M].表 6-4 各地区全户少数民族家庭户类别。

2. 少数民族家庭类型的聚居地差异

中国少数民族家庭类型构成聚居地差异的基本态势是,一代户东高西低、南低北高,二代户东高西低、南低北高,三代及以上户东低西高、南高北低;总体特征是,南北差异大于东西差异,从一代户到二代户再到三代及以上户,东西差异、南北差异皆显著扩大。

1990 年家庭类型(%),一代户东部 11.49,比西部(9.09)高 2.40 个百分点,西南 8.36,比西北(10.60)低 2.24 个百分点;二代户东部 71.99,比西部(67.98)高 4.01 个百分点,西南 66.33,比西北(71.35)低 5.02 个百分点;三代及以上户东部 16.52,比西部(22.93)低 6.41 个百分点,西南 25.31,比西北(18.05)高 7.26 个百分点。从一代户到二代户,二代户到三代及以上户,东西差异相继增加 1.61 个和 2.40 个百分点,南北差异相继增加 2.40 个和 2.24 个百分点。

3. 少数民族家庭类型的居住地差异

2010 年中国少数民族家庭类型构成(%)行政区差异的基本态势是,一代户东高(38.72)西低(25.68)、南高(26.83)北低(23.23);二代户东低(46.07)西高(54.46),南低(51.41)北高(60.95);三代及以上户东低(15.21)西高(19.86),南高(21.75)北低(15.46)。

总体特征是东西差异大于南北差异。东西差异(百分点),从一代户到三代及以上户递减——13.04、8.39、4.65;南北差异呈二代户大(9.54),三代及以上户次之(6.29),一代户最小(3.60)态势。

4. 少数民族家庭类型构成的总体变化

中国少数民族家庭户类型(%),1990 年二代户占绝对多数(69.11)且与全国(69.00)相近;三代及以上户次之(21.33),比全国(18.67)高 2.66 个百分点;一代户最少(9.56),比全国(12.32)低 2.76 个百分点。2010 年按一代户、二代户、≥三代户的构成为 28.95:52.35:18.72。与全国平均构成(34.18:47.83:18.00)相比,三代及以上户比例相近,一代户低 5.23 个百分点,二代户高 4.52 个百分点。

1990—2010 年,民族家庭户类型发生了十分显著的变化:一代户增加 19.39 个百分点,二代户、三代及以上户减少了 16.76 个和 2.61 个百分点。

二、家庭规模

中国少数民族家庭规模的基本特征是"小型化",结构变化显著而地域差异大[①]。（表 4-4、4-5）

表 4-4　1990 年、2010 年中国各行政区全户少数民族家庭规模　单位:人/户

地区	2010 年	1990 年	1990—2010 年	地区	2010 年	1990 年	1990—2010 年
全国	3.09	3.96	−0.87	东部地区	2.86	3.79	−0.93
少数民族	3.35	4.55	−1.20	辽宁	2.82	3.65	−0.83
西部地区	3.51	4.79	−1.28	湖南	3.39	4.02	−0.63
西南地区	3.46	4.77	−1.31	河北	3.20	3.79	−0.59
四川	4.01	4.37	−0.72	湖北	2.84	3.68	−0.84
重庆	2.73			吉林	2.57	3.65	−1.08
贵州	3.16	4.56	−1.4	广东	1.94	4.24	−2.30
云南	3.77	4.92	−1.15	黑龙江	2.60	3.86	−1.26
广西	3.24	4.80	−1.56	浙江	2.19	3.69	−1.50
海南	3.83	5.50	−1.67	河南	3.59	4.14	−0.55
西藏	4.55	5.31	−0.76	北京	2.06	2.84	−0.78
西北地区	3.62	4.85	−1.23	福建	2.45	4.17	−1.72
陕西	2.86	3.60	−0.74	山东	3.25	4.04	−0.79
甘肃	4.27	5.09	−0.82	安徽	2.79	4.02	−1.23
青海	3.95	5.32	−1.37	江苏	2.34	2.92	−0.58
宁夏	3.69	5.00	−1.31	天津	2.55	3.11	−0.56
新疆	3.71	4.86	−1.15	上海	2.08	2.74	−0.66
内蒙古	2.81	4.45	−1.64	江西	2.47	2.89	−0.42
				山西	3.10	3.82	−0.72

资料来源:中国 1990 年人口普查资料(第一册)[M].806-807;中国 2010 年人口普查民族人口资料[M].表 6-3 各地区全户少数民族家庭户规模。

注:2010 年四川、重庆平均家庭规模为 3.65 人/户。

---

① 由于资料获取方面的原因,家庭规模只能给出民族总体、居住地状况和变化,各民族和聚居地情况均无法给出。

表 4-5 1990 年、2010 年中国各行政区全户少数民族家庭规模构成

单位:%,百分点

年份	家庭规模	总人口	少数民族	东部地区	西部地区	其中:	
						西南	西北
1990	1 人户	6.27	5.87	6.74	5.57	5.63	5.42
	2 人户	11.05	8.57	11.16	7.71	7.45	8.34
	3 人户	23.73	16.17	24.56	13.41	13.01	14.39
	4 人户	25.82	22.51	30.03	20.02	20.43	19.03
	≥5 人户	33.12	46.89	27.50	53.29	53.49	52.82
2010	1 人户	14.53	15.27	19.96	13.70	14.30	12.43
	2 人户	24.37	19.31	25.55	17.21	18.22	15.07
	3 人户	26.86	22.03	24.33	21.26	20.87	22.09
	4 人户	17.56	20.56	16.99	21.76	21.37	22.58
	≥5 人户	16.71	22.83	13.17	26.07	25.24	27.83
1990—2010	1 人户	8.26	9.40	13.22	8.13	8.67	7.01
	2 人户	13.32	10.74	14.39	9.50	10.77	6.73
	3 人户	3.13	5.86	−0.23	7.85	7.86	7.70
	4 人户	−8.26	−1.91	−13.04	1.73	0.94	3.54
	≥5 人户	−16.41	−24.06	−14.33	−27.22	−28.25	−24.99

资料来源:同表 4-4。

1. 家庭规模和变化

1990 年少数民族家庭规模(人/户)为 4.55 人,比全国(3.95 人)多 1.60 人。空间分布呈西高(4.79 人)东低(3.79 人),南(4.77 人)北(4.85 人)相近态,东西差异(1.00 人)显著高于南北(0.08 人)。2010 年家庭规模为 3.35 人,比全国(3.09 人)多 0.26 人。空间分布仍呈西高(3.51 人)东低(2.86 人),南(3.46 人)北(3.62 人)相近,东西差异(0.65 人)显著大于南北(0.16 人)态。1990—2010 年,家庭规模下降了 1.20 人而趋于小型化;与全国差距、东西差异减小而南北差异有所增加。

2. 家庭规模构成和变化

与家庭规模显著"小型化"同时发生的,是大家庭的显著下降和小家庭的显著上升。

1990 年家庭规模构成的特征是,≥5 人户显著的高比例,和占比按家庭

规模减小的同步下降。≥5 人户占 46.89％,比全国高 13.77 个百分点;4 人户 22.51％,3 人户 16.17％,2 人户 8.57％,1 人户 5.87％,分别比全国均值低 3.31、7.56、2.48 和 0.40 个百分点。

各地区中,≥5 人户占比除东部(27.50％)低于 4 人户(30.03％)外,皆显著高于 4 人户。1～≥5 人户占比的差异,呈东西显著而南北甚小态——东西 1.17、3.45、11.15、10.01 和 25.79 个百分点,南北 0.21、0.89、1.38、1.40 和 0.67 个百分点。

2010 年 1～≥5 人户构成(％)为 15.27、19.31、22.03、20.56 和 22.83,分布较为均匀而与 2～3 人户占比超过 50％ 的全国(14.53、24.37、26.86、17.56、16.71)大不相同。各地区的态势,西部、西南、西北同少数民族总体,东部 1～≥5 人户构成则呈两头低、中间高(19.96、25.55、24.33、16.99和 13.17)而大体同于全国平均。

1990—2010 年各人户占比的显著变化(百分点),是 ≥5 人户的大幅度减小和 1、2、3 人户的显著增加。≥5 人户减小 24.06,显著超出全国 16.41 的降幅,其中西部、西南、西北依次为 27.22、28.25 和 24.99;1、2、3 人户增加 9.40、10.74 和 5.86,其中西部为 8.13、9.50 和 7.85,西南为 8.67、10.77 和 7.86,西北为 7.01、6.73 和 7.70。东部变化的特征是 4、≥5 人户比重显著减小(13.04 和 14.33),1、2 人户比重显著增加(13.22 和 14.39)。

第二节　少数民族初婚年龄

一、初婚年龄的民族分布和性别差异

中国少数民族人口初婚年龄性别、民族差异显著。(表 4-6、4-7,图 4-1)

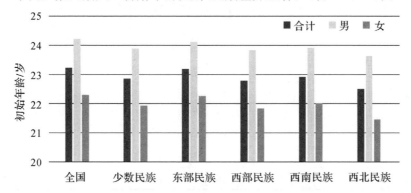

图 4-1　2010 年中国少数民族按性别、聚居地分别的初婚年龄(据表 4-6)

表 4-6　2010 年中国少数民族的初婚年龄　　　　单位:岁

民族	初婚年龄			民族	初婚年龄		
	小计	男	女		小计	男	女
总人口	23.22	24.22	22.30	羌族	22.55	23.90	21.32
汉族	23.25	24.24	22.33	仫佬族	23.44	24.41	22.57
少数民族	22.86	23.90	21.92	景颇族	22.39	23.61	21.53
东部民族	23.19	24.13	22.26	布朗族	21.98	23.24	20.89
满族	23.02	23.76	22.26	毛南族	23.69	24.81	22.67
土家族	23.16	24.32	22.08	普米族	22.81	23.92	21.85
朝鲜	24.40	25.68	23.27	阿昌族	22.50	23.53	21.69
畲族	23.11	24.42	21.67	怒族	22.32	23.47	21.39
锡伯族	23.70	24.37	22.98	京族	23.36	24.48	22.38
鄂伦春族	23.73	25.04	22.85	基诺族	22.58	24.03	21.33
赫哲族	23.56	24.08	23.09	德昂族	21.62	22.53	20.90
高山族	23.89	24.99	22.88	门巴族	22.08	23.08	21.29
西部民族	22.78	23.84	21.83	独龙族	22.70	23.77	21.97
西南民族	22.91	23.93	22.01	珞巴族	22.44	22.75	22.18
壮族	23.63	24.66	22.73	西北民族	22.51	23.65	21.47
苗族	22.59	23.64	21.65	回族	22.64	23.65	21.69
彝族	22.29	23.34	21.37	维吾尔族	21.98	23.52	20.59
藏族	22.83	23.61	22.16	蒙古族	23.07	23.82	22.40
侗族	23.27	24.43	22.18	哈萨克族	23.91	24.98	22.92
布依族	23.22	24.04	22.51	东乡族	20.88	21.82	20.04
瑶族	22.94	23.99	21.99	土族	21.92	22.99	20.93
白族	22.73	23.72	21.81	柯尔克孜族	22.41	23.98	20.97
哈尼族	21.79	22.90	20.84	达斡尔族	23.49	24.44	22.73
黎族	22.97	24.08	22.03	撒拉族	20.85	22.14	19.69
傣族	21.77	22.67	20.99	塔吉克族	22.58	24.04	21.20
傈僳族	21.72	22.74	20.86	鄂温克族	23.17	24.12	22.47
仡佬族	22.99	23.90	22.11	保安族	21.27	22.79	20.07
拉祜族	21.54	22.91	20.44	俄罗斯族	24.93	26.28	23.96
佤族	22.06	23.48	20.89	裕固族	23.81	25.06	22.57
水族	22.86	23.87	21.97	乌孜别克族	24.05	25.53	22.45
纳西族	23.64	24.72	22.69	塔塔尔族	25.11	26.49	23.48

资料来源:中国 2010 年人口普查民族人口资料[M].表 4-3 各民族人口初婚年龄。

表 4-7　2010 年中国少数民族初婚年龄的两性差异　　　　　单位:岁

民族	两性差异	民族	两性差异	民族	两性差异	民族	两性差异
总人口	1.92	彝族	1.97	仫佬族	1.84	维吾尔族	2.93
汉族	1.91	藏族	1.45	景颇族	2.08	蒙古族	1.42
少数民族	1.98	侗族	2.25	布朗族	2.35	哈萨克族	2.06
东部民族	1.87	布依族	1.53	毛南族	2.14	东乡族	1.78
满族	1.50	瑶族	2.00	普米族	2.07	土族	2.06
土家族	2.24	白族	1.91	阿昌族	1.84	柯尔克孜族	3.01
朝鲜	2.41	哈尼族	2.06	怒族	2.08	达斡尔族	1.71
畲族	2.75	黎族	2.05	京族	2.10	撒拉族	2.45
锡伯族	1.39	傣族	1.68	基诺族	2.70	塔吉克族	2.94
鄂伦春族	2.19	傈僳族	1.88	德昂族	1.63	鄂温克族	1.65
赫哲族	0.99	仡佬族	1.79	门巴族	1.79	保安族	2.72
高山族	2.11	拉祜族	2.47	独龙族	1.80	俄罗斯族	2.32
西部民族	2.01	佤族	2,59	珞巴族	0.57	裕固族	2.49
西南民族	1.92	水族	1.90	西北民族	2.10	乌孜别克族	3.08
壮族	1.93	纳西族	2.03	回族	1.96	塔塔尔族	3.01
苗族	1.99	羌族	2.58				

资料来源:表 4-6。

1. 初婚年龄的民族分布

2010 年中国少数民族初婚年龄 22.86 岁,比全国平均(23.22 岁)低 0.36 岁。初婚年龄<21、21、22、23、24、≥25 岁的民族依次为 2 个、9 个、21 个、19 个、3 个和 1 个而大体呈正态分布。各民族中,撒拉族(20.85 岁)、东乡族(20.88)最小,塔塔尔族(25.11)、俄罗斯族(24.93)、朝鲜族(24.40)和乌孜别克族(24.05)最大——极差 4.26 岁。

2. 初婚年龄的性别差异

初婚年龄男性 23.90 岁,女性 21.92 岁,分别比全国(24.22 岁、22.30 岁)低 0.32 岁和 0.38 岁;两性相差 1.98 岁,与全国(1.92 岁)相近。

初婚年龄为 21、22、23、24、≥25 岁的民族,男性依次为 1 个、9 个、21 个、18 个和 6 个,与少数民族整体分布态势相同但峰值推后 1 岁。各民族中，东乡族(21.82)最小，≥25 岁的为塔塔尔族(26.49)、俄罗斯族、朝鲜族、乌孜别克族、裕固族和鄂伦春族——极差 4.67 岁。

女性<21、21、22、23 岁的民族有 13 个、16 个、22 个和 4 个，当男性刚进入峰值时，大部分民族的女子便已完成了自己的第一次婚姻。撒拉族(19.69)、东乡族(20.04)、保安族(20.07)在 20 岁左右，俄罗斯族(23.96)、塔塔尔族、朝鲜族和赫哲族≥23 岁——极差 4.27 岁。

两性初婚年龄差异在 2.0～2.4 岁的民族最多，21 个占 38.2％，1.5～1.9 岁的民族次之，10 个占 18.2％。<1.5 岁的民族有珞巴族(0.57)、赫哲族、锡伯族、蒙古族和藏族，≥3.0 岁的民族有塔塔尔族(3.01)、柯尔克孜族和乌孜别克族。

二、初婚年龄的地域分布

中国少数民族初婚年龄地域差异小，空间分布呈东高西低，南高北低，东部、西南峰期集中，西部、西北年龄分散态。(表 4-6、4-8)

表 4-8　2010 年中国少数民族初婚年龄的地域分布　　　　单位：个

性别	聚居地	21	22	23	24	25	
				岁			
合计	全国	2	9	21	19	3	1
	东部地区				7	1	
	西部地区	2	9	21	12	2	1
	其中：西南		6	18	7		
	西北	2	3	3	5	2	1
男	全国		1	9	21	18	6
	东部地区				1	5	2
	西部地区		1	9	20	13	4
	其中：西南			6	16	9	
	西北		1	3	4	4	4
女	全国	13	16	22	4		
	东部地区		1	5	2		
	西部地区	13	15	17	2		
	其中：西南	7	13	11			
	西北	6	2	6	2		

资料来源：表 4-6。

2010 年,东部 23.19 岁,西部 22.78 岁相差 0.41 岁;西南 22.91 岁,西北 22.51 岁相差 0.40 岁。东部初婚年龄集中在 23 岁,7 个民族占 87.5％;西部集中在 21、22、23 岁——42 个民族占 89.4％,22 岁最多,21 个民族占 46.8％。西南 22 岁最多,18 个民族占 58.1％;西北则呈散布态,23 岁最多,5 个民族占 31.3％。

男性初婚年龄,东部 24.13 岁,西部 23.84 岁相差 0.29 岁;西南 23.93 岁,西北 23.65 岁相差 0.28 岁。东部峰期为 24 岁,5 个民族占 62.5％;西部峰期分散在 22、23、24 岁,分别有 9、20、13 个民族,占 19.1％、42.6％和 27.7％。西南以 23 岁的民族居多,16 个民族占 51.6％;西北显著则分散,23、24、≥25 岁各分布着 4 个民族。

女性初婚年龄,东部 22.26 岁,西部 21.83 岁相差 0.43 岁;西南 22.01 岁,西北 21.47 岁相差 0.54 岁。东部峰期为 22 岁,5 个民族占 62.5％;西部峰期分散在 ＜21、21、22 岁,分别有 13、15、17 个民族,占 27.7％、31.9％和 36.2％。西南态势与西部相近,集中在 ＜21、21、22 岁,7、13、11 个,占 22.6％、41.9％和 35.5;西北较为分散,＜21、23 岁各有 6 个民族,分别占 37.5％。

两性初婚年龄差异的地域分布呈东低(1.87 岁)西高(2.01 岁)、南低(1.92 岁)北高(2.10)态;差异≥2.0 岁的民族,东部 5 个占 62.5％,西部 26 个占 55.3％;西南 15 个占 48.4％,西北 11 个占 68.8％。

第三节　少数民族婚姻状况

一、婚姻状况的性别、民族和地域差异

中国少数民族婚姻状况的特征是,有配偶率低,未婚率、丧偶率、离婚率高而两性、民族、地域差异显著。(表 4-6、4-9、4-10、4-11、4-12、4-13、4-14,图 4-2、4-3、4-4、4-5)

1. 婚姻状况和两性差异

少数民族两性婚姻特征:一是差异显著且以未婚率、丧偶率为著;二是未婚率、离婚率男性高于女性,有配偶率、丧偶率女性高于男性。

2010 年少数民族婚姻状况(％),未婚率、有配偶率、丧偶率、离婚率为 23.65、68.60、6.05、1.70,全国对应数据为 21.60、71.33、5.69、1.38。婚姻

表 4-9　2010 年中国少数民族≥15 岁人口的婚姻状况（一）　单位:%

民族	未婚率			有配偶率		
	小计	男	女	小计	男	女
总人口	21.60	24.69	18.48	71.33	70.37	72.31
汉族	21.42	24.43	18.40	71.57	70.67	72.46
少数民族	23.65	27.82	19.43	68.60	66.78	70.45
东部民族	22.28	24.90	19.53	70.18	69.15	71.26
满族	22.65	24.47	20.70	70.98	70.46	71.53
土家族	20.81	24.34	17.21	71.27	69.13	73.45
朝鲜族	25.33	28.96	21.79	61.16	61.60	60.74
畲族	23.92	26.76	20.57	68.97	67.71	70.46
锡伯族	26.13	27.89	24.19	67.38	66.97	67.83
鄂伦春族	31.96	39.51	25.66	61.37	53.15	68.22
赫哲族	32.15	34.47	29.95	62.17	63.11	61.29
高山族	27.16	29.68	24.68	65.81	66.45	65.19
西部民族	23.99	28.55	19.41	68.21	66.18	70.24
西南民族	24.21	29.46	18.91	67.81	65.13	70.51
壮族	22.90	28.27	17.50	69.00	66.51	71.51
苗族	22.45	27.44	17.34	70.26	67.07	73.53
彝族	23.88	29.24	18.49	68.67	65.77	71.58
藏族	32.87	37.37	28.47	57.21	56.31	58.10
侗族	21.41	26.21	16.34	70.51	67.62	73.57
布依族	21.57	26.69	16.56	69.57	67.11	71.97
瑶族	25.18	30.47	19.63	66.92	64.05	69.93
白族	21.52	25.15	17.88	71.40	69.95	72.85
哈尼族	23.50	30.59	16.17	68.75	64.18	73.47
黎族	33.09	40.56	25.15	60.64	55.70	65.88
傣族	20.12	24.89	15.50	72.37	70.52	74.16
傈僳族	23.31	30.18	16.37	67.90	63.08	72.77
仡佬族	20.68	23.87	17.31	71.65	69.69	73.72
拉祜族	25.09	33.61	16.39	66.85	60.79	73.03
佤族	27.60	34.89	20.24	64.76	60.23	69.33
水族	23.82	29.08	18.43	68.08	65.23	71.01
纳西族	24.80	28.86	20.82	67.06	66.02	68.07

续表

民族	未婚率			有配偶率		
	小计	男	女	小计	男	女
羌族	24.62	29.48	19.62	68.30	65.25	71.44
仫佬族	24.88	29.61	20.08	67.36	64.75	70.01
景颇族	21.69	30.06	14.42	69.71	65.70	73.19
布朗族	27.09	34.52	19.08	65.94	60.89	71.39
毛南族	23.87	29.82	17.55	67.94	64.27	71.86
普米族	29.02	34.25	23.84	62.65	60.70	64.58
阿昌族	22.56	28.49	17.14	70.94	68.24	73.40
怒族	27.21	34.25	20.25	63.38	59.53	67.18
京族	25.69	29.06	22.46	68.48	68.21	68.73
基诺族	23.07	29.84	16.04	70.17	65.91	74.60
德昂族	17.50	22.72	12.76	75.42	72.09	78.44
门巴族	36.10	42.36	30.05	54.81	51.21	58.29
独龙族	32.35	44.41	20.55	56.92	48.95	64.73
珞巴族	32.61	37.31	28.17	56.16	55.22	57.04
西北民族	23.55	26.72	20.41	69.00	68.31	69.69
回族	21.71	24.21	19.23	71.76	71.52	71.99
维吾尔族	24.06	27.92	20.19	66.44	65.73	67.16
蒙古族	24.63	27.91	21.45	69.10	67.80	70.35
哈萨克族	27.92	30.35	25.52	65.77	65.78	65.76
东乡族	23.07	26.43	19.79	71.55	69.33	73.72
土族	26.60	30.50	22.61	67.35	64.66	70.09
柯尔克孜族	28.49	31.41	25.59	63.44	63.39	63.49
达斡尔族	26.97	31.93	22.39	64.72	61.91	67.32
撒拉族	21.93	25.75	18.11	70.77	70.26	71.27
塔吉克族	30.48	35.04	25.57	61.93	59.43	64.63
鄂温克族	30.64	36.33	25.66	61.38	59.28	63.22
保安族	25.49	31.90	19.48	68.14	64.08	71.95
俄罗斯族	26.71	32.58	21.88	61.90	60.42	63.13
裕固族	22.86	25.99	19.50	69.61	70.07	69.11
乌孜别克族	30.12	31.22	28.88	60.88	63.41	58.04
塔塔尔族	30.22	30.06	30.41	61.06	66.47	54.73

表 4-9 2010 年中国少数民族≥15 岁人口的婚姻状况(二) 单位:%

民族	丧偶率			离婚率		
	小计	男	女	小计	男	女
总人口	5.69	3.40	7.99	1.38	1.54	1.22
汉族	5.66	3.38	7.95	1.35	1.52	1.19
少数民族	6.05	3.65	8.48	1.70	1.75	1.64
东部民族	5.59	3.80	7.46	1.95	2.16	1.74
满族	4.42	3.01	5.94	1.95	2.07	1.83
土家族	6.75	5.08	8.44	1.17	1.44	0.90
朝鲜族	7.78	3.14	12.31	5.72	6.30	5.16
畲族	6.01	4.10	8.27	1.09	1.43	0.69
锡伯族	3.80	2.60	5.13	2.69	2.55	2.85
鄂伦春族	3.34	2.45	4.08	3.34	4.90	2.04
赫哲族	3.55	1.46	5.53	2.13	0.97	3.23
高山族	5.11	2.58	7.59	1.92	1.29	2.53
西部民族	6.17	3.61	8.73	1.64	1.65	1.62
西南民族	6.78	4.10	9.49	1.20	1.31	1.09
壮族	7.17	4.07	10.27	0.93	1.14	0.72
苗族	0.32	4.25	8.43	0.97	1.24	0.70
彝族	6.48	3.88	9.09	0.97	1.11	0.83
藏族	7.34	4.54	10.07	2.58	1.78	3.36
侗族	6.83	4.60	9.20	1.24	1.58	0.89
布依族	7.79	4.83	10.68	1.08	1.37	0.79
瑶族	6.77	4.09	9.58	1.13	1.38	0.86
白族	5.87	3.62	8.13	1.21	1.28	1.14
哈尼族	6.43	3.63	9.33	1.32	1.60	1.03
黎族	5.50	2.78	8.38	0.78	0.96	0.59
傣族	5.78	2.92	8.55	1.73	1.67	1.79
傈僳族	7.12	4.75	9.50	1.67	1.99	1.35
仡佬族	6.70	5.35	8.13	0.97	1.08	0.85
拉祜族	6.41	3.66	9.22	1.65	1.93	1.36
佤族	6.52	3.55	9.50	1.13	1.32	0.93
水族	7.16	4.54	9.84	0.94	1.15	0.72
纳西族	6.89	3.95	9.76	1.26	1.17	1.35

续表

民族	丧偶率			离婚率		
	小计	男	女	小计	男	女
羌族	5.97	3.98	8.00	1.11	1.29	0.94
仫佬族	6.19	3.79	8.63	1.57	1.85	1.28
景颇族	7.41	2.92	11.31	1.19	1.32	1.08
布朗族	5.90	3.66	8.31	1.07	0.93	1.21
毛南族	7.03	4.30	9.94	1.15	1.62	0.66
普米族	7.15	3.74	10.53	1.18	1.31	1.05
阿昌族	5.88	2.45	9.02	0.62	0.82	0.45
怒族	6.78	3.81	9.71	2.63	2.40	2.86
京族	4.59	1.61	7.45	1.24	1.11	1.36
基诺族	5.33	3.73	7.00	1.43	0.52	2.37
德昂族	5.81	3.51	7.91	1.27	1.68	0.89
门巴族	8.04	5.36	10.62	1.05	1.07	1.04
独龙族	8.82	5.24	12.33	1.90	1.40	2.40
珞巴族	9.78	7.46	11.97	1.45	0.00	2.82
西北民族	4.93	2.61	7.23	2.52	2.36	2.67
回族	4.79	2.63	6.94	1.74	1.64	1.83
维吾尔族	5.20	2.47	7.94	4.30	3.89	4.71
蒙古族	4.76	2.70	6.75	1.52	1.59	1.46
哈萨克族	5.21	2.81	7.56	1.11	1.06	1.15
东乡族	4.33	3.11	5.52	1.05	1.13	0.97
土族	4.77	3.22	6.34	1.29	1.61	0.96
柯尔克孜族	5.28	2.55	8.00	2.78	2.65	2.92
达斡尔族	5.16	2.34	7.76	3.15	3.82	2.53
撒拉族	4.47	2.33	6.61	2.83	1.66	4.01
塔吉克族	5.63	3.69	7.71	1.97	1.84	2.10
鄂温克族	4.79	1.76	7.44	3.19	2.64	3.68
保安族	4.69	2.36	6.88	1.68	1.66	1.69
俄罗斯族	5.39	1.52	8.59	5.99	5.49	6.41
裕固族	5.39	2.51	8.49	2.14	1.43	2.90
乌孜别克族	6.05	3.41	8.99	2.96	1.95	4.09
塔塔尔族	5.61	1.16	10.81	3.12	2.31	4.05

资料来源：中国 2010 年人口普查资料（中册）［M］.753-754。

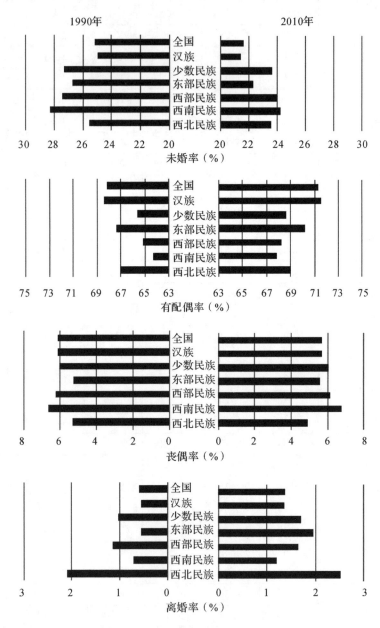

图 4-2　1990 年、2010 年中国少数民族≥15 岁人口

按地域分别的婚姻状况（据表 4-9、4-14）

表 4-10　1990 年、2010 年中国少数民族未婚率的聚居分布地　　单位:个

年份	聚居地	合计 —25—30—			男 —28—33—			女 —20—25—		
		%								
1990	全国	14	26	15	11	24	20	11	24	20
	东部地区	1	5	2	2	3	3	1	4	3
	西部地区	13	21	13	9	21	17	10	20	17
	其中:西南	7	19	5	5	17	9	6	16	9
	西北	6	2	8	4	4	8	4	4	8
2010	全国	28	16	11	17	24	14	26	17	12
	东部地区	3	3	2	4	2	2	1	5	2
	西部地区	25	13	9	13	22	12	25	12	10
	其中:西南	19	7	5	7	14	10	20	7	4
	西北	6	6	4	6	8	2	5	5	6

资料来源:表 4-9、4-14。

表 4-11　1990 年、2010 年中国少数民族有配偶率的聚居地分布　　单位:个

年份	聚居地	合计 —65—70—			男 —65—70—			女 —65—70—		
		%								
1990	全国	27	24	4	36	18	1	11	32	12
	东部地区	4	4		4	4			7	1
	西部地区	23	20	4	32	14	1	11	25	11
	其中:西南	15	14	2	21	10		5	19	7
	西北	8	6	2	11	4	1	6	6	4
2010	全国	18	24	13	26	23	6	13	13	29
	东部地区	3	3	2	3	4	1	2	3	3
	西部地区	15	21	11	23	19	5	11	10	26
	其中:西南	8	15	8	15	14	2	5	6	20
	西北	7	6	3	8	5	3	4	6	6

资料来源:表 4-9、4-14。

表 4-12　1990 年、2010 年中国少数民族丧偶率的聚居地分布　　单位:个

年份	聚居地	合计			男			女		
		— 5 — 7 —			— 3 — 4 —			— 8 — 10 —		
		%								
1990	全国	7	39	9	16	14	25	21	27	7
	东部地区	4	4		4	2	2	6	1	1
	西部地区	3	35	9	12	12	23	15	26	6
	其中:西南		22	9	4	6	21	7	18	6
	西北	3	13		8	6	2	8	8	
2010	全国	12	31	12	21	19	15	19	26	10
	东部地区	4	3	1	4	2	2	5	2	1
	西部地区	8	28	11	17	17	13	14	24	9
	其中:西南	1	19	11	5	13	13	3	20	8
	西北	7	9		12	4		11	4	1

资料来源:表 4-9、4-14。

表 4-13　1990 年、2010 年中国少数民族离婚率的聚居地分布　　单位:个

年份	聚居地	合计			男			女		
		— 1 — 2 —			— 1 — 2 —			— 1 — 2 —		
		%								
1990	全国	36	12	7	33	18	4	35	11	9
	东部地区	6	2		5	3		7	1	
	西部地区	30	10	7	28	15	4	28	10	9
	其中:西南	24	5	2	23	8		21	8	2
	西北	6	5	5	5	7	4	7	2	7
2010	全国	7	33	15	6	39	10	18	17	20
	东部地区		4	4	1	4	3	2	1	5
	西部地区	7	29	11	5	35	7	16	16	15
	其中:西南	7	22	2	5	25	1	14	12	5
	西北		7	9	10	6		2	4	10

资料来源:表 4-9、4-14。

表 4-14　1990 年中国少数民族≥15 岁人口婚姻状况(一)　　单位:%

民族	未婚率			有配偶率		
	小计	男	女	小计	男	女
总人口	25.13	28.95	21.10	68.18	66.42	70.03
汉族	24.95	28.77	20.94	68.38	66.63	70.22
少数民族	27.31	31.27	23.15	65.65	63.70	67.69
东部民族	26.72	29.72	23.42	67.38	65.60	69.34
满族	25.10	27.29	22.67	69.83	68.35	71.48
土家族	30.65	34.20	26.67	62.74	60.12	65.67
朝鲜族	22.88	27.49	18.46	69.63	69.70	69.55
畲族	27.87	33.02	21.73	64.70	60.71	69.46
锡伯族	28.67	29.26	27.99	66.97	66.90	67.04
鄂伦春族	32.73	38.96	27.24	60.67	55.43	65.29
赫哲族	28.64	31.43	25.66	66.59	64.96	68.32
高山族	26.75	30.13	23.21	68.00	67.21	68.82
西部民族	27.45	31.69	23.07	65.19	63.18	67.25
西南民族	28.30	32.76	23.70	64.34	62.10	66.66
壮族	28.71	33.88	23.45	63.95	61.16	66.78
苗族	27.95	31.64	23.96	65.67	63.18	68.36
彝族	26.47	31.07	21.73	66.11	63.74	68.56
藏族	32.47	37.09	28.07	57.22	57.29	57.15
侗族	28.45	32.00	24.46	65.00	62.48	67.83
布依族	28.56	31.99	25.08	64.04	62.25	65.86
瑶族	28.27	33.04	23.05	64.94	61.63	68.55
白族	28.12	31.12	25.04	65.33	64.15	66.54
哈尼族	22.86	27.48	18.08	69.79	67.18	72.48
黎族	31.99	38.23	25.70	61.55	58.13	65.00
傣族	22.56	25.91	19.27	70.32	69.63	70.99
傈僳族	24.09	28.68	19.37	68.10	65.61	70.65
仫佬族	34.30	35.51	32.85	59.40	58.43	60.57
拉祜族	21.65	27.88	15.20	71.17	67.18	75.31
佤族	25.31	30.54	20.01	67.55	65.11	70.03
水族	27.94	31.84	23.83	64.89	62.64	67.26

续表

民族	未婚率			有配偶率		
	小计	男	女	小计	男	女
纳西族	28.67	32.68	24.65	63.81	62.38	65.25
羌族	31.41	36.44	26.27	62.19	58.96	65.49
仫佬族	29.29	33.60	24.84	64.02	61.32	66.79
景颇族	27.52	32.41	23.05	64.19	64.12	64.25
布朗族	26.59	30.57	22.43	65.21	64.01	66.45
毛南族	32.19	38.06	25.89	61.74	57.50	66.29
普米族	29.83	33.78	25.83	61.97	61.11	62.84
阿昌族	28.45	32.01	24.92	64.10	63.03	65.17
怒族	24.74	28.83	20.52	66.58	65.45	67.74
京族	25.24	31.93	19.81	69.27	65.75	72.13
基诺族	25.21	30.70	19.74	68.46	65.72	71.20
德昂族	23.95	27.24	20.68	68.27	67.37	69.17
门巴族	23.78	26.58	21.10	67.58	67.24	67.90
独龙族	25.72	30.75	21.18	64.69	62.77	66.42
珞巴族	28.88	32.86	25.17	61.57	62.84	60.37
西北民族	25.56	29.32	21.67	67.05	65.58	68.58
回族	24.51	27.58	21.36	69.69	68.74	70.67
维吾尔族	21.75	26.98	16.26	67.40	65.51	69.38
蒙古族	30.17	33.13	27.10	64.08	62.28	65.93
哈萨克族	38.40	41.89	34.73	54.85	53.79	55.97
东乡族	24.10	27.51	20.45	70.49	68.61	72.50
土族	28.13	32.90	23.04	65.67	62.28	69.29
柯尔克孜族	24.41	29.19	19.40	66.44	65.58	67.34
达斡尔族	30.09	34.05	26.07	62.82	59.84	65.83
撒拉族	21.90	25.61	18.04	70.68	70.41	70.95
塔吉克族	24.37	28.74	19.77	65.66	64.27	67.12
鄂温克族	35.25	40.36	30.18	57.71	54.19	61.20
保安族	26.31	31.39	20.87	67.07	64.01	70.35
俄罗斯族	33.20	39.63	27.86	60.11	57.76	62.06
裕固族	36.51	40.36	32.68	56.71	56.46	56.95
乌孜别克族	36.84	38.57	34.87	54.53	56.82	51.91
塔塔尔族	41.90	42.53	41.20	51.09	53.80	48.12

表 4-14　1990 年中国少数民族≥15 岁人口婚姻状况(二)　　单位:名

民族	丧偶率			离婚率		
	小计	男	女	小计	男	女
总人口	6.10	3.80	8.53	0.59	0.83	0.34
汉族	6.11	3.79	8.55	0.56	0.80	0.30
少数民族	6.01	3.89	8.24	1.03	1.14	0.92
东部民族	5.25	3.84	6.80	0.65	0.83	0.44
满族	4.44	3.57	5.42	0.62	0.79	0.44
土家族	6.12	4.98	7.41	0.49	0.70	0.25
朝鲜族	6.38	1.56	11.01	1.11	1.25	0.98
畲族	6.55	4.80	8.64	0.88	1.47	0.18
锡伯族	3.56	2.92	4.29	0.80	0.91	0.67
鄂伦春族	5.31	3.84	6.59	1.29	1.77	0.87
赫哲族	3.96	2.86	5.13	0.81	0.75	0.88
高山族	4.28	1.71	6.97	0.97	0.95	1.00
西部民族	6.22	3.90	8.62	1.14	1.23	1.05
西南民族	6.64	4.33	9.02	0.72	0.81	0.62
壮族	6.82	4.15	9.53	0.53	0.81	0.23
苗族	5.92	4.50	7.45	0.46	0.68	0.23
彝族	6.83	4.49	9.23	0.59	0.69	0.48
藏族	8.12	4.46	11.60	2.19	1.15	3.18
侗族	5.93	4.59	7.44	0.62	0.93	0.27
布依族	6.90	5.01	8.82	0.50	0.75	0.24
瑶族	6.21	4.45	8.13	0.59	0.87	0.28
白族	5.96	4.09	7.89	0.59	0.64	0.53
哈尼族	6.41	4.15	8.76	0.94	1.19	0.69
黎族	5.94	2.92	8.99	0.52	0.72	0.31
傣族	5.88	3.36	8.37	1.24	1.10	1.38
傈僳族	7.01	4.94	9.15	0.80	0.77	0.83
仡佬族	5.98	5.63	6.40	0.31	0.42	0.18
拉祜族	6.32	3.98	8.75	0.85	0.96	0.75
佤族	6.50	3.83	9.20	0.64	0.52	0.77
水族	6.64	4.63	8.75	0.52	0.88	0.15
纳西族	6.88	4.39	9.37	0.64	0.55	0.72

续表

民族	丧偶率			离婚率		
	小计	男	女	小计	男	女
羌族	6.02	4.09	7.99	0.38	0.51	0.25
仫佬族	5.83	3.78	7.94	0.87	1.29	0.43
景颇族	7.31	2.72	11.50	0.99	0.75	1.20
布朗族	7.07	4.51	9.74	1.13	0.90	1.37
毛南族	5.55	3.72	7.52	0.52	0.72	0.31
普米族	7.32	4.33	10.34	0.89	0.78	1.00
阿昌族	6.84	4.27	9.39	0.61	0.69	0.53
怒族	7.36	4.59	10.21	1.32	1.13	1.53
京族	5.12	1.82	7.80	0.36	0.50	0.25
基诺族	5.40	2.83	7.96	0.93	0.76	1.09
德昂族	6.76	4.46	9.04	1.02	0.93	1.11
门巴族	7.10	5.04	9.09	1.54	1.14	1.92
独龙族	8.73	5.41	11.72	0.86	1.07	0.68
珞巴族	7.20	3.16	10.98	2.35	1.15	3.48
西北民族	5.29	2.94	7.74	2.09	2.16	2.02
回族	5.00	2.80	7.25	0.80	0.88	0.72
维吾尔族	5.61	2.29	9.10	5.24	5.22	5.26
蒙古族	5.22	3.92	6.56	0.54	0.67	0.41
哈萨克族	6.17	3.52	8.96	0.57	0.80	0.34
东乡族	4.70	3.08	6.44	0.71	0.80	0.62
土族	5.35	3.80	7.01	0.85	1.02	0.66
柯尔克孜族	5.99	2.34	9.80	3.17	2.88	3.46
达斡尔族	5.93	4.64	7.25	1.16	1.47	0.85
撒拉族	5.08	2.34	7.93	2.35	1.65	3.07
塔吉克族	6.83	3.83	9.99	3.14	3.16	3.12
鄂温克族	5.85	4.05	7.64	1.19	1.39	0.98
保安族	4.86	3.00	6.84	1.77	1.60	1.94
俄罗斯族	4.81	0.90	8.05	1.89	1.71	2.03
裕固族	5.85	2.39	9.30	0.93	0.79	1.07
乌孜别克族	5.12	1.89	8.80	3.51	2.72	4.41
塔塔尔族	5.05	1.99	8.42	1.96	1.68	2.26

资料来源:中国 1990 年人口普查资料(第一册)[M].796-799。

状况与全国的差异(百分点),有配偶率低 2.73,未婚率、丧偶率、离婚率依次高 2.05、0.36 和 0.32。

两性婚姻状况(%),男性未婚率、有配偶率、丧偶率、离婚率为 27.82、66.78、3.65、1.75,女性对应数据为 19.43、70.45、8.48、1.64;两性差异(百分点),男性未婚率、离婚率高出女性 8.39 和 0.11;女性有配偶率、丧偶率高出男性 3.67 和 4.83。未婚率、丧偶率差异显著——男性未婚率是女性的 1.43 倍,女性丧偶率是男性的 2.32 倍。

婚姻状况的两性差异(百分点),除离婚率低于汉族(0.33)外,未婚率、有配偶率、丧偶率皆显著高于汉族(6.03、1.79、4.57)。

2. 婚姻状况的民族差异

中国少数民族婚姻状况的民族差异大,且以离婚率为著。

2010 年未婚率以<25%的民族居多,28 个占 50.9%;25%~30%的民族 16 个占 29.1%;≥30%的民族 11 个占 20.0%。门巴族(36.10)最高,德昂族(17.50)最低,极差 18.60 个百分点。

有配偶率以 65%~70%民族居多,24 个占 43.6%;<65%的民族 18 个占 32.7%;≥70%的民族 13 个占 23.6%。德昂族(75.42)最高,门巴族(54.81)最低,极差 20.61 个百分点。

丧偶率以 5%~7%的民族居多,31 个占 56.4%;<5%的民族 12 个占 21.8%;≥7%的民族 12 个占 21.8%。一极是珞巴族(9.78)、独龙族(8.82)、门巴族(8.04),一极是鄂伦春族(3.34)、赫哲族(3.55)、锡伯族(3.80),极差 6.44 个百分点。

离婚率以 1%~2%的民族居多,33 个占 60.0%;<1%的 7 个:阿昌族(0.62)、黎族、壮族、水族、仡佬族、苗族、彝族;≥2%的 15 个占 27.3%,其中≥3%的 8 个:俄罗斯族(5.99)、朝鲜族、维吾尔族、鄂温克族、鄂伦春族、鄂温克族、达斡尔族和塔塔尔族——极差 5.37 个百分点。

3. 婚姻状况的地域差异

中国少数民族婚姻状况的地域态势是,未婚率、丧偶率东低西高、南高北低;有配偶率、离婚率东高西低,南低北高。

2010 年各聚居地的未婚率(%,百分点),东部 22.28,西部 23.99,西南 24.21,西北 23.58——西部比东部高 1.71,西南比西北高 0.61。

有配偶率(%,百分点)东部 70.18,西部 68.21,西南 67.81,西北 69.00——东部比西部高 1.97,西南比西北低 1.19。

丧偶率(%,百分点),东部 5.59,西部 6.17,西南 6.78,西北 4.93——
东部比西部低 0.58,西南比西北高 1.85。东部以<5%的民族居多,4 个占
50.0%,西部以≥5%为主,39 个占 83.0%;西南以≥5%为主,30 个占
96.8%,西北 16 个民族则全部<7%。

离婚率(%,百分点),东部 1.95,西部 1.64,西南 1.20,西北 2.52——
东部比西部高 0.31,西南比西北低 1.32。东部 8 个民族 1%～2%、≥2%各
占 50.0%,西部集中在 1%～2%,29 个占 61.7%;西北以≥2%的民族居
多,9 个占 56.3%,西南以 1%～2%的民族居多,22 个占 71.0%。

二、婚姻状况变化的性别、民族和地域差异

1990—2010 年,中国少数民族婚姻状况从性别、民族到地域,都发生了
显著变化。(表 4-9、4-14、4-15,图 4-3、4-4、4-4)

表 4-15 1990－2010 年中国少数民族≥15 岁人口婚姻状况变化

单位:百分点

民族		总变化 （绝对值）	未婚率	有配偶率	丧偶率	离婚率
总人口	合计	7.88	−3.53	3.15	−0.41	0.79
	男	9.32	−4.26	3.95	−0.40	0.71
	女	6.31	−2.61	2.28	−0.54	0.88
汉族	合计	7.98	−3.53	3.21	−0.45	0.79
	男	9.51	−4.34	4.04	−0.41	0.72
	女	6.27	−2.54	2.24	−0.60	0.89
少数 民族	合计	7.31	−3.66	2.95	0.04	0.67
	男	7.38	−3.45	3.08	−0.24	0.61
	女	7.44	−3.72	2.76	0.24	0.72
东部 民族	合计	8.88	−4.44	2.80	0.34	1.30
	男	9.74	−4.82	3.55	−0.04	1.33
	女	7.77	−3.89	1.92	0.66	1.30
西部 民族	合计	7.03	−3.46	3.02	−0.05	0.50
	男	6.85	−3.14	3.00	−0.29	0.42
	女	7.32	−3.66	2.99	0.10	0.57
西南 民族	合计	8.18	−4.09	3.47	0.14	0.48
	男	7.06	−3.30	3.03	−0.23	0.50
	女	9.56	−4.79	3.85	0.45	0.47

续表

民族		总变化 （绝对值）	未婚率	有配偶率	丧偶率	离婚率
西北 民族	合计	4.75	−2.01	1.95	−0.36	0.43
	男	5.86	−2.60	2.73	−0.33	0.20
	女	3.53	−1.26	1.11	−0.51	0.65

资料来源：表4-9、4-14。

1. 婚姻状况的变化和两性差异

中国少数民族婚姻状况变化的基本趋势是，未婚率明显下降，离婚率、丧偶率、有配偶率上升而以离婚率变化为著；两性变化幅度总体持平。

1990—2010年婚姻状况变化（％，百分点），未婚率下降13.4、3.66——男性11.0、3.45，女性16.0、3.72，女性降幅大于男性；有配偶率上升4.5、2.95——男性4.8、3.08，女性4.1、2.76；丧偶率上升6.7、0.04——男性下降6.2、0.24，女性上升2.9、0.24；离婚率上升65.05、0.67——男性上升53.5、0.61，女性上升78.3、0.72，女性增幅显著高于男性。按未婚率、有配

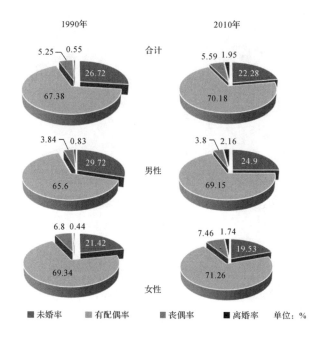

图4-3　1990年、2010年中国东部少数民族≥15岁人口男、女性婚姻状况

（据表4-9、4-14）

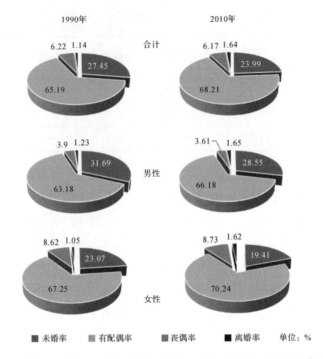

图 4-4　　1990、2010 年中国西南少数民族≥15 岁人口男、女性婚姻状况

（据表 4-9、4-14）

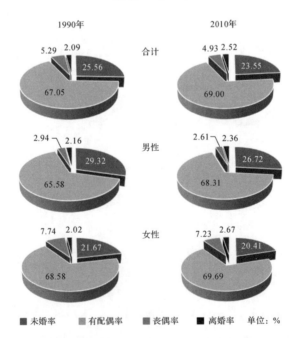

图 4-5　　1990、2010 年中国西北少数民族≥15 岁人口男、女性婚姻状况

（据表 4-9、4-14）

偶率、丧偶率、离婚率变化绝对值之和计的婚姻状况总变化(百分点——因子变化绝对值之和,下同),女性(7.44)稍高于男性(7.38)而基本持平。

2. 婚姻状况变化的民族差异

中国少数民族婚姻状况变化小于汉族但相互差异十分显著。1990—2010 年婚姻状况的总变化(百分点),少数民族(7.31)小于汉族(7.97)。从各因子看,未婚率降幅(−3.66)大于汉族(−3.53),有配偶率(2.95)、离婚率(0.67)增幅小于汉族(3.21,0.79),丧偶率汉族下降(−0.45)而少数民族略有上升(0.04)。

未婚率以下降为主,37 个民族占 67.27%;上升的民族 18 个占 32.73%。降幅(百分点)≥1 的民族 33 个;≥5 的民族 18 个,显著的有毛南族(−8.32)、土家族(−9.84)、哈萨克族(−10.48)、塔塔尔族(−11.68)、仡佬族(−13.62)和裕固族(−13.65)。升幅(百分点)≥1 的 12 个,以塔吉克族(6.11)、独龙族(6.63)和门巴族(12.32)为著——极差 25.97。

有配偶率以上升为主,36 个民族占 65.45%,下降的民族 19 个占 34.55%。升幅(百分点)≥2 的民族 27 个;≥5 的民族 18 个,显著的为土家族(8.52)、塔塔尔族(9.97)、哈萨克族(10.92)、仡佬族(12.25)和裕固族(12.90)。降幅(百分点)≥5 的民族 4 个,为门巴族(−12.77)、朝鲜族(−8.47)、独龙族(−7.77)和珞巴族(−5.41)——极差 25.67。

丧偶率以下降的民族居多,30 个占 54.55%,上升的民族 25 个占 45.45%。降幅(百分点)≥1 的 4 个:鄂伦春族(−1.97)、塔吉克族(−1.20)、布朗族(−1.17)和鄂温克族(−1.06);升幅(百分点)≥1 的民族 3 个:珞巴族(2.58)、毛南族(1.48)和朝鲜族(1.40)——极差 4.55。

离婚率以上升为主,42 个民族占 76.36%。绝大多数变幅(百分点)小于 1。升幅(百分点)≥1 的民族 7 个:独龙族(1.04)、怒族(1.31)、赫哲族(1.32)、满族(1.33)、锡伯族(1.89)、鄂伦春族(2.05)和朝鲜族(4.61);降幅(百分点)≥1 的只有塔吉克族(−1.17)——极差 5.78。

总体变化(百分点)>15 的民族 8 个:裕固族(28.13),仡佬族、门巴族、塔塔尔族、哈萨克族、土家族、朝鲜族和毛南族。总体变化小;<5 的民族有 17 个——其中,<2 的民族 4 个:撒拉族(1.21)、藏族、普米族和傈僳族,≥2 的民族 13 个:哈尼族、保安族、布朗族、京族、黎族、东乡族、土族、高山族、基诺族、维吾尔族、傣族、满族和畲族——极差 26.32。

3. 婚姻状况变化的地域差异

聚居地婚姻状况变化的大体态势是,未婚率下降,有配偶率和离婚率上升,丧偶率有升有降;总体变化幅度东部大于西部,西南显著大于西北。

婚姻状况总体变化幅度(百分点),东部 8.88,西部 7.03,相差 1.85;西南 8.18,西北 4.75,相差 3.43。未婚率的降幅,东部(−4.44)大于西部(−3.46),西南(−4.09)大于西北(−2.01);有配偶率的升幅,东部(2.80)小于西部(3.02),西南(3.47)大于西北(1.95);离婚率的升幅,东部(1.30)显著高于西部(0.50),西南(0.48)略高于西北(0.43);丧偶率则呈东升(0.34)西降(−0.05)、南升(0.14)北降(−0.36)态。

第四节 家庭类型、婚姻状况、人口空间分布和受教育程度

一、家庭类型、婚姻状况、人口空间分布和受教育程度

中国少数民族家庭类型与婚姻状况、人口空间分布和受教育程度显著相关。(表 4-16)

表 4-16 1990 年中国少数民族≥三代户家庭比重与婚姻状况、人口空间离散度和平均受教育年限

项目	相关系数(R)	置信度(α)	临界值(r)	相关程度
离散度	−0.3220	0.05	0.3145	显著相关
平均受教育年限	−0.6517	0.001	0.4280	极显著相关
未婚率	−0.4031	0.05	0.3145	显著相关
有配偶率	0.3390	0.05	0.3145	显著相关
丧偶率	0.3471	0.05	0.3145	显著相关
离婚率	−0.7270	0.001	0.4280	极显著相关

资料来源:表 1-9、4-1、4-15、6-3。

1. 家庭类型与人口空间分布和受教育程度

1990 年,≥三代户家庭比重与空间离散度显著负相关($R=−0.3220$),与平均受教育年限极显著负相关($R=−0.6517$)——空间分布愈是离散,受教育程度越高,三代及以上户在家庭户中的比重便越低;反之,三代及以上户在家庭户中的比重便越高。

2. 家庭类型与婚姻状况

婚姻状况与家庭户类型显著相关。1990 年,≥三代户家庭比重与未婚

率、离婚率显著、极显著负相关（$R=-0.4031,-0.7270$），与有配偶率、丧偶率显著正相关（$R=0.3390,0.3471$）——三代及以上户在家庭户中的比重越高，未婚率、离婚率便越低，有配偶率、丧偶率便越高；反之，未婚率、离婚率上升，有配偶率、丧偶率下降。

二、初婚年龄、婚姻状况、人口空间分布和受教育程度

1.婚姻状况与空间分布和受教育程度

人口空间离散度与婚姻状况不相关；人口受教育程与未婚率、有配偶率不相关但对丧偶率、离婚率有显著影响。（表4-17）

2010年，平均受教育年限与丧偶率极显著负相关（$R=-0.4441$），与离婚率极显著正相关（$R=0.5243$）——人口受教育程度提高，丧偶率十分明显地下降而离婚率十分明显地上升；反之，丧偶率十分明显地上升而离婚率十分明显地下降。

表4-17　2010年少数民族人口婚姻状况与人口空间离散度和平均受教育年限

项目	婚姻状况	相关系数（R）	置信度（α）	临界值（r）	相关程度
离散度	未婚率	-0.0522	0.1	0.2221	不相关
	有配偶率	0.0559	0.1	0.2221	不相关
	丧偶率	-0.1899	0.1	0.2221	不相关
	离婚率	0.1733	0.1	0.2221	不相关
平均受教育年限	未婚率	0.1535	0.1	0.2221	不相关
	有配偶率	-0.1375	0.1	0.2221	不相关
	丧偶率	-0.4441	0.001	0.4280	极显著相关
	离婚率	0.5243	0.001	0.4280	极显著相关

资料来源：表1-9、4-9、6-3。

2.初婚年龄与空间分布和受教育程度

初婚年龄与人口空间分布和受教育程度显著相关。（表4-18）

2010年，初婚年龄与人口空间离散度显著正相关（$R=0.3602$），与平均受教育年限极显著正相关（$R=0.8182$）——人口分布越是离散，受教育程度越高，社会越是开放，初婚年龄便越大；反之，初婚年龄便越小。

初婚年龄对空间离散度的敏感度，女性（显著相关，$R=0.3988$）大于男

性(相关,$R=0.2896$);初婚年龄对平均受教育年限的敏感度,男性(极显著相关,$R=0.8164$)与女性(极显著相关,$R=0.7608$)相近。

3. 初婚年龄与婚姻状况

初婚年龄与婚姻状况呈不同程度的相关态。(表 4-18)

2010 年,初婚年龄与丧偶率不相关,与有配偶率负相关($R=-0.2888$),与离婚率显著正相关($R=0.3927$)——初婚年龄越大,有配偶率越低,离婚率越高;初婚年龄越小,有配偶率越高,离婚率越低。

初婚年龄对有配偶率的敏感度,男性(负相关,$R=-0.2805$)与女性(负相关,$R=-0.3035$)相近;对离婚率的敏感度,男性(极显著相关,$R=0.4519$)显著高于女性(相关,$R=0.3337$)。

表 4-18　2010 年中国少数民族人口初婚年龄与婚姻状况、

人口空间离散度和平均受教育年限

性别	项目	相关系数（R）	置信度（α）	临界值（r）	相关程度
合计	人口空间离散度	0.3602	0.01	0.3415	显著相关
	平均受教育年限	0.8182	0.01	0.4280	极显著相关
	有配偶率	−0.2888	0.05	0.2632	相关
	丧偶率	−0.0291	0.1	0.2221	不相关
	离婚率	0.3927	0.01	0.3415	著相关
男	人口空间离散度	0.2896	0.05	0.2656	相关
	平均受教育年限	0.8164	0.01	0.3415	极显著相关
	有配偶率	−0.2805	0.05	0.2632	相关
	丧偶率	−0.0659	0.1	0.2221	不相关
	离婚率	0.4519	0.001	0.4280	极显著相关
女	人口空间离散度	0.3988	0.01	0.3415	显著相关
	平均受教育年限	0.7608	0.01	0.4280	极显著相关
	有配偶率	−0.3035	0.05	0.2632	相关
	丧偶率	0.0200	0.1	0.2221	不相关
	离婚率	0.3337	0.05	0.2632	相关

资料来源:表 1-9、4-6、4-9、6-3。

第五章　妇女生育状况

中国少数民族妇女生育的基本特征是,一般生育率、总和生育率空间分布呈东(部)低西(部)高、(西)南(西)北相近态;1孩率、2孩率显著上升,≥3孩率显著下降;活产子女数显著减小,存活率显著上升;孩次率、妇女生育状况民族、地域差异大且变化显著。

第一节　少数民族妇女生育率

一、一般生育率

中国少数民族妇女一般生育率民族差异大,空间分布呈东低西高、南低北高态。(表5-1、5-2、5-3)

1. 一般生育率的民族分布和差异

中国少数民族妇女的一般生育率(‰),1990年94.15,高出全国平均(76.76)17.39个千分点。以≥100的民族最多,26个占47.3%,其中柯尔克孜族、德昂族、塔吉克族高达170.94、169.15和168.76;<80的民族10个占18.2%,朝鲜族、俄罗斯族、锡伯族、满族只有52.87、54.81、65.92和68.39——极差118.07个千分点。

2010年35.47[①],高出全国(25.63)9.84个千分点。30～40的民族最多,18个占32.7%;20～30、40～49的民族各12个皆占21.8%,<10的民族2个:高山族(6.99)、鄂伦春族,≥50的民族6个:珞巴族(83.97)、保安族、德昂族撒拉族、景颇族和维吾尔族——极差76.98个千分点。

---

① 2010年的一般生育率,包括该年1.18的总和生育率,都出奇地低,与1990年相比呈"断崖式"减小。一些人认为,这是真实的、可信的;一些人认为,这是虚假的、不靠谱的。依据"事实二孩"的普遍化、独生子女家庭29%(2010年普查数据)的比重和二者的相互佐证,2010年的总和生育率当在1.7以上。按国务院2017年1月公布的《"十三五"卫生与健康规划》,2015年为1.5～1.6;按《2016卫生计生统计公报》,2016年已突破了1.7。读者可据以上推理和事实做出自己的判断。由是,对生育率不做1990年与2010年的比较。

表 5-1　1990 年、2010 年中国少数民族妇女一般生育率　　　　单位:‰

民族	1990 年	2010 年	民族	1990 年	2010 年
总人口	76.76	25.63	羌族	90.09	28.88
汉族	75.33	24.79	仫佬族	94.48	39.16
少数民族	94.15	35.47	景颇族	132.00	55.85
东部民族	70.71	23.74	布朗族	133.64	41.56
满族	68.39	20.38	毛南族	84.95	35.56
土家族	80.32	30.96	普米族	107.75	33.47
朝鲜族	52.87	12.33	阿昌族	123.53	48.62
畲族	84.63	27.75	怒族	131.91	33.08
锡伯族	65.92	16.04	京族	91.60	29.97
鄂伦春族	89.02	9.12	基诺族	110.34	38.92
赫哲族	89.77	14.71	德昂族	169.15	56.91
高山族	71.01	6.99	门巴族	128.50	42.25
西部民族	100.51	38.26	独龙族	171.10	28.99
西南民族	99.35	38.07	珞巴族	120.46	83.97
壮族	93.97	36.93	西北民族	102.98	38.63
苗族	98.97	40.19	回族	87.67	33.48
彝族	100.43	42.29	维吾尔族	135.39	50.34
藏族	108.82	33.40	蒙古族	79.36	26.22
侗族	87.81	38.06	哈萨克族	129.72	48.01
布依族	99.97	41.60	东乡族	107.39	44.95
瑶族	98.59	38.68	土族	100.51	28.00
白族	94.65	28.49	柯尔克孜族	170.94	38.02
哈尼族	118.44	41.76	达斡尔族	79.51	24.43
黎族	117.19	42.04	撒拉族	125.51	56.04
傣族	101.92	32.80	塔吉克族	168.76	45.87
傈僳族	118.65	39.90	鄂温克族	94.24	30.14
仡佬族	78.02	34.57	保安族	86.38	58.24
拉祜族	129.3	34.20	俄罗斯族	54.81	12.13
佤族	133.08	35.75	裕固族	75.58	22.68
水族	102.79	48.15	乌孜别克族	76.62	23.39
纳西族	82.35	21.46	塔塔尔族	82.46	15.38

　　资料来源:中国 1990 年人口普查资料(第一册)[M].808-811、812-1007;中国 2010 年人口普查民族人口资料.表 5-4 各民族育龄妇女年龄别生育率和总和生育率。

表 5-2　1990 年中国少数民族一般生育率的地域分布　　　　单位:个

聚居地	—— 70 —— 80 —— 90 —— 100 ——				
	‰				
全国	4	6	10	9	26
东部地区	3	1	4		
西部地区	1	5	6	9	26
其中:西南		1	3	8	19
西北	1	4	3	1	7

资料来源:表 5-1。

表 5-3　2010 年中国少数民族一般生育率的地域分布　　　　单位:个

聚居地	—— 20 —— 30 —— 40 —— 50 ——				
	‰				
全国	7	12	18	12	6
东部地区	5	2	1		
西部地区	2	10	17	12	6
其中:西南		5	14	9	3
西北	2	5	3	3	3

资料来源:表 5-1。

2. 一般生育率的地域分布和差异

中国少数民族妇女的一般生育率(‰),1990 年东部 70.71,西部 100.51,相差 29.80 个千分点;西南 99.35,西北 102.98,相差 3.63 个千分点。

2010 年东部 23.74,西部 38.26,相差 14.52 个千分点;西南 38.07,西北 38.63,相差 0.56 个千分点。

二、总和生育率

中国少数民族妇女总和生育率民族差异显著,空间分布呈东低西高、南高北低态,东西差异甚为显著而南北差异较小。(表 5-4、5-5)

表 5-4　1990、2010 年中国少数民族妇女总和生育率　　　单位:个

民族	1990 年	2010 年	民族	1990 年	2010 年
总人口	2.25	1.18	羌族	2.87	1.32
汉族	2.18	1.15	仫佬族	2.61	1.62
少数民族			景颇族	4.18	2.07
东部民族			布朗族	4.22	1.53
满族	1.83	0.92	毛南族	2.36	1.57
土家族	2.48	1.50	普米族	3.30	1.3
朝鲜族	1.53	0.62	阿昌族	3.71	1.79
畲族	2.27	1.29	怒族	4.17	1.27
锡伯族	1.88	0.70	京族	2.71	1.35
鄂伦春族	2.32	0.32	基诺族	2.91	1.46
赫哲族	2.32	0.54	德昂族	5.01	1.93
高山族	1.66	0.24	门巴族	4.18	1.58
西部民族			独龙族	5.35	1.58
西南民族			珞巴族	3.88	3.03
壮族	2.81	1.61	西北民族		
苗族	3.12	1.70	回族	2.58	1.42
彝族	3.03	1.70	维吾尔族	4.65	1.84
藏族	3.78	1.29	蒙古族	2.18	1.09
侗族	2.58	1.76	哈萨克族	4.75	1.75
布依族	3.50	1.90	东乡族	3.38	1.68
瑶族	2.89	1.59	土族	2.71	1.19
白族	2.74	1.27	柯尔克孜族	6.20	1.31
哈尼族	3.32	1.63	达斡尔族	2.21	1.04
黎族	3.45	1.68	撒拉族	4.10	2.07
傣族	2.61	1.34	塔吉克族	6.12	1.64
傈僳族	3.54	1.55	鄂温克族	2.51	1.15
仡佬族	2.77	1.72	保安族	2.62	2.17
拉祜族	3.71	1.32	俄罗斯族	1.53	0.53
佤族	3.96	1.33	裕固族	2.03	1.05
水族	3.49	1.98	乌孜别克族	2.73	0.91
纳西族	2.35	1.01	塔塔尔族	3.35	0.54

资料来源:同表 5-1。

表 5-5　1990、2010 年中国少数民族总和生育率的地域分布　　单位:个

聚居地	2010 年					1990 年				
	—1.00	—1.50	—1.75	—2.00	—	—1.70	—2.10	—2.80	—3.50	—
	个									
全国	9	19	17	6	4	3	3	19	12	18
东部地区	6	1	1					2	2	4
西部地区	3	18	16	6	4	1	1	15	12	18
其中:西南		12	12	5	2			8	10	13
西北	3	6	4	1	2	1	1	7	2	5

资料来源:表 5-4。

1. 总和生育率的民族分布和差异

中国少数民族人口的总和生育率(个),1990 年≥2.10 的民族 49 个占 89.1%——2.10～2.79、2.80～3.49、≥3.50 各 19 个、12 个和 18 个。≥5.0 的有柯尔克孜族(6.20)、塔吉克族、独龙族和德昂族;<2.10 的有朝鲜族(1.53)、俄罗斯族(1.53)、高山族、满族、锡伯族、裕固族——极差 4.67。

2010 年 1.00～1.49 的民族最多(19 个)占 34.5%;1.50～1.74 的民族次之(17 个)占 30.9%;≥1.75 的民族 10 个,其中≥2.10 的民族 2 个:珞巴族(3.03)、保安族(2.17);<1.00 的民族 9 个:高山族(0.24)、鄂伦春族(0.52)、俄罗斯族(0.53)、赫哲族(0.54)、塔塔尔族(0.54)、朝鲜族(0.62)、锡伯族(0.70)、乌孜别克族(0.91)、满族(0.92)。

2. 总和生育率的地域分布和差异

少数民族的总和生育率(个),1990 年东部 8 个民族全部<2.80,西部则有 63.8%、30 个民族≥2.80;<1.70、1.70～2.09、2.10～2.79 的民族,东部 2 个、2 个、4 个,西部 1 个、1 个、15 个。东部最高 2.48(土家族),西部最高 6.20(柯尔克孜族),相差 3.72。西南稍高于西北,≥2.10 的民族,西南占 100.0%,西北 14 个占 87.5%。

2010 年地域态势依然如故。<1.00 的民族,东部 6 个占 75.0%,西部 3 个占 6.4%;东部最高 1.50(土家族),西部最高 3.03(珞巴族),相差 1.53。≥1.00 的民族,西南 31 个占 100.0%,西北 13 个占 81.3%。

第二节 少数民族孩次构成

一、孩次构成的民族和地域差异

中国少数民族妇女 1 孩率低而≥2 孩率高,孩次构成的民族特征是,差异甚大且以≥3 孩率为著;地域差异呈东西大,南北小:1 孩率东高西低,南北相近;2 孩率东低西高,南高北低,≥3 孩率东低西高,南低北高。(表 5-6、5-7,图 5-1、5-2)

1. 孩次构成和民族差异

2010 年,1 孩率(%)主要分布在 45～59、≥60 两个比例区,20 个、21 个

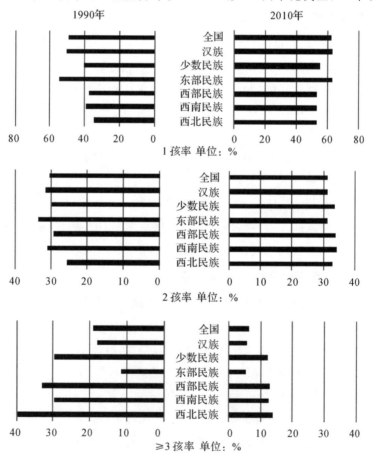

图 5-1 1990 年、2010 年中国少数民族按聚居地分布的妇女孩次率

(据表 5-6)

表 5-6　1990 年、2010 年中国少数民族妇女的孩次构成　　　单位:%

民族	1990 年			2010 年		
	1 孩	2 孩	≥3 孩	1 孩	2 孩	≥3 孩
总人口	49.45	30.49	20.06	62.02	31.45	6.53
汉族	50.41	31.53	18.06	62.96	31.20	5.84
少数民族	40.41	29.89	29.70	54.45	33.47	12.08
东部民族	54.88	33.50	11.61	63.16	31.31	5.53
满族	58.18	35.05	6.76	70.36	26.56	3.08
土家族	47.79	31.84	20.37	54.66	36.90	8.43
朝鲜族	66.15	30.21	3.64	80.80	18.32	0.89
畲族	46.68	31.13	22.19	60.17	35.69	4.14
锡伯族	60.23	31.93	7.84	84.76	14.29	0.95
鄂伦春族	48.30	33.58	18.11	100.00		
赫哲族	53.46	38.36	8.81	100.00		
高山族	56.67	36.67	6.67	100.00		
西部民族	37.68	29.25	33.07	53.17	33.82	13.01
西南民族	39.18	31.09	29.73	53.13	34.30	12.58
壮族	43.15	34.69	22.16	59.65	33.05	7.30
苗族	39.45	29.57	30.98	51.74	35.03	13.23
彝族	38.73	31.27	30.00	45.49	32.84	21.67
藏族	29.38	23.92	46.70	42.59	34.06	23.35
侗族	44.18	32.45	23.36	56.29	36.71	7.00
布依族	39.19	27.08	33.73	55.11	35.21	9.68
瑶族	40.50	33.39	26.11	50.57	39.94	9.49
白族	43.31	34.80	21.89	61.34	35.17	3.49
哈尼族	35.18	30.53	34.29	47.20	36.08	16.72
黎族	32.35	27.54	40.11	46.75	38.06	15.18
傣族	41.28	36.12	22.59	67.11	31.42	1.47
傈僳族	33.10	28.47	38.43	56.40	36.54	7.06
仡佬族	42.47	28.75	28.78	57.22	31.95	10.83
拉祜族	31.50	26.93	41.57	60.10	33.72	6.18
佤族	29.78	25.78	44.44	62.41	33.15	4.44
水族	36.99	26.07	36.94	47.99	36.39	15.62
纳西族	44.40	39.33	16.28	70.36	27.27	2.37

续表

民族	1990 年			2010 年		
	1 孩	2 孩	≥3 孩	1 孩	2 孩	≥3 孩
羌族	41.58	32.25	26.18	61.01	34.59	4.40
仫佬族	44.76	36.98	18.26	67.98	29.64	2.37
景颇族	29.14	25.06	45.80	63.21	29.77	7.02
布朗族	29.14	23.89	46.97	56.71	37.20	6.10
毛南族	46.07	38.41	15.52	67.57	27.93	4.50
普米族	35.28	30.02	34.70	69.39	22.45	8.16
阿昌族	31.91	28.40	39.68	51.67	41.67	6.67
怒族	27.93	23.27	48.80	41.86	34.88	23.26
京族	45.55	40.27	14.18	66.67	25.93	7.41
基诺族	36.35	34.59	29.06	66.67	27.27	6.06
德昂族	24.89	27.05	48.06	73.81	21.43	4.76
门巴族	21.20	19.02	59.78	40.00	26.67	33.33
独龙族	29.01	23.66	47.32	50.00	12.50	37.50
珞巴族	34.75	23.73	41.53	30.00	50.00	20.00
西北民族	34.72	25.62	39.66	53.26	32.91	13.83
回族	43.80	30.18	26.02	56.23	32.38	11.40
维吾尔族	23.15	19.10	57.75	47.04	33.28	19.68
蒙古族	48.29	34.29	17.42	68.74	28.43	2.94
哈萨克族	25.95	20.01	54.04	47.47	41.79	10.74
东乡族	33.39	24.70	41.91	50.32	36.77	12.91
土族	40.41	33.07	26.52	62.37	32.97	4.66
柯尔克孜族	20.34	17.01	62.64	51.05	29.29	19.67
达斡尔族	48.13	31.48	20.38	75.44	23.68	0.88
撒拉族	32.77	23.93	43.30	42.92	40.77	16.31
塔吉克族	18.30	13.63	68.07	42.92	40.77	16.31
鄂温克族	47.37	30.57	22.06	73.53	20.59	5.88
保安族	38.21	25.06	36.72	38.46	43.59	17.95
俄罗斯族	61.85	31.50	6.65	100.00		
裕固族	48.33	35.28	16.39	63.64	36.36	
乌孜别克族	33.10	24.11	42.79	50.00	50.00	
塔塔尔族	32.86	20.71	46.43	100.00		

资料来源:中国 1990 年人口普查资料(第一册)[M].812-935;中国 2010 年人口普查资料(中册)[M].755-756。

表 5-7　1990 年、2010 年中国少数民族妇女孩次构成的地域分布　　单位：个

年份	聚居地	1 孩			2 孩			≥3 孩		
		— 45 — 60 —			— 30 — 35 —			— 10 — 30 —		
		%								
1990	全国	37	9	2	23	19	6	3	19	26
	东部地区		3			4	1	2		
	西部地区	37	6	2	23	15	5	3	17	26
	其中：西南	29	2		16	10	5		12	19
	西北	8	4	2	7	5		3	5	7
2010	全国	7	20	21	17	11	20	29	17	2
	东部地区		1	4	3		2	5		
	西部地区	7	19	17	14	11	18	24	17	2
	其中：西南	4	14	13	10	9	12	20	9	2
	西北	3	5	4	4	2	6	4	8	

资料来源：表 5-6。

民族占 41.7％和 43.8％。≥70 的民族 12 个：鄂温克族、锡伯族、朝鲜族、达翰尔族、德昂族、纳西族、满族（之后为 100，与样本量少有关）、塔塔尔族、俄罗斯族、鄂伦春族、赫哲族、高山族；＜45 的民族 7 个：珞巴族（30.00）、保安族、门巴族、怒族、藏族、撒拉族和塔吉克族。

2 孩率（％）主要分布在＜30、≥35 两个比例区，17 个、20 个民族占 35.4％和 41.7％；≥40％的有珞巴族（50.00）、保安族、哈萨克族、阿昌族、撒拉族、塔吉克族；＜20 的民族为锡伯族（14.29）、朝鲜族。

≥3 孩率（％）主要分布在＜10、10～29 两个比例区，29 个、17 个民族占 60.4％和 35.4％；≥30 的为独龙族（37.50）、门巴族；＜3 的有达翰尔族（0.88）、朝鲜族、锡伯族、傣族、纳西族、仫佬族和蒙古族。

2. 孩次构成的地域差异

2010 年，各聚居地孩次率①（％），1 孩东部（63.16）高出西部（53.17）9.99 个百分点；西南（53.13）与西北（53.26）相近。1 孩率≥45 的民族，东

_____

① 由于样本量导致的 2 孩率、≥3 孩率缺失，表 5-8、5-9、5-10、5-11 在统计孩次构成变化时未计东部的鄂伦春族、赫哲族和高山族，西北的俄罗斯族、裕固族、乌孜别克族和塔塔尔族。是故，在讨论孩次率变化时，全国按 48 个少数民族计（东部 5 个、西部 43 个）。

部 5 个占 100%,西部 36 个占 83.7%;西南 27 个占 87.1%,西北 9 个占 75.0%。2 孩率(%)西部(33.82)高出东部(31.31)2.51 个百分点;西南 (34.30)高出西北(32.91)1.39 个百分点。2 孩率≥35 的民族,东部 2 个占 40.0%,西部 18 个占 41.9%;西南 12 个占 38.7%,西北 6 个占 50.0%。≥ 3 孩率西部(13.01)高出东部(5.53)7.48 个百分点;西南(12.58)比西北 (13.83)低 1.25 个百分点。<10 的民族,东部 5 个占 100%,西部 24 个占 55.8%;西南 20 个占 64.5%,西北 4 个占 33.3%。

二、孩次构成变化的民族和地域差异

中国少数民族孩次构成变化的基本趋势,一是 1 孩率、2 孩率上升,≥3 孩率 下降而以 1 孩率、≥3 孩率的变化最为显著;二是孩次率变化及其民族分布变化 大;三是民族、地域差异极为显著。(表 5-8、5-9、5-10,图 5-1、5-2)

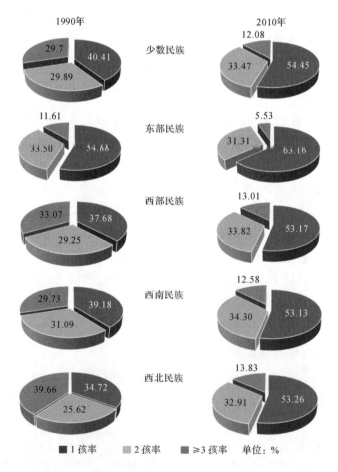

图 5-2　1990 年、2010 年中国少数民族按聚居地分别的妇女孩次构成(据表 5-6)

表 5-8　1990—2010 年中国少数民族妇女孩次构成变化　单位:百分点

民族	1 孩	2 孩	≥3 孩	民族	1 孩	2 孩	≥3 孩
总人口	12.57	0.96	−13.53	羌族	19.43	2.34	−21.78
汉族	12.55	0.33	−12.22	仫佬族	23.22	−7.34	−15.89
少数民族	14.04	3.58	−17.62	景颇族	34.07	4.71	−38.78
东部民族	8.28	−2.19	−6.08	布朗族	27.57	13.31	−40.87
满族	12.18	−8.49	−3.68	毛南族	21.50	−10.48	−11.02
土家族	6.87	5.06	−11.94	普米族	34.11	−7.57	−26.54
朝鲜族	14.65	−11.89	−2.75	阿昌族	19.76	13.27	−33.01
畲族	13.49	4.56	−18.05	怒族	13.93	11.61	−25.54
锡伯族	24.53	−17.64	−6.89	京族	21.12	14.34	−6.77
西部民族	15.49	4.57	−20.06	基诺族	30.32	−7.32	−23.00
西南民族	13.95	3.21	−17.15	德昂族	48.92	−5.62	−43.30
壮族	16.50	−1.64	−14.86	门巴族	18.80	7.65	−26.45
苗族	12.29	5.46	−17.75	独龙族	20.99	−11.16	−9.82
彝族	6.76	1.57	−8.33	珞巴族	−4.75	26.27	−21.53
藏族	13.21	10.14	−23.35	西北民族	18.54	7.29	−25.83
侗族	12.11	4.26	−16.36	回族	12.43	2.20	−14.62
布依族	15.92	8.13	−24.05	维吾尔族	23.89	14.18	−38.07
瑶族	10.07	6.55	−16.62	蒙古族	20.45	−5.86	−14.48
白族	18.03	0.37	−18.40	哈萨克族	21.52	21.78	−43.30
哈尼族	12.02	5.55	−17.57	东乡族	16.93	12.07	−29.00
黎族	14.40	10.52	−24.93	土族	21.96	−0.10	−21.86
傣族	25.83	−4.70	−21.12	柯尔克孜族	30.71	12.28	−42.97
傈僳族	23.30	8.07	−31.37	达斡尔族	27.31	−7.80	−19.50
仡佬族	14.75	3.20	−17.95	撒拉族	10.15	16.84	−26.99
拉祜族	28.60	6.79	−35.39	塔吉克族	24.62	27.14	−51.76
佤族	32.63	7.37	−40.00	鄂温克族	26.16	−9.98	−16.18
水族	11.00	10.32	−21.32	保安族	0.25	18.53	−18.77
纳西族	25.96	−12.06	−13.91				

资料来源:表 5-6。

表 5-9　1990—2010 年中国少数民族按地域分布的妇女孩次分布变化　　单位:个

聚居地	1 孩			2 孩			≥3 孩		
	— 45 — 60 —			— 30 — 35 —			— 10 — 30 —		
	%								
全国	−30	11	19	−6	−8	14	26	−2	−24
东部地区		−2	2	3	−4	1	2	−2	
西部地区	−30	13	17	−9	−4	13	24		−24
其中:西南	−25	12	13	−6	−1	7	20	−3	−17
西北	−5	1	4	−3	−3	6	4	3	−7

资料来源:表 5-7。

表 5-10　1990—2010 年中国少数民族按地域分布的妇女孩次率变化　　单位:个

聚居地	1 孩率				2 孩率				≥3 孩率			
	— 10 — 20 — 30 —				— 5 — 10 — 15 —				— 10 — 20 — 30 —			
	百分点											
全国	4	20	18	6	6	11	17	14	6	17	14	11
东部地区	2	2	1		2	1	2		3	2		
西部地区	2	18	17	6	4	10	15	14	3	15	14	11
其中:西南	1	15	10	5	3	6	14	8	3	10	11	7
西北	1	3	7	1	1	4	1	6		5	3	4

资料来源:表 5-9。

1. 孩次构成变化和民族差异

1990—2010 年,孩次率的变化(百分点),1 孩率、2 孩率上升 14.04、3.58,≥3 孩下降 17.62。1 孩率<45% 的民族减少了 30 个,45%～59%、≥60% 的民族分别增加了 11 个和 19 个;2 孩率≥35% 的民族增加了 14 个,<30%、30%～34% 的民族减少了 6 个和 8 个;≥3 孩率<10% 的民族增加了 26 个,10%～29%、≥30% 的民族相应减少了 2 个和 24 个。

1990—2010 年,孩次构成变化的绝对值(百分点)为 35.24,高出全国平均(27.06)8.18;1 孩率、2 孩率升幅 14.04、3.58,高出全国平均(12.57、0.96)1.47 和 2.62,≥3 孩率降幅 17.62,高出全国平均(13.51)4.11。

孩次构成变化绝对值(百分点)≥40 的 33 个占 68.8%,其中 70 以上的 9 个:塔吉克族(103.52)、德昂族、哈萨克族、柯尔克孜族、布朗族、佤族、拉祜族、景颇族、维吾尔族;<30 的 5 个:彝族(16.66)、土家族、满族、回族和朝鲜族。

除珞巴族有所减少外,各民族的 1 孩率都有明显上升且幅度显著。升幅(百分点)以 10～19、20～29 的民族为主,21 个、17 个占 43.8% 和35.4%。<10 的民族 4 个——土家族(6.87)、彝族(6.76)、保安族(0.25)、珞巴族(-4.75);≥30 的民族 6 个——德昂族(48.92)、普米族、景颇族、佤族、柯尔克孜族、基诺族——极差 53.67。

2 孩率有升有降,以升为主——31 个民族占 64.6%;升、降幅度(百分点)以<10 的民族居多——28 个,其中 11 降 17 升,各占同类民族的 64.7% 和 54.8%。变化≥10 的民族 20 个,14 升 6 降——珞巴族(26.27)、哈萨克族(20.95)升幅最大,锡伯族(-17.64)、塔吉克族(-16.15)降幅最大,极差43.91 个百分点。

各民族≥3 孩率均显著下降。降幅(百分点)在 10～19、20～29 的民族居多,17 个、14 个占 35.4% 和 29.2%;<10 的民族 6 个,≥30 的民族 11个。一极为塔吉克族(-51.76)、哈萨克族(-43.30)、德昂族(-43.30)、柯尔克孜族(-42.97)、布朗族(-40.87)和佤族(40.00),一极为朝鲜族(-2.75)、满族(-3.68)、京族(-6.77)和锡伯族(-6.89)——极差(朝鲜族,塔吉克族)49.01 个百分点。

2. 孩次构成变化的地域差异

1990—2010 年,孩次构成(%)的变化,1 孩率东部≥60、45～59 的民族增减各 2 个;45～59、≥60 的民族,西部增 13 个和 17 个——其中西南增 12个和 13 个,西北增 1 个和 4 个;<45 的民族,西部、西南、西北相应地减少30 个、25 个和 5 个。2 孩率东部 30～34 的民族减少了 4 个,<30、≥35 的民族各增加 3 个和 1 个;≥35 的民族,西部、西南、西北增加 13 个、7 个和 6个;30～34、<30 的民族,西部、西南、西北相应地减少 4 个和 9 个、1 个和 6个、3 个和 3 个。≥3 孩率东部<10、10～29 增减各 2 个;西部<10、≥30 增减各 24 个;西南<10 民族增加了 20 个,10～29、≥30 的民族各减少了 3 个和 17 个;西北 10～29、<10 的民族增加 4 个和 3 个,≥30 的民族相应减少了 7 个。

从总变幅看,是西部大于东部,西北大于西南。孩次率变动的绝对值(百分点),西部 40.12,高出东部(16.55)23.57,西北 51.66,高出西南(34.31)17.35,东(部)西(部)差异大于(西)南(西)北差异。

从孩次率看,1 孩率上升、≥3 孩率下降,2 孩率有升有降以升为主。

1 孩率的升幅(百分点),西部 15.49,高出东部(8.28)7.21,西北 18.54,高出西南(13.95)4.59,东西差异大于南北差异。升幅≥20 的民族,东少西多、北多南少:东部 1 个占 20.0%,西部 22 个占 51.2%;西南 14 个占 45.2%,西北 8 个占 66.7%。

2 孩率的变化(百分点),东降(-2.19)西升(4.57),北(7.29)高南(3.21)低——东西差异(6.76)仍大于南北差异(4.08)。变幅≥10 的民族,东西相近,北多南少:东部 2 个占 40.0%,西部 18 个占 41.9%;西南 11 个占 35.5%,西北 7 个占 58.3%。

≥3 孩率的降幅(百分点),西部 20.06,高出东部(-6.08)13.98,西北 25.83,高出西南(-17.15)8.68,东西差异依然大于南北差异。降幅≥20 的民族,东少西多、南北相近:东部为零,西部 25 个占 58.1%;西南 18 个占 58.1%,西北 7 个占 58.3%。

第三节　少数民族活产子女数和存活率

一、活产子女数、存活率的民族和地域差异

中国少数民族 15～64 岁妇女生育状况的特征是活产子女数少而民族、地域差异大,存活率高而民族、地域差异小。(表 5-11、5-12)

1. 活产子女数、存活率的民族差异

2010 年,中国少数民族 15～64 岁妇女活产子女数(个)1.55,比全国(1.35)多 0.20。各民族基本<2.0,≥2.0 的只有独龙族(2.05);1.5～1.9 的民族居多,36 个占 65.5%;<1.5 的民族 18 个,<1.0 的 3 个:赫哲族(0.94)、鄂伦春族和朝鲜族——极差 1.11 个百分点。存活率(%)97.94,比全国(98.78)低 0.84 个百分点。大多数民族≥95,49 个占 89.1%,99 以上的有鄂伦春族(100.00)、赫哲族、满族和锡伯族,<95 的民族 6 个,以独龙族(82.93)最低——极差 17.07 个百分点。

2. 活产子女数、存活率的地域差异

活产子女数东低西高,南高北低;存活率相近而东高西低,南高北低的态势微弱。

2010 年,活产子女数(个),西部 1.61,比东部(1.30)多 0.31;西南 1.65,西北 1.52,相差 0.13——东西差异大于南北。东部以<1.5 的民族居

表 5-11　1990 年、2010 年中国少数民族 15～64 岁妇女活产子女数和存活率

民族	1990 年		2010 年		1990—2010 年	
	活产数	存活率	活产数	存活率	活产数	存活率
	个	%	个	%	个	百分点
总人口	2.10	92.96	1.35	98.78	−0.75	5.82
汉族	2.08	93.47	1.33	98.86	−0.75	5.39
少数民族	2.38	87.98	1.55	97.94	−0.83	9.96
东部民族	1.94	91.87	1.30	98.54	−0.64	6.67
满族	1.80	95.56	1.16	99.14	−0.64	3.58
土家族	2.20	85.00	1.54	97.40	−0.66	12.40
朝鲜族	1.86	94.62	0.99	98.99	−0.87	4.37
畲族	2.21	94.09	1.55	98.71	−0.65	4.62
锡伯族	1.64	95.73	1.02	99.02	−0.62	3.29
鄂伦春族	1.75	92.00	0.94	97.87	−0.81	5.87
赫哲族	1.64	96.34	0.94	99.48	−0.70	3.66
高山族	1.42	94.37	1.12	100.00	−0.30	5.63
西部民族	2.50	87.18	1.61	98.25	−0.89	11.07
西南民族	2.50	87.52	1.65	98.43	−0.85	10.91
壮族	2.74	81.75	1.62	98.77	−1.12	17.02
苗族	2.55	84.31	1.74	97.70	−0.81	13.37
彝族	2.74	81.02	1.76	97.16	−0.98	16.14
藏族	2.42	85.95	1.44	97.92	−0.98	11.97
侗族	2.28	87.72	1.60	98.13	−0.68	10.46
布依族	2.37	87.34	1.73	98.27	−0.64	10.93
瑶族	2.42	88.84	1.62	98.15	−0.80	9.31
白族	2.35	87.23	1.52	98.03	−0.83	10.80
哈尼族	2.95	80.00	1.73	95.95	−1.22	15.95
黎族	2.64	93.18	1.77	98.87	−0.87	5.69
傣族	2.54	84.25	1.53	96.73	−1.01	12.48
傈僳族	2.93	79.86	1.70	95.29	−1.23	15.43
仡佬族	2.41	80.50	1.76	96.59	−0.65	16.09
拉祜族	3.10	76.13	1.64	93.29	−1.46	17.16
佤族	3.17	73.82	1.69	92.90	−1.48	19.08
水族	2.60	84.62	1.82	98.35	−0.78	13.73
纳西族	2.18	86.70	1.35	97.78	−0.83	11.08
羌族	2.37	87.34	1.51	97.35	−0.86	10.01

续表

民族	1990 年		2010 年		1990—2010 年	
	活产数	存活率	活产数	存活率	活产数	存活率
	个	%	个	%	个	百分点
仫佬族	2.17	95.39	1.45	98.62	−0.72	3.23
景颇族	2.96	79.73	1.81	94.48	−1.15	14.75
布朗族	2.99	77.26	1.73	94.22	−1.26	16.96
毛南族	2.34	92.74	1.51	98.01	−0.83	5.27
普米族	2.53	85.38	1.61	98.14	−0.92	12.76
阿昌族	2.72	84.93	1.71	97.08	−1.01	12.15
怒族	2.96	85.47	1.71	95.32	−1.25	9.85
京族	2.33	94.85	1.42	97.89	−0.91	3.04
基诺族	2.58	89.15	1.62	96.30	−0.96	7.15
德昂族	3.07	67.10	1.78	94.94	−1.29	27.84
门巴族	3.22	77.33	1.58	95.57	−1.64	18.24
独龙族	2.81	80.07	2.05	82.93	−0.76	2.86
珞巴族	2.56	75.39	1.47	97.28	−1,09	21.89
西北民族	2.50	86.44	1.52	97.86	0.98	11.42
回族	2.26	91.15	1.50	98.67	−0.76	7.52
维吾尔族	2.99	79,26	1.70	96.48	−1.29	17.22
蒙古族	2.13	92.96	1.24	99.19	−0.89	6.23
哈萨克族	2.95	86.10	1.52	98.68	−1.43	12.58
东乡族	2.74	81.02	1.74	97.13	−1.00	16.11
土族	2.57	85.99	1.49	97.32	−1.08	11.33
柯尔克孜族	3.39	65.49	1.62	96.91	−1.77	31.42
达斡尔族	2.05	94.15	1.17	98.29	−0.88	4.14
撒拉族	2.99	83.28	1.70	98.24	−1.29	14.96
塔吉克族	3.28	77.74	1.70	96.47	−1.58	18.73
鄂温克族	1.97	92.89	1.14	98.25	−0.83	5.36
保安族	2.51	82.07	1.65	96.97	−0.86	14.90
俄罗斯族	1.75	95.43	0.94	98.94	−0.81	3.51
裕固族	2.12	93.40	1.27	97.64	−0.85	4.24
乌孜别克族	2.47	87.04	1.48	95.95	−0.99	8.91
塔塔尔族	2.34	89.32	1.25	98.40	−1.09	7.08

资料来源:中国 1990 年人口普查资料(第一册)[M].1008-1019;2010 年第六次全国人口普查资料(中册)[M].757。

表 5-12　1990 年、2010 年中国少数民族 15～64 岁妇女活产子女数、存活率的聚居地分布

年份	聚居地	活产子女数(个)				存活率(%)			
		—	1.5 —	2.0 —	2.5 —	—	85 —	95 —	98 —
1990	全国	1	7	19	28	23	27	5	
	东部地区	1	5	2			5	3	
	西部地区		2	17	28	23	22	2	
	其中:西南			11	20	17	13	1	
	西北		2	6	8	6	9	1	
2010	全国	18	35	2		1	5	25	24
	东部地区	6	2					2	6
	西部地区	12	33	2		1	5	23	18
	其中:西南	5	24	2		1	5	15	10
	西北	7	9					8	8

资料来源:据表 5-11。

多,6 个占 75.0%,西部以≥1.5 民族居多,35 个占 74.5%;<1.5 的民族,西北 7 个占 43.8%,西南 5 个占 16.1%。

存活率(%),东部 98.54,西部 98.25,相差 0.29 个百分点;西南 98.43,西北 97.86,相差 0.57 个百分点。各聚居地≥95 的民族,东部 8 个、西北 16 个皆占 100%,西部 41 个、西南 25 个占 87.2%和 80.6%。

二、活产子女数、存活率变化的民族和地域特征

中国少数民族 15～64 岁妇女生育状况的变化特征:一是活产子女显著减少、活产子女存活率显著增加而民族差异大;二是活产子女数减幅、存活率增幅皆呈东少西多、南少北多态。(表 5-1、5-11、5-12)

1. 活产子女数、存活率变化的民族特征

1990—2010 年,活产子女数减小了 0.83 个,存活率上升了 9.96 个百分点;与全国的差距,活产数(个)由 0.28 个减至 0.20,存活率(百分点)由 4.98 减至 0.84。

活产子女数的变化(个),<2.00、<1.50 的民族增加了 45 个和 17 个,≥2.00、≥2.50 的民族减少了 45 个和 28 个。减少幅度以 0.80～0.90 的民族居多,21 个占 38.4%;<0.8 的民族 13 个,高山族(0.30)幅度最小;

<1.20个的民族12个,塔吉克族(1.58)最大。

存活率(％)的变化,<95、<85的民族减少了44个和22个,≥95、≥98的民族增加了44个和24个。存活率增幅(百分点)以≥10的民族居多,32个占58.2％。≥15民族15个,德昂族(27.84)、珞巴族(21.89)超过20,柯尔克孜族(31.42)超过30;增幅<5的民族11个,其中独龙族(2.86)最小。

2. 活产子女数、存活率变化的地域特征

1990—2010年,活产子女数的减幅(个),东部0.64(1990年活产数1.94,下同),西部0.89(2.50);西南0.85(2.50),西北0.98(2.50)。减幅<1.0的民族,东部8个占100.0％(其中<0.8的6个),西部26个占55.3％,西南18个占58.1％,西北8个占50.0％。

存活率的增幅(百分点),东部6.67(1990存活率91.87％,下同),西部11.07(87.18％);西南10.91(87.52％),西北11.42(86.44％)。以98％为界,东部增减各6个民族——≥98％的增6个占75.0％,<95％的减5个占62.5％;以95％为界,西部增减各39个民族——<85％22个、95.0％～97.9％21个,占46.8％和44.7％。西南增减各24个民族——<85％16个,95.0％～97.9％14个;西北增减各15个民族——85.0％～94.9％减9个,95.0％～97.9％、≥98.0％各增7个和8个。

第四节　妇女生育状况与家庭类型、婚姻状况、
人口空间分布和受教育程度

一、妇女生育状况与人口空间分布和受教育程度

人口空间分布、受教育程度对妇女生育状况有不同影响而以后者为著。(表5-13)

人口空间离散度与活产子女存活率不相关,与活产子女数正相关($R＝0.3092$),与一般生育率极显著负相关($R＝-0.4990$)、总和生育率显著负相关($R＝-0.3670$),与1孩率显著正相关($R＝0.3771$)——人口空间离散度增加,一般生育率、总和生育率显著下降,1孩率显著上升。

平均受教育年限与活产子女存活率正相关($R＝0.3021$),与活产子女数、一般生育率、总和生育率极显著负相关($R＝-0.7550,-0.7410,-0.7410$),与1孩率极显著正相关($R＝0.7294$)。

表 5-13　2010 年中国少数民族妇女生育状况与空间离散度和平均受教育年限

项目		相关系数 (R)	置信度 (α)	临界值 (r)	相关程度
空间离散度	一般生育率	−0.4990	0.001	0.4280	极显著相关
	总和生育率	−0.3670	0.01	0.3415	显著相关
	1 孩率	0.3771	0.01	0.3415	显著相关
	活产子女数	0.3092	0.05	0.2632	相关
	活产子女存活率	0.1303	0.1	0.2221	不相关
平均受教育年限	一般生育率	−0.7410	0.001	0.4280	极显著相关
	总和生育率	−0.7410	0.001	0.4280	极显著相关
	1 孩率	0.7294	0.001	0.4280	极显著相关
	活产子女数	−0.7550	0.001	0.4280	极显著相关
	活产子女存活率	0.3021	0.05	0.2632	相关

资料来源：表 1-9、5-1、5-4、5-6、5-11、6-3。

二、妇女生育状况与家庭类型和初婚年龄

家庭类型、初婚年龄对妇女生育状况有显著影响。（表 5-14、5-15）

≥三代户家庭比重与总和生育率无关但对 1 孩率、活产子女数影响显著。1990 年，≥三代户家庭比重与 1 孩率极显著负相关（$R = -0.4215$），与活产子女数极显著正相关（$R = 0.4735$）。

出生人口性别比与初婚年龄无关但总和生育率、活产子女数深受影响。

2010 年，中国少数民族初婚年龄与总和生育率极显著负相关（$R = -0.5966$），与活产子女数极显著负相关（$R = -0.6455$）——结婚越早，总和生育率越高、活产子女数越多——且无明显两性差异。

表 5-14　1990 年中国少数民族妇女生育状况与≥三代户家庭比重

生育状况	相关系数(R)	置信度(α)	临界值(r)	相关程度
总和生育率	0.2500	0.1	0.2221	不相关
1 孩率	−0.4215	0.001	0.4280	极显著相关
活产子女数	0.4735	0.001	0.4280	极显著相关

资料来源：表 4-1、5-4、5-6、5-11。

表 5-15　2010 年中国少数民族妇女生育状况与初婚年龄

性别	项目	相关系数 (R)	置信度 (α)	临界值 (r)	相关程度
合计	总和生育率	−0.5966	0.001	0.4280	极显著相关
	活产子女数	−0.6455	0.001	0.4280	极显著相关
男	总和生育率	−0.6152	0.001	0.4280	极显著相关
	活产子女数	−0.5756	0.001	0.4280	极显著相关
女	总和生育率	−0.5406	0.001	0.4280	极显著相关
	活产子女数	−0.6728	0.001	0.4280	极显著相关

资料来源:表 4-6、5-4、5-11。

三、妇女生育状况的相互关联

中国少数民族妇女生育指标间的相互关联同样显著。(表 5-16)

2010 年,总和生育率与活产子女数极显著正相关($R=0.6646$),与活产子女存活率、1 孩率极显著负相关($R=-0.5423,-0.5465$)。

妇女活产子女数与活产子女存活率显著负相关($R=-0.4253$)——活产子女数增加,存活率显著上升;反之,存活率显著下降。

表 5-16　2010 年中国少数民族妇女生育状况的相互关联

项目		相关系数 (R)	置信度 (α)	临界值 (r)	相关程度
总和生育率	1 孩率	−0.5465	0.001	0.4280	极显著相关
	活产子女数	0.6646	0.001	0.4280	极显著相关
	活产子女存活率	−0.5423	0.001	0.4280	极显著相关
活产子女数与活产子女存活率		−0.4253	0.01	0.3415	显著相关

资料来源:表 5-6、5-11。

第六章　人口受教育程度

中国少数民族人口受教育状况的基本特征:一是地域差异显著,未上过学人口呈东低西高、北低南高态;受教育人口、平均受教育年限呈东高西低、南低北高态。二是未上过学人口极为迅速地减少,受教育人口、平均受教育年限大幅度地增加。三是初等教育比重显著下降,中等、高等教育大发展。四是民族、地域、性别差异显著和大幅度缩减。

第一节　少数民族人口受教育状况

一、未上过学人口的民族和地域分布

未上过学人口民族差异悬殊但缩减极为迅速;地域上呈东低西高、南高北低态。(表6-1、6-2)

1. 未上过学人口和民族分布

中国少数民族每 10 万≥6 岁人口中未上过学的数量,1990 年 29863 人,是全国(20607)的 1.45 倍。其中<1 万的 6 个占 10.9%——锡伯族(7088)、塔塔尔族、俄罗斯族、朝鲜族、高山族和鄂伦春族;≥2 万的民族 39 个占 70.9%,其中超过≥6 万的 7 个占 12.7%——东乡族(81004)、门巴族、藏族、拉祜族、珞巴族、撒拉族和保安族,极差 73916 人。

2010 年 8266 人,是全国(5001)的 1.65 倍。与 1990 年相比,减少了 72.3%、21597 人,减少最多的是东乡族(63358)、保安族(56342)和拉祜族(53020)。与此同时,民族差异也显著减小了,锡伯族 1117 人,门巴族 37428 人——相差 36311 人,为 1990 年的 0.49 倍。<1 万人的民族由 6 个升到 34 个——增 4.67 倍、28 个,其中降到 1990 年最低(锡伯族,0.71 万)以下的民族 28 个,<0.2 万的民族 9 个——锡伯族(1117)、达斡尔族、鄂温克族、俄罗斯族、朝鲜族、鄂伦春族、塔塔尔族、哈萨克族和赫哲族;≥2 万的民族,则由 39 个减少到 4 个——门巴族(37428)、藏族(30561)、珞巴族(27451)和撒拉族(21181),幅度达 89.7%。

表 6-1　1990 年、2010 年中国少数民族每 10 万≥6 岁人口中未上过学人口

单位:人

民族	1990 年	2010 年	1990—2000 年	民族	1990 年	2010 年	1990—2000 年
总人口	20607	5001	−15606	羌族	33047	7045	−26002
汉族	19816	4710	−15106	仫佬族	15617	4186	−11431
少数民族	29863	8266	−21597	景颇族	40843	9438	−31405
东部民族	15157	3712	−11445	布朗族	57333	14268	−43065
满族	11373	2138	−9235	毛南族	16501	4227	−12274
土家族	23022	6108	−16914	普米族	47593	14550	−33043
朝鲜族	8183	1291	−6892	阿昌族	40884	8019	−32865
畲族	26146	6281	−19865	怒族	53870	15049	−38821
锡伯族	7088	1117	−5971	京族	18539	5533	−13006
鄂伦春族	9823	1383	−8440	基诺族	32851	9094	−23757
赫哲族	10385	1903	−8482	德昂族	58363	19341	−39022
高山族	9588	2586	−7002	门巴族	76907	37428	−39479
西部民族	33481	9346	−24135	独龙族	53363	16367	−36996
西南民族	36412	11166	−25246	珞巴族	68669	27451	−41218
壮族	20431	4753	−15678	西北民族	26965	5633	−21332
苗族	39886	10254	−29632	回族	32139	8568	−23571
彝族	47699	14299	−33400	维吾尔族	24975	3505	−21470
藏族	69036	30561	−38475	蒙古族	17864	3310	−14554
侗族	26382	12234	−14148	哈萨克族	14956	1591	−13365
布依族	40413	6616	−33797	东乡族	81004	17646	−63358
瑶族	28879	6666	−22213	土族	46375	10806	−35569
白族	26995	5834	−21161	柯尔克孜族	24102	3154	−20948
哈尼族	56568	14520	−42048	达斡尔族	11192	1160	−10032
黎族	28103	6492	−21611	撒拉族	66372	21181	−45191
傣族	39160	11286	−27874	塔吉克族	31216	3502	−27714
傈僳族	59879	18428	−41451	鄂温克族	11208	1238	−9970
仡佬族	30366	9049	−21317	保安族	67360	11018	−56342
拉祜族	68797	15777	−53020	俄罗斯族	8056	1261	−6795
佤族	55473	13763	−41710	裕固族	27302	6116	−21186
水族	48672	13106	−35566	乌孜别克族	10655	2043	−8612
纳西族	26155	7647	−18508	塔塔尔族	8041	1418	−6623

资料来源:中国 1990 年人口普查资料(第一册)[M].380-453、722-727;中国 2010 年人口普查资料(上册)[M].259-261。

表 6-2 1990 年、2010 年中国少数民族每 10 万≥6 岁人口中未上过学人口的地域分布

单位:个

年份	聚居地	— 0.5 — 1.0 — 2.0 — 3.0 — 10^4 人				
1990	全国		6	10	11	28
	东部地区		4	2	2	
	西部地区		2	8	9	28
	其中:西南			3	6	22
	西北		2	5	3	6
2010	全国	19	15	17	2	2
	东部地区	6	2			
	西部地区	13	13	17	2	2
	其中:西南	3	11	14	1	2
	西北	10	2	3	1	

资料来源:表 6-1。

2. 未上过学人口的地域分布

未上过学人口地域差异显著,呈东低西高、南高北低态,东西差异大于南北,降幅相近而数量差别显著。

每 10 万≥6 岁人口中未上过学(不识字或少识字)人口,1990 年、2010 年西部 33481 人、9346 人,多于东部的 15157 人、3712 人;西南 36412 人、11166 人,多于西北的 26965 人、5633 人——东西差异显著大于南北差异。1990 年,<1.0 万的民族,东部 4 个占 50.0%,西部 2 个占 4.3%;≥2.0 万的民族,西北 9 个占 56.3%,西南 28 个占 90.3%。2010 年,<1.0 万的民族,东部 8 个占 100.0%,西部 26 个占 55.3%;≥1.0 万的民族,西北 4 个占 25.0%,西南 17 个占 54.8%。

1990—2010 年,每 10 万≥6 岁人口中未上过学人口,东部减 75.51%、11445 人,西部减 72.09%、24135 人;西南减 69.33%、25246 人,西北减 71.19%、21332 人。

二、受教育人口的民族和地域分布

中国少数民族受教育人口民族差异同样悬殊而缩减极为迅速;地域上呈东高西低、南低北高态势。(表 6-3、6-4,图 6-1)

表 6-3　1990 年、2010 年中国少数民族≥6 岁人口的受教育程度

民族	受教育人口			平均受教育年限		
	1990 年	2010 年	1990—2010 年	1990 年	2010 年	1990—2010 年
	人/10^5 人			年		
总人口	79393	94999	15606	6.26	8.76	2.51
汉族	80184	95290	15106	6.34	8.85	2.51
少数民族	70137	91734	21597	5.28	7.84	2.56
东部民族	84843	96288	11445	6.77	8.85	2.08
满族	88627	97862	9235	7.10	9.14	2.04
土家族	76978	93892	16914	5.72	8.19	2.47
朝鲜族	91817	98709	6892	8.52	10.32	1.80
畲族	73854	93719	19865	5.26	7.95	2.69
锡伯族	92912	98883	5971	7.89	9.92	2.03
鄂伦春族	90177	98617	8440	7.65	10.45	2.80
赫哲族	89615	98097	8482	8.02	10.64	2.62
高山族	90412	97414	7002	8.44	10.22	1.78
西部民族	66519	90654	24135	4.92	7.60	2.68
西南民族	63588	88834	25246	4.57	7.25	2.67
壮族	79569	95247	15678	5.83	8.17	2.34
苗族	60114	89746	29632	4.27	7.20	2.92
彝族	52301	85701	33400	3.61	6.52	2.91
藏族	30964	69439	38475	2.21	5.37	3.16
布依族	73618	87766	14148	5.35	7.91	2.57
侗族	59587	93384	33797	4.20	7.04	2.84
瑶族	71121	93334	22213	5.07	7.71	2.64
白族	73005	94166	21161	5.48	8.16	2.68
哈尼族	43432	85480	42048	2.99	6.44	3.45
黎族	71897	93508	21611	5.37	8.02	2.65
傣族	60840	88714	27874	4.13	6.83	2.70
傈僳族	40121	81572	41451	2.68	5.95	3.27
仡佬族	69634	90951	21317	4.96	7.69	2.72
拉祜族	31203	84223	53020	2.08	5.99	3.91
佤族	44527	86237	41710	3.01	6.31	3.30
水族	51328	86894	35566	3.58	6.84	3.26
纳西族	73845	92353	18508	5.66	8.43	2.77

续表

民族	受教育人口			平均受教育年限		
	1990 年	2010 年	1990—2010 年	1990 年	2010 年	1990—2010 年
	人/10⁵ 人			年		
羌族	66953	92955	26002	4.91	7.97	3.06
仫佬族	84383	95814	11431	6.40	8.41	2.00
景颇族	59157	90562	31405	4.05	6.93	2.87
布朗族	42667	85732	43065	2.85	6.33	3.48
毛南族	83499	95773	12274	6.20	8.30	2.09
普米族	52407	85450	33043	3.72	7.32	3.60
阿昌族	59116	91981	32865	4.11	7.30	3.19
怒族	46130	84951	38821	3.46	6.86	3.40
京族	81461	94467	13006	6.38	8.94	2.56
基诺族	67149	90906	23757	4.82	7.64	2.82
德昂族	41637	80659	39022	2.75	5.80	3.04
门巴族	23093	62572	39479	1.66	5.19	3.53
独龙族	46637	83633	36996	3.36	6.91	3.55
珞巴族	31331	72549	41218	2.18	5.63	3.45
西北民族	73035	94367	21332	5.68	8.32	2.63
回族	67861	91432	23571	5.49	8.16	2.67
维吾尔族	75025	96495	21470	5.43	8.04	2.61
蒙古族	82136	96690	14554	6.66	9.25	2.60
哈萨克族	85044	98409	13365	6.45	8.69	2.25
东乡族	18996	82354	63358	1.33	5.69	4.36
土族	53625	89194	35569	4.09	7.84	3.75
柯尔克孜族	75898	96846	20948	5.49	8.15	2.66
达斡尔族	88808	98840	10032	7.58	9.97	2.38
撒拉族	33628	78819	45191	2.48	6.04	3.56
塔吉克族	68784	96498	27714	4.91	7.94	3.03
鄂温克族	88792	98762	9970	7.37	9.97	2.60
保安族	32640	88982	56342	2.57	6.75	4.19
俄罗斯族	91944	98739	6795	8.52	11.11	2.59
裕固族	72698	93884	21186	5.61	8.69	3.08
乌孜别克族	89345	97957	8612	7.78	9.86	2.08
塔塔尔族	91959	98582	6623	8.24	10.60	2.36

资料来源:据表 6-1 计算。

表 6-4　1990 年、2010 年中国少数民族每 10 万≥6 岁人口中受教育人口的地域分布

单位:个

年份	聚居地	—— 5.0 —— 6.0 —— 7.0 —— 8.0 —— 9.0 —— 10^4 人					
1990	全国	14	6	7	12	10	6
	东部地区				2	2	4
	西部地区	14	6	7	10	8	2
	其中:西南	11	6		5	6	3
	西北	3		2	4	5	2
2010	全国			2	2	17	34
	东部地区						8
	西部地区			2	2	17	26
	其中:西南			2	1	14	14
	西北				1	3	12

资料来源:表 6-3。

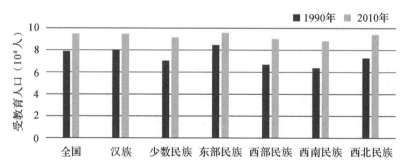

图 6-1　1990 年、2010 年中国少数民族每 10 万≥6 岁人口中按地域分布的受教育人口(据表 6-3)

1. 受教育人口的民族分布

中国少数民族每 10 万≥6 岁人口中受教育人口,1990 年 70137 人,少于全国(79393)9256 人。受教育人口<6 万人的民族 21 个占 38.2%,东乡族、门巴族最少仅 18996 人和 23093 人;≥7 万的民族 27 个占 49.1%,其中≥9 万的 6 个:锡伯族(92912)、塔塔尔族、俄罗斯族、朝鲜族、高山族和鄂伦春族——极差 73916 人。

2010 年 91734 人,虽然仍少于全国(94999),但差距由 9256 人到 3265

人而极为显著地减少了；与 1990 年相比，则显著增加了——30.8％、21597 人。与此同时，民族之间的差异也显著减小了——所有民族受教育人口都在 6 万人以上。<7 万的民族 2 个：门巴族(62572)、藏族；≥9 万的民族 34 个：锡伯族(98883)、达斡尔族、鄂温克族、俄罗斯族、朝鲜族、鄂伦春族、塔塔尔族、哈萨克族和赫哲族——极差 36311 人，比 1990 年下降了 50.88％、37605 人。

2. 受教育人口的地域分布

中国少数民族受教育人口的地域分布，与未上过学人口相反而呈东高西低、南低北高态势。

1990 年、2010 年每 10 万≥6 岁人口中受教育人口，西部(66519 人、90654 人)少于东部(84843 人、96288 人)，西南(63588 人、88834 人)少于西北(73035 人、94367 人)。地域差异，1990 年东西(18324 人)显著大于南北(9447 人)，到 2010 年即极大地缩小了——东西差异 5634 人，南北差异 5533 人。

1990 年，受教育人口≥8 万的民族，东部 6 个占 75.0％，西部 10 个占 21.3％；<6 万的民族，西北 3 个占 18.8％，西南 17 个占 54.8％。

2010 年，受教育人口≥9 万的民族，东部 8 个占 100.0％，西部 26 个占 55.3％；≥8 万的民族，西北 15 个占 93.4％，西南 28 个占 90.3％；≥9 万的民族，西北 12 个占 75.0％，西南 14 个占 45.2％——东高西低的态势依然如故，但北高南低的态势已明显缩小。

第二节　少数民族各类受教育人口

一、各类受教育人口的民族分布

中国少数民族各类受教育人口的基本特征：一是变化迅速、与全国差异显著缩小而民族差异大；二是初等教育比重显著下降而中等、高等教育大发展。(表 6-5、6-6、6-7、6-8，图 6-2、6-3)

1. 各类受教育人口的民族分布和变化

每 10 万≥6 岁人口中的受教育人口，1990 年小学 43474 人、初中 18803 人、高中(含中专)6787 人、大学专科 645 人、大学本科和研究生 428 人。除小学外皆显著少于全国(42270、26495、9042、968、618)。

表 6-5 1990 年中国少数民族每 10 万≥6 岁人口中的各类受教育人口

单位:人

民族	小学	初中	高中	中专	大学专科	大学本科研究生
总人口	42270	26495	7304	1739	968	618
汉族	42168	27152	7486	1748	9958	634
少数民族	43474	18803	5163	1624	645	428
东部民族	43856	28452	8509	2165	1097	763
满族	44122	31954	8443	2194	1189	725
土家族	48753	20560	5219	1629	573	244
朝鲜族	25997	37641	19600	3761	2283	2535
畲族	52599	15669	3793	1159	358	277
锡伯族	39404	34676	11475	3536	2222	1599
鄂伦春族	35540	33558	10726	5062	2761	1115
赫哲族	33518	31039	14644	4726	3880	1809
高山族	30082	308239	16173	4486	6091	2757
西部民族	43417	163919	4339	1493	533	346
西南民族	43990	145629	3309	1181	353	193
壮族	52390	200139	5179	1334	431	222
苗族	42723	13087	2856	983	319	145
彝族	39725	9858	1533	882	188	115
藏族	22696	5340	1044	1365	337	182
侗族	49619	17864	4041	1393	464	237
布依族	42871	13189	1925	1155	286	162
瑶族	50952	14306	4115	1153	395	201
白族	45319	20238	4388	1831	647	582
哈尼族	33106	8236	1231	653	139	66
黎族	44119	21017	5212	985	409	155
傣族	48071	9894	1611	921	217	126
傈僳族	32986	5571	693	669	139	62
仡佬族	47308	17833	2844	712	334	253
拉祜族	25708	4211	675	469	88	53
佤族	35227	7528	967	622	124	59
水族	38185	9950	1818	998	231	146
纳西族	43645	21547	4424	2690	810	730

续表

民族	小学	初中	高中	中专	大学专科	大学本科研究生
羌族	44362	16417	3291	2015	502	367
仫佬族	54750	19951	6512	3030	730	407
景颇族	45649	10601	1438	1146	211	112
布朗族	34705	6503	742	538	123	55
毛南族	50975	22551	6571	1344	697	352
普米族	37390	11457	1451	1553	371	185
阿昌族	44478	10995	1932	1214	301	195
怒族	34843	9874	1621	1684	365	147
京族	47490	20675	8563	2801	1042	889
基诺族	46040	16492	2242	1911	285	179
德昂族	34816	5335	695	592	136	64
门巴族	17477	2899	264	1762	527	165
独龙族	33036	9251	1528	2079	467	276
珞巴族	24599	4039	518	1605	518	52
西北民族	42143	20458	6629	2186	933	684
回族	33783	231585	7253	1898	1084	686
维吾尔族	53029	14597	4286	2019	536	559
蒙古族	41786	25920	9428	2808	1296	899
哈萨克族	53561	20056	6727	3189	861	654
东乡族	14302	3339	752	4409	103	60
土族	33392	13217	4170	15849	5709	691
柯尔克孜族	54572	12842	4352	3015	675	443
达斡尔族	37589	31920	11570	3995	2333	1401
撒拉族	22258	7278	1915	1121	397	389
塔吉克族	50467	11605	3232	2661	458	360
鄂温克族	41559	30133	10277	3677	2146	1001
保安族	18848	8379	3364	1164	637	249
俄罗斯族	26753	37813	15269	6233	3073	2795
裕固族	45068	16660	6094	2372	1650	853
乌孜别克族	40632	24479	13001	5694	2346	3193
塔塔尔族	38663	26040	12973	6966	3039	4278

资料来源:中国1990年人口普查资料(第一册)[M]. 722-727。

表 6-6 2010 年中国少数民族每 10 万 ≥6 岁人口中的各类受教育人口

单位:人

民族	小学	初中	高中中专	大学专科	大学本科	研究生
总人口	28748	41703	15021	5522	3672	333
汉族	27803	42272	15474	5641	3754	347
少数民族	39351	35316	9948	4184	2755	180
东部民族	29991	42300	13928	5415	4304	351
满族	27321	45970	13202	5976	4946	448
土家族	36572	37841	12276	4326	2686	191
朝鲜族	13421	43459	25869	7402	8009	548
畲族	40256	36608	10702	3358	2636	159
锡伯族	20805	44114	16844	8796	7646	677
鄂伦春族	17846	38267	19165	12823	9691	824
赫哲族	16599	36984	18623	11619	12895	1377
高山族	20441	35030	20196	10479	10180	1089
西部民族	41572	33653	9007	3897	2387	139
西南民族	43848	31934	8002	3158	1755	118
壮族	36165	42729	10704	3627	1918	103
苗族	46064	31998	7279	2762	1559	84
彝族	53780	22382	5756	2356	1372	55
藏族	45889	13289	4788	3412	1973	88
侗族	39089	38686	9437	3861	2210	100
布依族	45004	31745	6472	2794	1688	62
瑶族	43956	35014	8817	3268	2136	142
白族	38832	36404	10966	4444	3321	199
哈尼族	53975	22856	5620	1962	1033	34
黎族	31230	48556	9769	2716	1193	43
傣族	53107	25446	6127	2616	1373	46
傈僳族	55930	19176	3845	1711	883	27
仡佬族	41927	32676	8649	4354	3219	126
拉祜族	62436	15593	3450	1719	990	34
佤族	58378	20816	4505	1827	688	22
水族	47184	29603	6211	2406	1429	62

续表

民族	小学	初中	高中中专	大学专科	大学本科	研究生
纳西族	34292	33529	12798	6813	4657	264
羌族	42171	31263	11184	5293	2900	144
仫佬族	37879	37670	11383	5097	3552	232
景颇族	54589	26335	5918	2586	1105	30
布朗族	58593	18861	4703	2118	1414	43
毛南族	38176	39290	10465	4772	2919	152
普米族	39564	27935	9899	4696	3259	97
阿昌族	50006	30186	6848	3016	1865	60
怒族	46915	24290	7561	4267	1853	65
京族	26527	40506	15752	6590	4845	246
基诺族	41001	34082	9389	4483	1856	95
德昂族	56923	17911	3693	1441	679	11
门巴族	36450	12767	6278	3923	3050	105
独龙族	42170	27026	7990	4534	1736	177
珞巴族	48366	12854	5447	2583	3268	31
西北民族	36929	37159	11058	5402	3578	240
回族	35635	33628	12809	5211	3836	312
维吾尔族	41578	41986	6583	4297	1999	51
蒙古族	28691	38084	15671	7658	6103	483
哈萨克族	36307	41025	12257	6085	2662	74
东乡族	64826	12422	3093	1277	712	24
土族	38785	29446	11351	5002	4404	205
柯尔克孜族	45706	33194	9747	6060	2080	57
达斡尔族	20999	42265	17850	9682	7489	556
撒拉族	51530	16876	5314	3009	2008	82
塔吉克族	49781	29983	9049	6516	1135	33
鄂温克族	22272	39380	18918	10665	7068	459
保安族	59611	17360	6862	3431	1661	57
俄罗斯族	14639	30449	24325	15652	12724	951
裕固族	37616	28011	13303	8824	5759	372
乌孜别克族	29273	29773	17632	11244	9577	459
塔塔尔族	21887	29809	19821	13132	13348	586

资料来源:中国 2010 年人口普查资料(上册)[M].259-261。

表6-7　1990年、2010年中国少数民族≥6岁人口的受教育构成　　单位:%

民族	2010年			1990年		
	初等教育	中等教育	高等教育	初等教育	中等教育	高等教育
总人口	30.26	59.71	10.03	53.24	44.76	2.00
汉族	29.18	60.60	10.22	52.59	45.38	2.03
少数民族	42.90	49.34	7.76	61.98	36.49	1.53
东部民族	31.15	58.39	10.46	51.69	46.12	2.19
满族	27.92	60.46	11.62	49.78	48.06	2.16
土家族	38.95	53.38	7.67	63.33	35.61	1.06
朝鲜族	13.60	70.24	16.17	28.31	55.08	5.25
畲族	42.95	50.48	6.57	71.22	27.92	0.86
锡伯族	21.04	61.65	17.31	42.41	53.48	4.11
鄂伦春族	18.10	58.24	23.67	40.98	54.72	4.30
赫哲族	16.92	56.69	26.39	37.40	56.25	6.35
高山族	20.98	56.69	22.33	33.27	56.94	9.79
西部民族	45.86	47.06	7.08	65.27	33.41	1.32
西南民族	49.36	44.96	5.69	69.18	29.96	0.86
壮族	37.97	56.10	5.93	65.84	33.34	0.82
苗族	51.33	43.76	4.91	71.07	28.16	0.77
彝族	62.75	32.83	4.41	75.95	23.47	0.58
藏族	66.09	26.03	7.88	73.30	25.02	1.68
侗族	41.86	51.53	6.61	67.40	31.65	0.95
布依族	51.28	43.54	5.18	71.95	27.30	0.75
瑶族	47.10	46.96	5.94	71.64	27.52	0.84
白族	41.24	50.30	8.46	62.08	36.24	1.68
哈尼族	63.14	33.31	3.54	76.23	23.30	0.47
黎族	33.40	62.38	4.23	61.36	37.86	0.78
傣族	59.86	35.59	4.55	79.01	20.43	0.56
傈僳族	68.57	28.22	3.21	82.22	17.28	0.50
仡佬族	46.10	45.44	8.46	64.88	33.77	1.35
拉祜族	74.13	22.61	3.26	82.39	17.16	0.45
佤族	67.70	29.36	2.94	79.11	20.48	0.41
水族	54.30	41.22	4.48	74.39	24.88	0.73

续表

民族	2010 年			1990 年		
	初等教育	中等教育	高等教育	初等教育	中等教育	高等教育
纳西族	37.13	50.16	12.71	59.10	38.82	2.08
羌族	45.37	45.66	8.97	66.26	32.44	1.30
仫佬族	39.53	51.20	9.27	67.94	31.22	0.84
景颇族	60.28	35.61	4.11	77.17	22.28	0.55
布朗族	68.34	27.49	4.17	81.34	18.24	0.42
毛南族	39.86	51.95	8.19	61.05	37.69	1.26
普米族	46.30	44.28	9.42	71.35	27.59	1.06
阿昌族	54.37	40.26	5.37	75.24	23.92	0.84
怒族	55.23	37.49	7.28	70.32	28.57	1.11
京族	28.08	59.55	12.37	59.05	36.36	2.37
基诺族	45.10	47.82	7.08	68.56	30.75	0.69
德昂族	70.57	26.78	2.64	83.62	15.90	0.48
门巴族	58.25	30.44	11.31	75.68	21.32	3.00
独龙族	50.42	41.87	7.71	70.84	27.57	1.59
珞巴族	66.67	25.23	8.11	78.51	19.67	1.82
西北民族	39.13	51.10	9.77	57.70	40.08	2.21
回族	38.97	50.79	10.24	49.78	47.61	2.61
维吾尔族	43.09	50.33	6.58	70.68	27.86	1.46
蒙古族	29.67	55.60	14.73	50.87	46.46	2.67
哈萨克族	36.89	54.14	8.96	62.98	35.24	1.78
东乡族	78.72	18.84	2.44	75.29	23.85	0.86
土族	43.48	45.74	10.78	63.08	34.57	2.35
柯尔克孜族	47.20	44.34	8.46	71.90	26.63	1.47
达斡尔族	21.25	60.82	17.93	42.33	53.47	4.20
撒拉族	65.38	28.15	6.47	66.19	31.47	2.34
塔吉克族	51.59	40.45	7.96	73.37	25.44	1.19
鄂温克族	22.55	59.03	18.42	46.81	49.65	3.54
保安族	66.99	27.22	5.79	57.74	38.55	2.71
俄罗斯族	14.83	55.47	29.70	29.10	64.51	6.39
裕固族	40.07	44.00	15.93	61.99	34.57	3.44
乌孜别克族	29.88	48.39	21.72	45.48	48.32	6.20
塔塔尔族	22.20	50.34	27.46	42.04	50.00	7.96

资料来源:同表 6-1。

表 6-8　1990—2010 年中国少数民族≥6 岁人口的受教育构成变化　单位：百分点

民族	初等教育	中等教育	高等教育	民族	初等教育	中等教育	高等教育
总人口	−22.98	14.95	8.03	羌族	−20.89	13.22	7.67
汉族	−23.41	16.86	8.19	仫佬族	−28.41	19.98	8.43
少数民族	−19.08	12.85	6.23	景颇族	−16.89	13.33	3.56
东部民族	−20.54	12.27	8.27	布朗族	−13.00	9.25	3.75
满族	−21.86	12.40	9.46	毛南族	−21.19	14.26	6.93
土家族	−24.38	17.77	6.61	普米族	−25.05	16.69	8.36
朝鲜族	−14.71	15.16	10.92	阿昌族	−20.87	16.34	4.53
畲族	−28.27	22.56	5.71	怒族	−15.09	8.92	6.17
锡伯族	−21.37	8.17	13.20	京族	−30.22	20.22	10.00
鄂伦春族	−22.88	3.52	19.37	基诺族	−23.46	17.07	6.39
赫哲族	−20.48	0.44	20.04	德昂族	−13.05	10.88	2.16
高山族	−12.29	0.25	12.54	门巴族	−17.43	16.42	2.77
西部民族	−19.41	13.65	5.76	独龙族	−20.42	14.30	6.12
西南民族	−19.82	15.00	4.83	珞巴族	−11.84	5.56	6.29
壮族	−27.87	22.76	5.11	西北民族	−18.57	11.02	7.56
苗族	−19.74	15.60	4.14	回族	−10.81	3.18	7.63
彝族	−13.20	9.36	3.83	维吾尔族	−27.59	22.47	5.12
藏族	−7.21	1.01	6.20	蒙古族	−21.20	9.14	12.06
侗族	−25.54	19.88	5.66	哈萨克族	−26.09	18.90	7.18
布依族	−20.67	16.24	4.43	东乡族	3.43	−5.01	1.58
瑶族	−24.54	19.44	5.10	土族	−19.60	11.17	8.43
白族	−20.84	14.06	6.78	柯尔克孜族	−24.70	17.71	6.99
哈尼族	−13.09	10.01	3.07	达斡尔族	−21.08	7.35	13.73
黎族	−27.96	24.52	3.45	撒拉族	−0.81	−3.32	4.13
傣族	−19.15	15.16	3.45	塔吉克族	−21.78	15.01	6.77
傈僳族	−13.65	10.94	2.71	鄂温克族	−24.26	9.38	14.88
仡佬族	−18.78	11.67	7.11	鄂温克族	−24.26	9.38	14.88
拉祜族	−8.26	5.45	2.81	俄罗斯族	−14.27	−9.04	23.31
佤族	−11.41	8.88	2.53	裕固族	−21.92	9.43	12.49
水族	−20.09	16.34	3.75	乌孜别克族	−15.60	0.07	15.52
纳西族	−21.97	11.34	10.63	塔塔尔族	−19.84	0.34	19.50

资料来源：表 6-7。

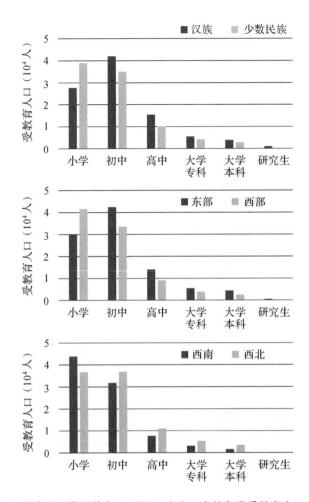

图 6-2 2010 年中国少数民族每 10 万≥6 岁人口中的各类受教育人口（据表 6-6）

2010 年小学 39351 人、初中 35316 人、高中 9948 人、大学专科 4184 人、大学本科 2755 人、研究生 180 人。除小学外，其他受教育人口仍少于全国（28748、41703、15021、5522、3672、333）。

1990—2010 年，小学减 9.48％、4123 人，初中增 87.82％、16513 人，高中增 39.74％、2697 人，大专增 5.49 倍、3539 人，大学、研究生增 5.86 倍、2507 人。

2. 受初等教育人口的民族分布和变化

中国少数民族受初等教育（小学）人口的特征是，比重大幅下降、数量显著减少而民族差异显著扩大。

受初等教育人口（％，百分点/人），1990 年为 61.98/43474（每 10 万人

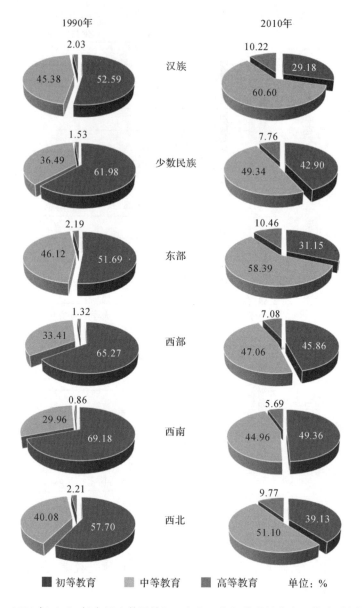

图 6-3　1990 年、2010 年中国少数民族≥6 岁人口中各类受教育人口构成（据表 6-7）

口中，下同），2010 年为 42.90/39351，减 19.08/4123。

　　1990 年，比重（％）＜40 的民族 4 个：朝鲜族（28.31）、俄罗斯族、高山族和赫哲族；≥60 的民族 39 个占 70.9％，其中≥80 的民族 4 个：德昂族（83.62）、拉祜族、傈僳族、布朗族——极差 55.31 个百分点。

　　2010 年，比重（％）＜40 的民族 21 个（38.2％），增 17 个、30.9 个百分点；≥60 的民族 13 个（23.6％），减少了 26 个、49.1 个百分点。在比重显著

下降的同时,民族间的差异却增加了:≥70 的民族 3 个:东乡族(78.72)、拉祜族和德昂族,<20 的民族 4 个:朝鲜族(13.60)、俄罗斯族、赫哲族和鄂伦春族——极差 65.12 个百分点。

1990—2010 年,除东乡族(3.43)、保安族(9.25)外,各民族受初等教育人口比重在 2010 年皆有不同程度的下降。降幅(百分点)<10 的 3 个为撒拉族(0.81)、藏族、拉祜族;≥20 的 30 个占 54.5%,其中≥25 的 9 个:京族(30.22)、仫佬族、畲族、黎族、壮族、维吾尔族、哈萨克族、侗族和普米族——极差 29.41 个百分点。

3. 受中等教育人口的民族分布和变化

受中等教育人口比重大幅上升,数量显著增加而民族差异扩大。

受中等教育(初中、高中、中专)人口(%/人),1990 年 36.49/25590,2010 年 49.34/45264,增(百分点/人)12.85/19674。1990 年≥40 的民族 14 个占 25.5%,<30 的民族 23 个占 41.8%。其中,<20 的民族 4 个:德昂族(15.90)、拉祜族、傈僳族、布朗族,≥50 的民族 8 个:俄罗斯族(64.51)、赫哲族、朝鲜族、鄂伦春族、锡伯族、达斡尔族、塔塔尔族和高山族——极差 48.61。

与 1990 年相比,2010 年<30% 的民族 10 个(18.2%),减 13 个、23.6 个百分点,≥40% 的民族 39 个(70.9%)增 25 个、45.4 个百分点。在比重显著上升的同时,民族间的差异也随之增加了:一极是 20% 左右的东乡族(18.84)、拉祜族(22.61),一极是≥60% 的朝鲜族(70.24)、黎族、锡伯族、达斡尔族和满族——极差 51.40 个百分点。

1990—2010 年,除保安族(−11.33)、俄罗斯族(−9.04)、东乡族(−5.01)、撒拉族(−3.32)下降外,各民族受中等教育人口比重皆不同程度上升。升幅(百分点)<10 的 16 个,其中<0.5 的 4 个:乌孜别克族(0.07)、高山族、塔塔尔族和赫哲族;≥10 的 35 个,其中≥20 的 5 个——黎族(24.52)、壮族、畲族、维吾尔族和京族——极差 24.45 个百分点。

4. 受高等教育人口的民族分布和变化

受高等教育人口比重大幅上升,数量显著增加而民族差异扩大。

受高等教育(大专、本科、研究生)人口(%/人),1990 年 1.53/1073,2010 年 7.76/7119,增(百分点/人)6.23/6046。1990 年比重<3 的民族 43 个占 78.2%,其中<0.5 的 5 个:佤族(0.41)、布朗族、拉祜族、哈尼族和德昂族;≥5% 的民族 6 个:高山族(9.79)、塔塔尔族、俄罗斯族、赫哲族、乌孜别克族和朝鲜族——极差 9.38。2010 年<3% 的民族减至 3 个:东乡族

(2.44)、德昂族和佤族；≥3‰的民族增至 52 个占 94.5％，其中≥10‰的民族 18 个，≥20‰的民族 5 个：俄罗斯族(30.10)、塔塔尔族、赫哲族、高山族和乌孜别克族——极差 27.66。

1990—2010 年，升幅(百分点)＜5 的 18 个占 32.7％，其中＜3 的 5 个：东乡族(1.58)、德昂族、佤族、门巴族、傈僳族；≥10 的 14 个占 25.5％，其中≥15 的 5 个：俄罗斯族(23.31)、赫哲族、塔塔尔族、鄂伦春族、乌孜别克族——极差 21.73。

二、各类受教育人口的地域分布

中国少数民族受教育人口构成的空间分布，初等教育呈东低西高、南高北低态；中等、高等教育呈东高西低、南低北高态。(表 6-7、6-8、6-9、6-10、6-11、6-12)

1. 受初等教育人口的地域分布和变化

1990 年，受初等教育人口(％)，东部(51.69)低于西部(65.27)、西南(69.18)高于西北(57.70)——地域差异(百分点)东西(13.58)大于南北(11.48)；2010 年，东部(31.15)低于西部(45.86)，西南(49.36)高于西北(39.13)，地域差异(百分点)东西(14.71)大于南北(10.23)的地域态势依旧。1990—2010 年，受初等教育人口比重降幅(百分点)，东西相近(20.54、19.41)而南北差异十分显著(10.82、18.57)。

表 6-9　1990—2010 年中国少数民族≥6 岁人口受教育构成变化的地域分布

单位：个

聚居地	初等教育			中等教育			高等教育		
	— 10 — 20 —			— 10 — 15 —			— 5 — 10 —		
	百分点								
全国	5(2)	20	30	30(—4)	14	11	18	23	14
东部地区		2	6	4	1	3		3	5
西部地区	5(2)	18	24	26(—4)	13	8	18	20	9
其中:西南	2	13	16	17	10	4	15	14	2
西北	3(2)	5	8	9(—4)	3	4	3	6	7

资料来源：表 6-8。

注：初等教育栏括号内数字为增加；中等教育栏括号内数字为减少。

表 6-10 1990 年、2010 年中国少数民族≥6 岁受初等教育人口的地域分布

单位:个

年份	聚居地	—— 40 —— 50 —— 60 —— 70 ——				
		%				
1990	全国	4	7	5	14	25
	东部地区	3	2	1	1	1
	西部地区	1	5	4	13	24
	其中:西南			2	9	20
	西北	1	5	2	4	4
2010	全国	21	13	8	10	3
	东部地区	7	1			
	西部地区	14	12	8	10	3
	其中:西南	6	8	7	8	2
	西北	8	4	1	2	1

资料来源:表 6-7。

表 6-11 1990 年、2010 年中国少数民族≥6 岁受中等教育人口的地域分布

单位:个

年份	聚居地	—— 30 —— 40 —— 50 —— 60 ——				
		%				
1990	全国	23	18	5	8	1
	东部地区	1	1	1	5	
	西部地区	22	17	4	3	1
	其中:西南	18	12		1	
	西北	4	5	4	2	1
2010	全国	10	6	15	19	5
	东部地区				5	3
	西部地区	10	6	15	14	2
	其中:西南	7	6	10	7	1
	西北	3		5	7	1

资料来源:表 6-7。

表 6-12　1990 年、2010 年中国少数民族≥6 岁受高等教育人口的地域分布

单位:个

年份	聚居地	—— 1 —— 3 —— 5 —— 10 —— （%）				
1990	全国	21	22	6	6	
	东部地区	1	2	2	3	
	西部地区	20	20	4	3	
	其中:西南	19	11	1		
	西北	1	9	3	3	
2010	全国		3	10	24	18
	东部地区				2	6
	西部地区		3	10	22	12
	其中:西南		2	10	16	3
	西北		1		6	9

资料来源:表 6-7。

1990 年,受初等教育≥50%的民族,东部 3 个占 37.5%,西部 41 个占 87.2%;西北 10 个占 62.5%,西南 31 个占 100.0%。教育事业的大发展使西部、西南受初等教育比重大幅下降,但东低西高、北低南高的态势依然未变——2010 年,≥50%的民族,东部无,西部 21 个占 44.7%;西北 4 个占 25.0%,西南 17 个占 54.8%。

2. 受中等教育人口的地域分布和变化

1990 年、2010 年,受中等教育人口(%),东部 46.12、58.39,西部 33.41、47.06,西北 40.08、51.10,西南 29.96、44.96——两个时点中,地域差异(百分点)东西(12.71、11.33)皆大于南北(10.12、6.14);1990—2010 年,增幅(百分点)东西相近(12.27、13.65),南北差异显著(11.02、14.97)。

1990 年,受中等教育≥40%的民族,东部 6 个占 75.0%,西部 8 个占 17.0%;西北 7 个占 43.8%,西南 1 个占 3.2%;2010 年,≥50%的民族,东部 8 个占 100.0%,西部 16 个占 34.0%;西北 8 个占 50.0%,西南 8 个占 25.8%——东高西低,北高南低的地域态势依然故我。

3. 受高等教育人口的地域分布和变化

1990 年、2010 年,受高等教育人口(%),东部 2.19、10.46,西部 1.32、

7.08,西北 2.21、9.77,西南 0.86、5.69——两个时点中,地域差异(百分点)东西(0.87、3.38)皆小于南北(1.35、4.08);1990—2010 年增幅(百分点)东西(8.27、5.76)、南北(7.52、4.83)差异皆比较显著。

1990 年,受高等教育≥3%的民族,东部 5 个占 62.5%,西部 7 个占 14.9%;西北 6 个占 37.5%,西南 1 个占 3.2%。教育事业的大发展同样未能改变高等教育东(部)高西(部)低、(西)北高(西)南低的态势:2010 年,≥5%的民族,东部 8 个占 100.0%,西部 34 个占 72.3%;西北 15 个占 93.8%,西南 19 个占 61.3%。

第三节 少数民族人口平均受教育年限

一、平均受教育年限的民族、性别和地域分布

少数民族平均受教育年限的民族特征是增加迅速,差异大而处于显著缩小之中;地域上呈东高西低、南低北高态,西部、西南增幅大于东部和西北,东西差距大于南北且呈减小趋势。(表 6-3、6-13、6-14、6-15)

表 6-13　1990 年、2010 年中国少数民族平均受教育年限的地域分布 单位:个

年份	聚居地	— 3.0 — 5.0 — 7.0 — 8.0 — 9.0 —				
		年				
1990	全国	11	16	17	6	5
	东部地区			2	3	3
	西部地区	11	16	15	3	2
	其中:西南	8	14	9		
	西北	3	2	6	3	2
2010	全国		18	12	13	12
	东部地区			1	1	6
	西部地区		18	11	12	6
	其中:西南		15	9	7	
	西北		3	2	5	6

资料来源:表 6-3。

1. 平均受教育年限的民族分布和变化

平均受教育年限[①](年)1990 年 5.28,比全国(6.26)少 0.98;2010 年 7.84,比全国(8.76)少 0.92。1990—2010 年增 48.48%、2.56 年,幅度高出全国(39.94%、2.50 年)8.54 个百分点和 0.06 年。

各民族的平均受教育年限(年),1990 年以 3~7 为主,33 个占 60.0%,≥8 的民族 5 个——俄罗斯族(8.53)、朝鲜族、高山族、塔塔尔族和赫哲族;<5 的民族 27 个占 49.1%,东乡族仅 1.33——极差 7.20 年。

2010 年所有民族的平均受教育年限(年)都增加到 5 以上。5~7 的民族 18 个占 32.7%,7、8、≥9 的民族分布相对均衡,为 12 个、13 个和 12 个,≥10 的有俄罗斯族(11.11)、赫哲族、鄂伦春族、朝鲜族、高山族和塔塔尔族;<6 的有门巴族(5.19)、藏族、珞巴族、东乡族、德昂族、傈僳族和拉祜族——民族差异降至 5.92 年。

2. 平均受教育年限的性别分布和变化

男女平均受教育年限的变化:一是迅速增加且以女性为著;二是两性差异大幅缩减。

平均受教育年限(年),男性 1990 年 6.05,低于全国(7.03)0.98;2010 年 8.17,低于全国(9.12)0.95。女性 1990 年 4.48,低于全国(5.44)0.96;2010 年 7.50,低于全国(8.40)0.90。

1990—2010 年,男性增 35.04%、2.12 年,女性增 67.41%、3.02 年;两性的差距,1990 年 1.57 年,2010 年减至 0.67 年,降幅 57.32%、0.90 年——女性增幅显著高于男性,两性差异大幅缩减。

3. 平均受教育年限的地域分布和变化

平均受教育年限(年),1990 年、2010 年东部为 6.77、8.85,高出西部(4.92、7.60)1.85、1.25,西北 5.68、8.32,高出西南(4.57、7.25)1.11、1.07;1990—2010 年,西部增 54.47%、2.68 年,东部增 30.72%、2.08 年,西南增 58.64%、2.67 年,西北增 46.48%、2.66 年——增幅、增量皆呈西部高于东部、西南高于西北态。

1990 年,≥5 年的民族,东部 8 个占 100.0%,西部 20 个占 42.6%;西北 11 个占 68.8%,西南 9 个占 29.0%。2010 年,≥8 年的民族,东部 7 个占 87.5%,西部 18 个占 38.3%;西北 11 个占 68.8%,西南 7 个占 22.6%。

---

① ≥6 岁人口中,2010 年按不识字、少识字 0 年,小学 6 年,初中 9 年,高中、中专 12 年,大学专科 15 年,大学本科 16 年,研究生 20 年计;1990 年大学本科(包括研究生)按 17 年计。

表 6-14　1990 年中国少数民族分性别的平均受教育年限　　单位:年

民族	男	女	男—女	民族	男	女	男—女
总人口	7.03	5.44	1.59	羌族	5.86	3.94	1.91
汉族	7.11	5.52	1.59	仫佬族	7.20	5.58	1.63
少数民族	6.05	4.48	1.57	景颇族	4.52	3.62	0.90
东部民族	7.34	6.15	1.19	布朗族	3.65	2.02	1.62
满族	7.51	6.66	0.85	毛南族	6.91	5.42	1.49
土家族	6.59	4.76	1.84	普米族	5.16	2.25	2.91
朝鲜族	9.08	7.98	1.10	阿昌族	5.08	3.16	1.92
畲族	6.17	4.21	1.95	怒族	3.97	2.65	1.32
锡伯族	8.08	7.68	0.39	京族	7.53	5.38	2.15
鄂伦春族	7.74	7.73	0.01	基诺族	5.30	4.33	0.97
赫哲族	8.28	7.75	0.54	德昂族	3.36	2.16	1.20
高山族	8.96	7.90	1.06	门巴族	1.97	1.36	0.61
西部民族	5.77	4.07	1.71	独龙族	4.02	2.77	1.25
西南民族	5.61	3.55	2.05	珞巴族	2.34	2.03	0.32
壮族	6.72	4.91	1.82	西北民族	6.13	5.22	0.90
苗族	5.39	3.07	2.31	回族	6.18	4.78	1.41
彝族	4.57	2.61	1.96	维吾尔族	5.60	5.25	0.36
藏族	3.48	1.21	2.27	蒙古族	7.08	6.21	0.87
布依族	6.36	4.22	2.14	哈萨克族	6.76	6.12	0.63
侗族	5.47	2.88	2.59	东乡族	1.71	0.79	0.92
瑶族	5.97	4.08	1.89	土族	5.30	2.80	2.51
白族	6.62	4.32	2.30	柯尔克孜族	5.97	4.99	0.98
哈尼族	3.97	1.96	2.01	达斡尔族	7.69	7.48	0.21
黎族	6.14	4.58	1.56	撒拉族	3.91	1.05	2.86
傣族	4.74	3.52	1.22	塔吉克族	5.70	4.08	1.62
傈僳族	3.53	1.79	1.73	鄂温克族	7.40	7.35	0.05
仡佬族	5.94	3.78	2.16	保安族	3.72	1.35	2.37
拉祜族	2.41	1.74	0.67	俄罗斯族	8.60	8.46	0.14
佤族	3.56	2.43	1.13	裕固族	6.36	4.86	1.50
水族	5.04	2.00	3.04	乌孜别克族	7.86	7.69	0.16
纳西族	6.58	4.73	1.85	塔塔尔族	8.23	8.25	—0.02

资料来源:同表 6-5。

表 6-15　2010 年中国少数民族分性别的平均受教育年限　　　单位：年

民族	男	女	男－女	民族	男	女	男－女
总人口	9.12	8.40	0.72	羌族	8.30	7.64	0.67
汉族	9.20	8.48	0.72	仫佬族	8.66	8.15	0.51
少数民族	8.17	7.50	0.67	景颇族	7.22	6.65	0.57
东部民族	9.07	8.61	0.46	布朗族	6.62	6.02	0.60
满族	9.25	9.02	0.23	毛南族	8.61	7.96	0.65
土家族	8.56	7.80	0.77	普米族	8.07	6.57	1.50
朝鲜族	10.53	10.11	0.42	阿昌族	7.70	6.90	0.80
畲族	8.35	7.49	0.86	怒族	7.21	6.50	0.70
锡伯族	9.85	9.99	－0.14	京族	9.38	8.49	0.89
鄂伦春族	10.39	10.50	－0.11	基诺族	7.82	7.46	0.37
赫哲族	10.50	10.77	－0.27	德昂族	6.25	5.37	0.88
高山族	10.43	10.01	0.42	门巴族	5.25	5.12	0.13
西部民族	7.95	7.23	0.72	独龙族	7.37	6.50	0.86
西南民族	7.70	6.77	0.92	珞巴族	5.77	5.49	0.28
壮族	8.58	7.74	0.84	西北民族	8.47	8.16	0.31
苗族	7.71	6.65	1.06	回族	8.47	7.85	0.62
彝族	6.98	6.03	0.95	维吾尔族	8.04	8.03	0.01
藏族	5.81	4.93	0.88	蒙古族	9.36	9.14	0.21
布依族	8.37	7.41	0.95	哈萨克族	8.72	8.67	0.05
侗族	7.68	6.38	1.30	东乡族	6.16	5.21	0.95
瑶族	8.11	7.27	0.83	土族	8.32	7.33	0.99
白族	8.59	7.72	0.87	柯尔克孜族	8.28	8.02	0.26
哈尼族	6.92	5.92	1.00	达斡尔族	9.88	10.05	－0.17
黎族	8.35	7.68	0.67	撒拉族	6.88	5.18	1.71
傣族	7.05	6.62	0.44	塔吉克族	8.41	7.44	0.96
傈僳族	6.39	5.50	0.89	鄂温克族	9.81	10.12	－0.31
仡佬族	8.25	7.07	1.17	保安族	7.28	6.24	1.04
拉祜族	6.16	5.81	0.35	俄罗斯族	10.95	11.26	－0.31
佤族	6.65	5.96	0.69	裕固族	9.08	8.29	0.79
水族	7.57	6.08	1.49	乌孜别克族	9.72	10.03	－0.30
纳西族	8.83	8.04	0.79	塔塔尔族	10.42	10.80	－0.38

资料来源：同表 6-6。

二、男女平均受教育年限的民族分布

少数民族两性平均受教育年限普遍增加而以女性为著;分布显著右移,民族差异、两性差异大幅缩减。(表 6-14、6-15、6-16、6-17、6-18)

1. 男性平均受教育年限的民族分布和变化

男性平均受教育年限(年),1990 年以 5.0~7.0 的民族居多,24 个占 43.6%;3.0~5.0 的民族次之,13 个占 23.6%。<3.0 的民族 4 个,≥8.0 的民族 6 个——极差 7.37(东乡族 1.71、朝鲜族 9.08)。2010 年以 8.0~9.0 的民族居多,21 个占 38.2%。5.0~7.0、7.0~8.0、≥9.0 的民族分布相对均匀,12 个、10 个和 12 个。<7.0 的 12 个,<6.0 的 3 个——极差 5.70(门巴族 5.25,俄罗斯族 10.95)

1990—2010 年,男性平均受教育年限(年)显著上升,分布明显右移,<5.0 的民族(17 个)消失,民族差异显著减小;增幅≥2.00 的民族 43 个占 78.2%。≥3.00 的民族 9 个,极差缩减了 1.67。

2. 女性平均受教育年限的民族分布和变化

女性平均受教育年限(年),1990 年以<3.0、3.0~5.0 的民族居多,各 19 个占到 69.1%。<2.0 的 6 个,≥8.0 的 2 个——极差 7.41 年(保安族 1.05,俄罗斯族 8.46)。2010 年以 5.0~7.0 的民族居多,21 个占 38.3%,7.0~8.0 的民族各 14 个次之。<5.0 的民族 1 个,≥10.0 的民族 9 个——极差 6.33(藏族 4.93,俄罗斯族 11.26)。

1990—2010 年,女性平均受教育年限(年)显著上升,分布明显右移,民族差异显著减小:<3.00 的民族(19 个)消失,3.00~5.00 的民族(19 个)减至 1 个;增幅显著高于男性,≥3.00 的民族 39 个占 70.9%,比男性(9 个占 16.4%)多 30 个、54.5 个百分点,≥4.00 年的民族 8 个;极差下降 1.08,民族差异显著缩减。

3. 两性平均受教育年限差异的民族分布和变化

平均受教育年限两性差异(绝对值)的民族分布,1990 年,各区间相对均匀。<1.00 年、1.50~2.00 年、≥2.00 年的民族各 19 个、14 个和 13 个。其中<0.50 年的 8 个,≥2.50 年的 5 个——极差 3.03(鄂伦春族 0.01,水族 3.04)。2010 年,两性差异向 0.50~1.00 年集中,27 个占 49.1%。<0.30 年的民族 11 个,≥1.00 年的民族 8 个——极差 1.70(维吾尔族 0.01,撒拉族 1.71)。

表 6-16　1990—2010 年中国少数民族两性平均受教育年限的变化　　单位:年

民族	男	女	男－女	民族	男	女	男－女
总人口	2.08	2.96	－0.87	羌族	2.45	3.69	－1.25
汉族	2.09	2.96	－0.87	仫佬族	1.46	2.57	－1.12
少数民族	2.12	3.02	－0.90	景颇族	2.71	3.03	－0.33
东部民族	1.73	2.46	－0.73	布朗族	2.98	4.00	－1.03
满族	1.74	2.36	－0.62	毛南族	1.70	2.54	－0.84
土家族	1.97	3.04	－1.07	普米族	2.92	4.32	－1.40
朝鲜族	1.45	2.13	－0.68	阿昌族	2.62	3.75	－1.13
畲族	2.18	3.28	－1.10	怒族	3.24	3.86	－0.62
锡伯族	1.77	2.31	－0.53	京族	1.85	3.11	－1.25
鄂伦春族	2.66	2.77	－0.11	基诺族	2.52	3.13	－0.61
赫哲族	2.22	3.02	－0.80	德昂族	2.89	3.21	－0.32
高山族	1.47	2.11	－0.65	门巴族	3.28	3.76	－0.48
西部民族	2.18	3.17	－0.99	独龙族	3.35	3.73	－0.39
西南民族	2.09	3.22	－1.13	珞巴族	3.43	3.47	－0.04
壮族	1.86	2.84	－0.98	西北民族	2.34	2.94	－0.60
苗族	2.33	3.58	－1.25	回族	2.28	3.07	－0.79
彝族	2.41	3.42	－1.01	维吾尔族	2.44	2.79	－0.34
藏族	2.33	3.71	－1.38	蒙古族	2.27	2.93	－0.66
布依族	2.01	3.20	－1.19	哈萨克族	1.96	2.54	－0.58
侗族	2.21	3.50	－1.29	东乡族	4.45	4.42	0.03
瑶族	2.13	3.19	－1.06	土族	3.02	4.54	－1.52
白族	1.97	3.40	－1.43	柯尔克孜族	2.32	3.03	－0.71
哈尼族	2.95	3.95	－1.00	达斡尔族	2.19	2.57	－0.38
黎族	2.21	3.10	－0.89	撒拉族	2.97	4.13	－1.15
傣族	2.31	3.10	－0.79	塔吉克族	2.71	3.37	－0.66
傈僳族	2.86	3.70	－0.84	鄂温克族	2.41	2.77	－0.36
仡佬族	2.31	3.30	－0.99	保安族	3.57	4.89	－1.32
拉祜族	3.75	4.07	－0.32	俄罗斯族	2.35	2.79	－0.45
佤族	3.09	3.53	－0.44	裕固族	2.72	3.43	－0.71
水族	2.53	4.08	－1.55	乌孜别克族	1.87	2.33	－0.46
纳西族	2.25	3.31	－1.06	塔塔尔族	2.20	2.54	－0.35

资料来源:表 6-14、6-15。

表 6-17　1990 年、2010 年中国少数民族男性平均受教育年限的地域分布

单位:个

年份	聚居地	— 3.0 —	5.0 —	7.0 —	8.0 —	9.0 —	
		年					
1990	全国	4	13	24	8	5	1
	东部地区			2	2	3	1
	西部地区	4	13	22	6	2	
	其中:西南	3	11	15	2		
	西北	1	2	7	4	2	
2010	中国大陆			12	10	21	12
	东部地区					2	6
	西部地区			12	10	19	6
	其中:西南			10	9	12	
	西北			2	1	7	6

资料来源:表 6-14、6-15。

表 6-18　1990 年、2010 年中国少数民族女性平均受教育年限的地域分布

单位:个

年份	聚居地	— 3.0 —	5.0 —	7.0 —	8.0 —	9.0 —	
		年					
1990	全国	19	19	7	8	2	
	东部地区			2	1	5	
	西部地区	19	17	6	3	2	
	其中:西南	15	13	3			
	西北	4	4	3	3	2	
2010	全国		1	21	14	7	12
	东部地区					2	6
	西部地区		1	21	12	7	6
	其中:西南		1	18	9	3	
	西北			3	3	4	6

资料来源:表 6-14、6-15。

除东乡族略有增加（0.03 年）外，1990—2010 年各少数民族两性差异大幅缩减——总体降 0.90 年，≥1.00 年的民族由 36 个降至 8 个，减少了 28 个，极差降 1.33 年；除东乡族外，男性增量皆小于女性，两性相差＜0.50 年、0.50～1.00 年、≥1.00 年的民族依次为 15 个、19 个、21 个。

三、男女平均受教育年限的地域分布

男女平均受教育年限皆呈东高西低、北高南低态，西部增幅大于东部、西北增幅高于西南；两性平均受教育年限差异呈东小西大、北小南大态；两性差异的变化幅度呈西大东小、南大北小态。（表 6-14、6-15、6-16、6-17、6-18、6-19）

表 6-19　1990 年、2010 年中国少数民族平均受教育年限两性差异的地域分布

单位:个

年份	受教育年限(年)	全国	东部地区	西部地区	其中：	
					西南	西北
1990	1.00	19	4	15	5	10
	1.50	9	2	7	6	1
	2.00	14	2	12	10	2
		13		13	10	3
2010	0.30	11	4	7	2	5
	0.50	9	2	7	3	4
	1.00	27	2	25	20	5
		8		8	6	2

资料来源:表 6-14、6-15。

1. 男性平均受教育年限的地域分布和变化

男性平均受教育年限（年），1990 年，东部 7.34，西部 5.77，相差 1.57；西南 5.61，西北 6.13，相差 0.52。2010 年东部 9.07，西部 7.95，相差 1.12；西南 7.70，西北 8.47，相差 0.77。

与 1990 年相比，2010 年各地域民族分布显著右移，平均受教育年限显著上升。东部增 23.57％、1.73 年，西部增 37.78％、2.18 年——西部高出东部 14.21 个百分点、0.45 年；西南增 37.25％、2.09 年，西北增 38.17％、2.34 年——西北高出西南 0.92 个百分点、0.25 年。

2. 女性平均受教育年限的地域分布和变化

女性平均受教育年限（年），1990 年，东部 6.15，西部 4.07，相差 2.08；西南 3.55，西北 5.22，相差 1.67。≥5.00 年的民族，东部 6 个占 75.0％，西部 11 个占 23.4％；西南 3 个占 9.7％，西北 8 个占 50.0％。

2010 年，东部 8.61 年，西部 7.23 年，相差 1.38 年；西南 6.77 年，西北 8.16 年，相差 1.39 年。平均受教育年限≥7.00 年的民族，东部 8 个占 100.0％，西部 25 个占 53.2％；西南 12 个占 38.7％，西北 13 个占 81.3％。

1990—2010 年，平均受教育年限的变化，东部增 45.30％、2.70 年，西部增 89.32％、3.43 年——西部增幅高出东部 44.02 个百分点、0.73 年；西南增 136.11％、3.92 年，西北增 70.89％、3.41 年——西南增幅高出西北 65.22 个百分点、0.51 年。

3. 两性平均受教育年限差异的地域分布和变化

平均受教育年限的两性差异呈西高东低、南高北低态；两性差异变化幅度呈西大东小、南大北小态。

1990 年的两性差异（年），东部 1.19（男 7.34、女 6.15，下同），西部 1.70（5.77、4.07），相差 0.51；西南 2.06（5.61、3.55），西北 0.91（6.13、5.22），相差 1.15——南北差异显著大于东西差异。2010 年两性差异显著减小。西部 0.72（7.95、7.23），东部 0.46（9.07、8.61）；西南 0.93（7.70、6.77），西北的 0.31（8.47、8.16）——南北差异大于东西差异。

1990—2010 年两性平均受教育年限变化差异的地域态势是，西（0.99年）大东（0.73 年）小，南（1.13 年）大北（0.60 年）小：女性增幅高出男性增幅 1.00 年的民族，东部 2 个占 25.0％，西部 19 个占 41.3％；西南 16 个占 51.6％，西北 3 个占 18.8％。

四、两性差异与平均受教育年限

1. 两性差异与平均受教育年限

中国少数民族两性差异与平均受教育年限极显著负相关且呈增强趋势：平均受教育年限减小，两性差异增加；平均受教育年限增加，两性差异减小[①]——相关系数，1990 年为 −0.4437，2010 年为 −0.6209。（表 6-20、6-22）

---

① 两性差异随平均受教育年限增加而减小，符合并验证着一条重要的地域性规律——因子丰裕度与时—空变异反相关；因子愈是丰裕，时—空变异度便愈小（"不尽长江滚滚来"）；因子愈是短缺，时—空分异度便愈大（季节性的山间小溪，黄河在干旱年份也会出现断流）。

表 6-20　1990 年、2010 年中国少数民族按两性差异分布的平均受教育年限

单位:个

年份	受教育年限(年)	—— 3.00 —— 5.00—— 7.00 —— 8.00—— 9.00 —— 年					
1990	1.00	4	2	4	6	3	
	1.50	1	4	2		2	
	2.00	2	4	8			
		4	6	3			
2010	0.30				2	3	6
	0.50			2	1	0	6
	1.00			10	7	8	2
					4	4	

资料来源:表 6-3、6-14、6-15。

2. 女性平均受教育年限对男性的反超:情况和特征

女性平均受教育年限高出男性的民族,1990 年只有塔塔尔族(0.02年);2010 年增加到 8 个民族:塔塔尔族(0.38 年)、俄罗斯族(0.31 年)、鄂温克族(0.31 年)、乌孜别克族(0.30 年)、赫哲族(0.27 年)、达斡尔族(0.17年)、锡伯族(0.14 年)和鄂伦春族(0.11 年)。

女性对男性的反超有三个特点:一是民族数量少、反超值小。二是民族规模小——在 1990 年、2010 年两个时点所涉及的 8 个民族中,2010 年人口(万人)为,塔塔尔族 0.36,赫哲族 0.43,鄂伦春族 0.70,乌孜别克族 1.06,俄罗斯族 1.35,鄂温克族 2.64,达斡尔族 12.15,锡伯族 17.29。三是这些民族的平均受教育年限(年)都居前列而较高——1990 年塔塔尔族 8.24 排第 4 位;2010 年俄罗斯族 11.11 居首,赫哲族 10.64 排第 2 位,塔塔尔族10.60 排第 3 位,鄂伦春族 10.45 排第 4 位,鄂温克族 9.97、达斡尔族 9.97并列第 7 位,锡伯族 9.92 排第 9 位,乌孜别克族 9.86 排第 10 位。

第四节　受教育程度与人口规模和人口空间分布

一、受教育程度与人口规模

中国少数民族受教育程度与人口规模具较显著的负关联——人口规模越大，提高受教育程度的难度便越大。（表6-3、6-21）

1990年，平均受教育年限≥7年的民族，≥100万人口以上的2个占（18个）11.1％，<10万人口的7个占（19个）36.8％；2010年，平均受教育年限≥9年的民族，100万人口以上的3个占（18个）16.7％，<10万人口的7个占（19个）36.8％。

表 6-21　1990 年、2010 年中国少数民族平均受教育年限的人口规模分布　单位：个

年份	人口规模 (10^4 人)	— 3.00 — 5.00 — 7.00 — 8.00 — 9.00					
		年					
1990	100	2	4	10	1	1	
	10	5	6	5	2		
		4	6	2	3	4	
2010	100			4	4	7	3
	10			8	4	4	2
				6	4	2	7

资料来源：表2-1、5-3。

二、受教育程度与人口空间分布

人口空间分布对民族受教育程度有明显影响。（表6-22，图6-4）

人口空间离散度与平均受教育年限显著正相关且有强化趋势（1990年 $R＝0.3427$，2010年 $R＝0.3860$）：人口空间分布离散度上升，平均受教育年限较明显增加；反之，平均受教育年限较明显减小。

人口首位分布率对平均受教育年限的影响处于增大之中：1990年负相关（$R＝-0.3398$），2010年显著负相关（$R＝-0.3565$）——人口在首位聚居地分布得越多，平均受教育年限便明显减小；反之明显增加。

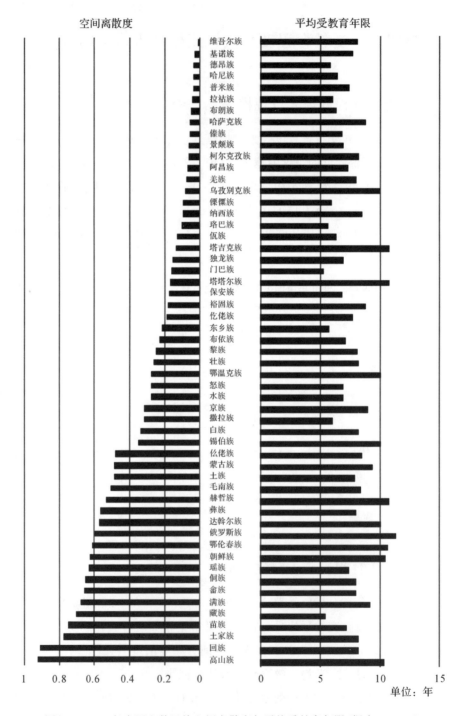

图 6-4　2010 年中国少数民族空间离散度与平均受教育年限(据表 1-9、6-3)

三、受教育程度与两性差异

受教育程度对两性差异有极显著影响。(表 6-22)

平均受教育年限与两性差异极显著负相关且呈增强态势:相关系数 1990 年为 -0.4437,2010 年升至 -0.6209。

表 6-22　1990、2010 年中国少数民族平均受教育年限与两性差异和人口空间分布

项目	年份	相关系数 (R)	置信度 (α)	临界值 (r)	相关程度
平均受教育年限的两性差异	1990	-0.4437	0.001	0.4317	极显著相关
	2010	-0.6209	0.01	0.4317	极显著相关
空间离散度	1990	0.3427	0.01	0.3415	显著相关
	2010	0.3860	0.01	0.3415	显著相关

资料来源:据表 1-9、6-3、6-14、6-15 数据计算。

第七章 劳动力资源和在业状况

中国少数民族劳动力资源、在业和不在业人口增长迅速,民族、地域差异显著并呈扩大态;劳动力资源大量增加、比重大幅上升,不在业率显著上升而在业率显著下降。地域分布,劳动力比重、不在业率呈东高西低、北高南低态;在业率相反,呈东低西高、北低南高态。

第一节 少数民族劳动力资源

一、劳动力资源的民族分布和变化

中国少数民族劳动力资源有两大特征:一是增长快;一是民族差异大。(表 7-1、7-2、7-3)

1. 劳动力资源:数量和变化

2010 年,中国少数民族劳动年龄人口(15～64 岁)7902.23 万人,比 1990 年(5619.93 万人)增 40.61%、2282.30 万人,年递增率 17.18‰——增幅、年递增率都甚为迅速并显著高于、快于全国(31.55%、13.81‰)。

劳动年龄人口占总人口的比重,1990 年 61.54%,2010 年 70.58%增 9.04 个百分点——虽在相应时点仍低于全国(66.74%、74.47%)5.20 个和 3.89 个百分点,但差距有所缩小。

2. 劳动力资源的民族分布

劳动力资源占总人口的比重,1990 年以<65%居多,48 个占 87.3%。<55%的民族 7 个:塔吉克族(52.56)、柯尔克孜族、独龙族、门巴族、德昂族、哈萨克族、怒族;≥65%的民族 7 个:朝鲜族(70.67)、高山族、俄罗斯族、纳西族、土家族、满族、裕固族——极差 18.11 个百分点。

2010 年以 65%～75%居多,43 个占 78.2%。<65%的民族 2 个:仡佬族(64.00)、珞巴族;≥75%的民族 10 个:朝鲜族(80.40)、赫哲族、达斡尔族、鄂温克族、俄罗斯族、满族、鄂伦春族、锡伯族、蒙古族和高山族——极差 16.40 个百分点。

表 7-1　1990—2010 年中国少数民族劳动力资源和变化

民族	1990 年		2010 年		1990—2010 年		
	10⁴ 人	%	10⁴ 人	%	10⁴ 人	%	百分点
总人口	75451.54	66.74	99256.11	74.47	23804.57	31.55	7.73
汉族	69831.61	67.20	91353.88	74.83	21522.27	30.82	7.68
少数民族	5619.93	61.54	7902.23	70.58	2282.30	40.61	9.04
已识别	5576.27	61.57	7862.95	70.63	2286.68	41.01	9.06
东部民族	1203.65	65.71	1581.38	73.59	377.73	31.21	7.88
满族	641.18	65.11	793.46	76.38	152.28	23.75	11.27
土家族	375.29	65.55	574.49	68.77	199.20	53.08	3.22
朝鲜族	135.93	70.67	147.21	80.40	11.29	8.30	9.73
畲族	39.65	62.47	50.32	71.01	10.67	26.90	6.54
锡伯族	10.75	62.18	14.51	76.19	3.76	34.95	14.01
鄂伦春族	0.40	57.58	0.66	76.24	0.26	63.70	18.66
赫哲族	0.25	58.72	0.42	78.45	0.17	67.87	19.73
高山族	0.19	67.64	0.30	75.26	0.11	55.04	7.62
西部民族	4372.62	60.52	6281.58	69.92	1908.96	43.66	9.40
西南民族	3008.45	60.80	4163.63	69.22	1155.18	38.40	8.42
壮族	951.58	61.17	1201.20	70.97	249.61	26.23	9.80
苗族	451.00	60.99	635.19	67.38	184.11	40.82	6.39
彝族	398.59	60.59	582.73	66.87	184.14	46.20	6.28
藏族	272.52	59.33	430.03	68.45	157.52	57.80	9.44
侗族	159.42	63.55	197.68	68.64	38.26	24.00	5.09
布依族	156.50	61.41	187.64	65.38	31.14	19.90	3.97
瑶族	126.43	59.16	193.13	69.07	66.70	52.76	9.91
白族	100.20	62.70	137.37	71.05	37.17	37.10	8.35
哈尼族	74.60	59.46	117.75	70.90	43.15	57.85	10.94
黎族	63.64	57.20	104.21	71.23	40.57	63.75	14.03
傣族	63.49	61.92	92.98	73.72	29.49	46.44	11.80
傈僳族	33.79	58.80	50.09	71.26	16.30	48.24	12.46
仡佬族	27.19	62.08	35.24	64.00	8.05	29.62	1.92
拉祜族	24.27	59.27	36.33	74.76	12.06	26.08	15.49
佤族	20.48	58.18	32.07	74.63	11.59	56.60	16.45
水族	20.44	58.89	26.89	65.29	6.45	31.54	6.40
纳西族	18.33	66.01	24.13	73.96	5.80	31.63	7.95

续表

民族	1990 年		2010 年		1990—2010 年		
	10⁴ 人	%	10⁴ 人	%	10⁴ 人	%	百分点
羌族	12.31	62.09	22.87	73.88	10.56	85.79	11.79
仫佬族	9.29	62.08	15.45	71.44	6.16	65.29	9.36
景颇族	6.71	56.29	10.51	71.08	3.79	56.50	14.79
布朗族	4.72	57.32	8.48	70.91	3.76	79.60	13.53
毛南族	4.21	58.18	6.96	68.76	2.75	65.25	10.58
普米族	2.10	60.11	3.01	70.31	0.91	43.40	10.20
阿昌族	1.55	56.05	2.64	66.82	1.09	70.14	10.77
怒族	1.49	54.65	2.64	70.29	1.15	77.50	15.64
京族	1.20	59.73	1.93	68.44	0.81	72.38	8.71
基诺族	1.11	61.55	1.69	73.01	0.58	52.39	11.46
德昂族	0.84	54.22	1.44	69.91	0.60	71.45	15.69
布朗族	0.40	53.61	0.71	67.93	0.31	77.39	14.32
独龙族	0.31	53.01	0.48	69.87	0.18	56.80	16.86
珞巴族	0.13	57.71	0.24	64.88	0.11	78.42	7.17
西北民族	1364.16	59.92	2117.94	71.34	753.78	55.26	11.42
回族	546.86	63.48	757.02	71.51	237.06	38.43	8.01
维吾尔族	402.24	55.81	698.14	69.33	295.87	73.56	13.52
蒙古族	293.39	61.10	451.98	75.56	158.60	54.06	14.46
哈萨克族	60.47	54.44	105.80	72.34	45.33	74.95	17.90
东乡族	22.56	60.39	41.28	66.43	18.72	82.97	6.04
土族	11.97	62.18	21.51	74.29	9.54	79.66	12.11
柯尔克孜族	7.43	51.75	12.87	68.92	5.44	73.25	17.17
达斡尔族	7.46	61.20	10.26	77.70	2.80	37.56	16.50
撒拉族	4.90	55.99	8.63	66.05	3.72	75.98	10.06
塔吉克族	1.74	52.36	3.52	68.99	1.78	102.53	16.43
鄂温克族	1.52	57.76	2.37	76.75	0.85	55.51	18.99
保安族	0.76	64.85	1.30	68.06	0.55	72.02	3.21
俄罗斯族	0.89	66.24	1.18	76.40	0.28	31.53	10.16
裕固族	0.80	65.06	1.07	74.75	0.27	34.36	9.69
乌孜别克族	0.86	58.38	0.76	71.84	−0.10	−19.90	13.46
塔塔尔族	0.29	58.10	0.26	73.82	−0.09	−10.77	15.71

资料来源:中国 1990 年人口普查资料(第一册)[M].380-459;中国 2010 年人口普查资料(上册)[M].199-258。

表 7-2　1990 年、2010 年中国少数民族劳动力资源的地域分布　　单位：个

年份	聚居地	—— 60 —— 65 —— 70 —— 75 —— (%)				
1990	全国	28	20	6	1	
	东部地区	2	2	3	1	
	西部地区	26	18	3		
	其中：西南	18	12	1		
	西北	8	6	2		
2010	全国		2	20	23	10
	东部地区		1	1		6
	西部地区		2	19	22	4
	其中：西南		2	13	16	
	西北			6	6	4

资料来源：表 7-1。

表 7-3　1990—2010 年中国少数民族劳动力资源变化的地域分布　　单位：个

项目		全国	东部地区	西部地区	其中：西南	其中：西北
劳动力资源数量变化（％）	0	2		2		2
	30	8	3	5	5	
		13	1	12	8	4
	50	16	4	12	10	2
	70	16		16	8	8
劳动力资源比重变化（百分点）	7	10	2	8	6	2
		12	2	10	8	2
	10	20	2	18	12	6
	15	13	2	11	5	6

资料来源：表 7-1。

注：劳动力资源数量减少时，计入 0 以下。

3. 劳动力资源变化的民族分布

1990—2010 年，少数民族劳动力资源变化（百分点）的差异极大——增

幅极差(乌孜别克族、塔吉克族)122.43,比重升幅极差(赫哲族、仡佬族)17.81。增长幅度(%),<30 的 10 个占 18.2%,其中<25 的 4 个——朝鲜族(8.30)、布依族、满族、侗族,负增长的 2 个——塔塔尔族(-10.77)、乌孜别克族(-19.90);30~50 的民族 13 个占 23.6%;50~70、≥70 的民族各16 个,各占 29.1%,其中≥75 的民族 9 个——塔吉克族(102.53)、羌族、东乡族、土族、布朗族、珞巴族、布朗族、撒拉族和怒族。

劳动力比重的增幅(百分点),<7 的民族 10 个占 18.2%,7~10 的民族12 个占 21.8%,10~15 的民族 20 个占 36.4%,≥15 的民族 13 个占23.6%。一极为仡佬族(1.92)、保安族(3.21)和土家族(3.22);一极为赫哲族(19.73)、鄂温克族(18.99)和鄂伦春族(18.66)。

1990—2010 年,劳动力资源增量(万人)最多的是维吾尔族(295.87)、壮族(249.61)、回族(237.06)、土家族(199.20)、苗族(184.11)和彝族(184.14)。

二、劳动力资源的地域分布和变化

中国已识别少数民族劳动力资源数量、比重、变化的聚居地差异显著。(表 7-1、7-2、7-3,图 7-1)

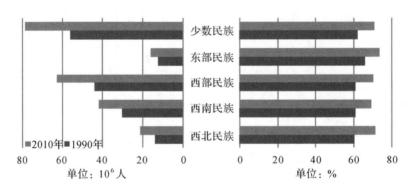

图 7-1　1990 年、2010 年中国少数民族劳动年龄人口的地域分布(据表 7-1)

1. 劳动力资源地域分布的数量和比例

中国少数民族劳动力资源呈东少西多、南多北少态——西部五有其四居多,西南三有其二。

劳动力资源(万人),1990 年 5576.27。东部 1203.65 占 21.59%,西部4372.62 占 78.41%;西部之中,西南 3008.45 占 68.80%,西北 1364.16 占31.20%。2010 年 7862.95。东部 1531.38 占 20.11%,西部 6281.58 占

79.89%；西南 4163.63 占 66.28%，西北 2117.94 占 33.72%。

劳动力资源（%）分布呈东高西低、南低北高态。1990 年、2010 年东部为 65.71、73.59，比西部（60.52、69.92）高 5.19 个和 3.67 个百分点——1990 年≥60 的民族，东部 6 个占 75.0%，西部 21 占 44.7%；2010 年，比重≥70 的民族，东部 7 个占 87.5%，西部 26 占 55.3%。1990 年，西南 60.80，比西北（59.92）高 0.88 个百分点。≥60 的民族，西北 8 个占 50.0%，西南 13 个占 41.9%。2010 年西南 69.22，比西北（71.34）低 2.12 个百分点。比重≥70 的民族，西北 10 个占 62.5%，西南 16 个占 51.6%。

2. 劳动力资源地域分布的变化

劳动力资源地域分布的变化、增速呈东缓西快、南缓北快态；劳动年龄人口比重增幅呈东低西高、北高南低态。

1990—2010 年，西部劳动年龄人口增 43.66%，高出东部（31.21%）12.45 个百分点；年递增率 18.28‰，高出东部（13.74‰）4.54 个千分点。

同期西北劳动年龄人口增 55.26%，高出西南（38.40%）16.86 个百分点；年递增率 22.24‰，高出西南（16.38‰）5.86 个千分点。

增幅（%）≥50 的民族，东部 4 个占 50.0%，西部 28 个占 59.6%，西南 18 个占 58.1%，西北 10 个占 62.5%；≥70 的民族，东部无，西部 16 个占 34.0%，西南 8 个占 25.8%，西北 8 个占 50.0%。

1990—2010 年，劳动年龄人口比重（%）的增幅（百分点），西部 9.40，高出东部（7.88）1.52，西北 11.42，高出西南（8.42）3.00。增幅≥10 的民族，东部 4 个占 50.0%，西部 29 个占 59.6%；西北 12 个占 75.0%，西南 17 个占 54.8%；增幅≥15 的民族，东部 2 个占 25.0%，西部 11 个占 23.4%；西北 6 个占 37.5%，西南 5 个占 16.1%。

第二节　少数民族不在业人口和不在业率

一、不在业人口、不在业率的民族分布和变化

中国少数民族不在业人口状况的特征：一是变化迅速；二是民族差异显著扩大。（表 7-4、7-5、7-6）

表 7-4 1990—2010 年中国少数民族不在业人口、不在业率变化

民族	1990 年		2010 年		1990—2010 年		
	10^4 人	%	10^4 人	%	10^4 人	%	百分点
总人口	17026.41	20.83	33885.09	32.11	16858.69	99.01	11.29
汉族	15870.98	20.96	31685.99	32.56	15815.00	99.65	11.60
少数民族	1155.43	19.18	2199.11	26.71	1043.68	90.33	7.53
已识别	1148.21	19.21	2186.82	26.70	1038.66	90.46	7.54
东部民族	292.39	22.75	511.46	31.80	219.07	74.92	9.05
满族	174.08	25.54	264.71	32.15	90.63	52.07	6.61
土家族	63.77	15.81	167.02	28.49	103.26	161.92	12.68
朝鲜族	40.08	27.69	58.14	44.56	18.06	45.07	16.87
畲族	11.29	26.15	16.10	30.78	4.80	42.51	4.63
锡伯族	2.87	25.28	4.93	33.13	2.06	71.74	12.05
鄂伦春族	0.16	39.30	0.29	45.95	0.13	78.94	6.65
赫哲族	0.08	31.39	0.18	42.32	0.10	121.26	10.93
高山族	0.06	29.72	0.10	30.35	0.03	55.48	0.63
西部民族	855.83	18.24	1675.36	25.46	819.54	95.76	7.22
西南民族	519.08	16.05	1001.49	22.79	482.41	92.04	6.74
壮族	182.01	17.63	284.65	22.72	102.64	56.39	5.08
苗族	69.83	14.51	156.30	23.63	86.47	23.83	9.12
彝族	51.79	12.18	113.10	17.97	61.31	118.37	5.79
藏族	57.41	19.49	121.62	27.35	64.21	111.83	7.87
侗族	28.67	16.86	55.91	25.88	27.24	94.99	9.02
布依族	25.55	15.13	53.56	26.09	28.01	109.64	10.96
瑶族	20.51	15.16	41.23	20.86	20.72	101.05	5.70
白族	20.71	19.20	37.69	25.72	16.98	81.97	6.52
哈尼族	11.09	13.95	23.30	18.60	12.21	110.16	4.65
黎族	12.46	18.34	29.42	26.51	16.96	136.09	8.17
傣族	11.25	16.52	20.24	20.35	8.99	79.95	3.82
傈僳族	3.54	9.80	8.13	14.97	4.59	129.48	5.16
仡佬族	4.53	15.67	11.07	29.43	6.54	144.39	13.77
拉祜族	2.44	9.48	5.35	13.84	2.91	119.06	4.36
佤族	2.16	9.99	5.13	15.44	2.97	137.62	5.46
水族	2.88	13.18	7.21	24.08	4.33	150.51	10.91

续表

民族	1990 年		2010 年		1990—2010 年		
	10⁴ 人	%	10⁴ 人	%	10⁴ 人	%	百分点
纳西族	3.72	18.72	7.22	27.01	3.50	94.14	8.29
羌族	2.23	16.96	7.12	27.93	4.89	219.30	10.96
仫佬族	2.01	20.28	4.48	30.00	2.46	122.39	9.72
布朗族	0.61	12.04	1.43	16.11	0.83	136.04	4.06
毛南族	0.81	17.97	1.77	23.47	0.96	118.92	5.50
普米族	0.32	16.45	0.77	23.99	0.46	144.46	7.54
阿昌族	0.29	17.48	0.42	16.17	0.12	42.61	−1.31
怒族	0.20	12.25	0.63	21.98	0.43	217.44	9.73
京族	0.28	22.85	0.73	36.07	0.45	163.54	13.22
基诺族	0.26	21.55	0.38	19.90	0.12	47.09	−1.65
德昂族	0.14	15.11	0.24	15.76	0.10	71.02	0.65
门巴族	0.07	16.91	0.15	19.63	0.08	105.23	2.72
独龙族	0.05	14.15	0.13	21.63	0.08	163.16	7.48
珞巴族	0.02	14.89	0.09	32.61	0.07	318.60	17.72
西北民族	336.75	23.09	673.87	30.80	337.12	100.11	7.71
回族	131.61	22.47	285.93	35.71	154.32	117.26	13.24
维吾尔族	81.36	18.63	177.72	24.48	96.36	118.44	5.85
蒙古族	91.76	29.77	137.74	31.22	45.97	50.10	1.45
哈萨克族	18.65	29.41	37.82	37.35	19.17	102.84	7.94
东乡族	3.06	12.83	11.84	22.30	8.77	286.34	9.47
土族	2.21	17.61	5.68	26.16	3.48	157.65	8.55
柯尔克孜族	1.90	23.59	5.28	38.07	3.38	178.43	14.48
达斡尔族	3.12	40.11	4.01	40.82	0.88	28.32	0.71
撒拉族	0.83	16.00	3.65	39.33	2.82	338.39	23.33
塔吉克族	0.51	27.03	1.55	42.00	1.02	199.28	14.97
鄂温克族	0.61	38.97	0.84	38.21	0.23	37.06	−0.76
保安族	0.11	14.07	0.48	31.86	0.36	322.60	17.79
俄罗斯族	0.36	38.46	0.55	47.09	0.19	54.10	8.63
裕固族	0.17	20.63	0.28	25.65	0.10	59.17	5.03
乌孜别克族	0.38	41.16	0.40	51.48	0.02	6.64	10.33
塔塔尔族	0.11	36.26	0.13	41.43	0.02	19.60	5.17

资料来源:中国1990年人口普查资料(第一册)[M].780、782;中国2010年人口普查资料(中册)[M].749-752。

表7-5　1990年、2010年中国少数民族不在业率的地域分布　　单位:个

年份	聚居地	—— 15 —— 20 —— 30 —— 35 ——				
		%				
1990	全国	13	21	14	1	6
	东部地区		1	5	1	1
	西部地区	13	20	9		5
	其中:西南	11	17	3		
	西北	2	3	6		5
2010	全国	2	9	22	8	14
	东部地区			1	4	3
	西部地区	2	9	21	4	11
	其中:西南	2	9	17	2	1
	西北			4	2	10

资料来源:表7-4。

表7-6　1990—2010年中国少数民族不在业人口、不在业率变化的地域分布

单位:个

项目		全国	东部地区	西部地区	其中:	
					西南	西北
不在业人口变化（%）	50	9	2	7	3	4
	100	14	4	10	7	3
	150	19	1	18	15	3
	200	7	1	6	3	3
		6		6	3	3
不在业率变化（百分点）	0	3		3	2	1
	5	11	2	9	7	2
	7	12	2	10	7	3
	10	13		13	9	4
		16	4	12	6	6

资料来源:表7-4。

1. 不在业人口、不在业率:数量和变化

2010 年,不在业人口 2199.11 万人,比 1990 年(1155.43 万人)增 90.33%、1043.68 万人,年递增率 32.70‰——增幅、年递增率低于全国平均(99.01%,35.01‰)而极显著地高于劳动力资源(40.61%,17.18‰)和在业人口(23.89%,10.77‰)。

1990—2010 年,不在业率(%,＝不在业人口/[在业人口＋不在业人口])由 19.18% 升至 26.71% 增 7.53 个百分点,但在相应时点仍低于全国(20.83%,32.11%)1.65 个和 5.40 个百分点且差距也有所扩大。

2. 不在业率的民族分布

1990 年,不在业率极差(拉祜族、乌孜别克族)为 31.68 个百分点。<20% 的民族居多,34 个占 61.8%;≥35% 的民族 6 个——乌孜别克族(41.16)、达斡尔族、鄂伦春族、鄂温克族、俄罗斯族和塔塔尔族;<15% 的民族 13 个,其中 <10% 为拉祜族(9.48)、傈僳族(9.80)和佤族(9.99)。

2010 年,不在业率极差(拉祜族、乌孜别克族)扩大到 37.64 个百分点。≥20% 的民族 44 个占 80.0%;<15% 的民族只剩下拉祜族(13.84)和傈僳族(14.97);≥35% 的民族由 6 个增加到 14 个,其中 ≥40% 的 8 个:乌孜别克族(51.48)、俄罗斯族、鄂伦春族、朝鲜族、赫哲族、塔吉克族、塔塔尔族和达斡尔族。

3. 不在业人口、不在业率变化的民族特征

1990—2010 年,不在业人口增量(10^4 人)以回族(154.32)、土家族(103.26)、壮族(102.64)、维吾尔族(96.36)、满族(90.63)、藏族(64.21)和彝族(61.31)为多。

民族增幅差异甚大,≥100% 的民族 32 个占 58.2%。一极是 ≥300% 的撒拉族(338.39)、保安族和珞巴族;一极是乌孜别克族(6.64)、塔塔尔族(19.60)、苗族(23.83)、鄂温克族(37.06)——极差达 331.75 个百分点。

1990—2010 年,不在业率增幅(百分点)极差 24.98。其中,<0(负增长)的民族 3 个——基诺族(－1.65)、阿昌(－1.31)和鄂温克族(－0.76);0～5 的民族 11 个占 20.0%,5～10 的民族 25 个占 45.5%,≥10 的民族 16 个占 29.1%,≥15 的民族 4 个为撒拉族(23.33)、保安族(17.79)、珞巴族(17.72)和朝鲜族(16.87)。

二、不在业人口、不在业率的地域分布和变化

中国少数民族不在业人口、不在业率空间分布差异大,变化地域性显

著。(表 7-4、7-5、7-6,图 7-2)

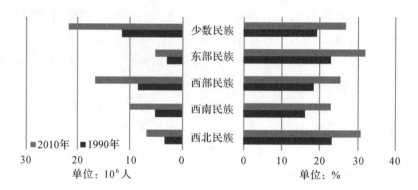

图 7-2 1990 年、2010 年中国少数民族不在业人口和不在业率的地域分布(据表 7-4)

1. 不在业人口和不在业率分布的地域分布

中国少数民族不在业人口呈西多东少、南多北少态;不在业率呈东高西低、南低北高态。

少数民族不在业人口呈西多东少、南多北少的显著特征——西部四有其三居多,西南十之有六为主——但与劳动年龄的"西部五有其四居多,西南三有其二为主"相比,比重已有显著下降。

少数民族的不在业人口(万人),1990 年 1148.21,东部 292.39 占 25.46%,西部 855.83 占 74.54%;西部之中,西南 519.08 占 60.65%,西北 336.75 占 39.35%。2010 年 2186.82,东部 511.46 占 23.39%,西部 1675.36 占 76.61%;西南 1001.49 占 59.78%,西北 673.87 占 40.22%。

1990 年、2010 年东部的不在业率(%,百分点)为 22.75、31.80,高出西部(18.24、25.46)4.51 和 6.34。1990 年,比重≥20 的民族,东部 7 个占 87.5%,西部 14 个占 29.8%;2010 年,比重≥30 的民族,东部 7 个占 87.5%,西部 15 个占 31.9%。

1990 年、2010 年西北的不在业率(%,百分点)为 23.09、30.80,高出西南(16.05、22.79)7.04 和 8.01,地域差异大于东西部。1990 年,比重≥20 的民族,西北 11 个占 68.8%,西南 3 个占 9.7%;2010 年,比重≥30 的民族,西北 12 个占 75.0%,西南 3 个占 9.7%。

2. 不在业人口和不在业率变化的地域特征

不在业人口增速呈东慢西快、北速南缓态;不在业率增幅呈东高西低、北高南低态。

1990—2010 年,不在业人口的变化,东部增 74.92%,年递增率

28.55‰,西部增 95.76％,年递增率 34.16‰——西部较东部高 20.84 个百分点和 5.61 个千分点;西北增 100.11％,年递增率 35.29‰,西南增 92.94,年递增率 33.41‰——西北较西南高 7.17 个百分点和 1.88 个千分点。增幅≥100％的民族,东部 2 个占 25.0％,西部 12 个占 25.5％;西南 6 个占 19.4％,西北 6 个占 37.5％。不在业率的增幅(百分点),东部 9.05,西部 7.22;西南 6.74,西北 7.71。增幅≥10 的民族,东部 4 个占 50.0％,西部 12 个占 25.5％;西南 6 个占 19.4％,西北 6 个占 37.5％。

第三节　少数民族在业人口和在业率

一、在业人口、在业率的民族分布和变化

中国少数民族在业状况有两大特征:一是在业人口显著增加而在业率大幅下降;一是民族差异显著扩大。(表 7-7、7-8、7-9)

1. 在业人口、在业率的数量和变化

2010 年,中国少数民族在业人口(万人)6032.93,比 1990 年(4869.61)增 23.89％、1163.33,年递增率 10.77‰——增幅(％)、年递增率(‰)显著高于全国(10.71、5.10)而远低于劳动力资源(40.61、17.18)和不在业人口(90.33、32.70)。1990—2010 年,在业率由 86.65 降至 76.34 减 10.31 个百分点,但在相应时点仍稍高出全国(85.78、72.19)0.87 个和 4.15 个百分点且差距扩大。

2. 在业人口、在业率的民族分布

1990 年,在业率极差 41.28 个百分点(塔塔尔族,傈僳族)。＜70％的民族 6 个占 10.9％——俄罗斯族(63.87)、鄂温克族、达斡尔族、乌孜别克族、鄂伦春族、塔塔尔族;≥80％的民族 40 个占 72.7％;≥90％的民族 17 个占 30.9％;≥95％的有傈僳族(96.47)、拉祜族、怒族和佤族。

2010 年,在业率极差扩大到 50.76 个百分点(朝鲜族,东乡族)。与 1990 年相比,＜70％的民族由 6 个增加到 16 个,其中＜60％的民族由 1 个增加到 8 个——朝鲜族(49.15)、乌孜别克族、鄂伦春族、俄罗斯族、达斡尔族、鄂温克族、赫哲族和哈萨克族;相应地,≥80％的民族由 40 个减至 24 个,≥90％的民族由 17 个减至 4 个——东乡族(99.91)、独龙族、傈僳族和拉祜族。

表 7-7 1990 年、2010 年中国少数民族在业人口、在业率和变化

民族	1990 年		2010 年		1990—2010 年		
	10^4 人	％	10^4 人	％	10^4 人	％	百分点
总人口	64724.47	85.78	71657.15	72.19	6932.68	10.28	−13.59
汉族	59854.86	85.71	65624.22	71.84	5769.35	9.64	−13.87
少数民族	4869.61	86.65	6032.93	76.34	1163.33	23.89	−10.31
已识别	4829.67	86.61	6002.79	76.34	1173.11	24.29	−10.27
东部民族	992.66	82.47	1096.96	69.37	104.30	10.51	−13.10
满族	507.54	79.16	558.53	70.39	50.99	10.05	−8.77
土家族	339.50	90.46	419.15	72.96	79.65	23.46	−17.50
朝鲜族	104.68	75.88	72.35	49.15	−32.33	−30.88	−26.73
畲族	31.89	80.43	36.19	71.92	4.29	13.46	−8.51
锡伯族	8.48	78.86	9.95	68.53	1.46	17.27	−10.33
鄂伦春族	0.25	61.84	0.34	51.50	0.09	36.33	−10.34
赫哲族	0.18	70.66	0.24	58.10	0.07	38.01	−12.56
高山族	0.14	74.25	0.22	72.26	0.07	50.87	−1.99
西部民族	3837.01	87.75	4905.83	78.10	1168.82	27.86	−9.65
西南民族	2715.16	90.25	3392.06	81.47	676.91	24.93	−8.78
壮族	850.23	89.35	968.33	80.61	118.10	13.89	−8.74
苗族	411.46	91.23	505.01	79.51	93.55	22.74	−11.72
彝族	373.46	93.69	516.30	88.60	142.84	38.25	−5.09
藏族	237.20	87.04	323.03	75.12	85.83	36.18	−11.92
侗族	141.36	88.67	160.17	81.03	18.81	13.31	−7.64
布依族	143.31	91.57	151.75	80.87	8.44	10.59	−10.7
瑶族	114.80	90.80	156.48	81.03	41.68	36.31	−9.77
白族	87.17	87.00	108.84	79.23	21.67	24.87	−7.77
哈尼族	68.39	91.68	101.97	86.59	33.57	49.09	−5.09
黎族	55.48	87.18	81.56	78.26	26.08	47.00	−8.92
傣族	56.82	89.50	79.23	85.21	22.41	39.43	−4.29
傈僳族	32.60	96.47	46.16	92.17	13.57	41.62	−4.30
仡佬族	24.39	89.72	26.56	75.37	2.17	8.88	−14.35
拉祜族	23.31	96.08	33.29	91.63	9.97	42.78	−4.45
水族	18.95	92.69	22.72	84.48	3.77	19.89	−8.21
纳西族	16.15	88.08	19.51	80.85	3.36	20.82	−7.23

民族	1990 年		2010 年		1990—2010 年		
	10⁴ 人	%	10⁴ 人	%	10⁴ 人	%	百分点
羌族	10.91	88.59	18.36	80.25	7.45	68.30	−8.34
仫佬族	7.91	85.18	10.45	67.63	2.53	32.03	−17.55
景颇族	5.87	87.46	8.86	84.33	2.99	50.91	−3.13
布朗族	4.44	93.90	7.46	87.98	3.03	68.29	−5.92
毛南族	3.69	87.66	5.77	82.93	2.08	56.33	−4.73
普米族	1.60	76.32	2.45	81.17	0.84	52.49	4.85
阿昌族	1.37	88.41	2.15	81.42	0.78	56.68	−6.99
怒族	1.41	95.03	2.22	84.25	0.81	57.35	−10.78
京族	0.94	83.54	1.29	67.05	0.36	38.35	−16.49
基诺族	0.93	84.13	1.52	89.78	0.58	52.63	5.65
德昂族	0.77	91.46	1.26	87.75	0.49	64.49	−3.71
门巴族	0.36	88.82	0.61	85.63	0.25	71.01	−3.19
独龙族	0.29	93.30	0.45	93.56	0.16	57.24	0.26
珞巴族	0.12	91.78	0.19	77.86	0.06	51.34	−13.92
西北民族	1121.85	82.24	1513.77	71.47	391.91	34.93	−10.77
回族	454.08	87.33	514.83	68.01	60.75	44.91	−19.32
维吾尔族	355.27	88.32	548.29	78.54	193.03	54.33	−9.78
蒙古族	216.44	73.77	303.41	67.13	86.98	40.19	−6.64
哈萨克族	44.76	74.01	63.44	59.96	18.69	41.75	−14.05
东乡族	20.82	92.28	41.25	99.91	20.43	98.11	7.63
土族	10.32	86.16	16.04	74.54	5.72	55.42	−11.62
柯尔克孜族	6.14	82.68	8.59	66.73	2.45	39.83	−15.95
达斡尔族	4.66	62.50	5.81	56.61	1.15	24.59	−5.89
撒拉族	4.37	89.14	5.63	65.26	1.26	28.84	−23.88
塔吉克族	1.39	79.71	2.12	60.29	0.74	53.09	−19.42
鄂温克族	0.96	62.82	1.36	57.18	0.40	41.56	−5.64
保安族	0.69	90.58	1.02	77.95	0.33	48.04	−12.63
俄罗斯族	0.57	63.87	0.62	52.55	0.05	8.21	−11.32
裕固族	0.67	83.42	0.80	74.44	0.13	19.90	−8.98
乌孜别克族	0.54	62.23	0.38	49.65	−0.16	70.28	−12.58
塔塔尔族	0.20	55.19	0.19	71.62	−0.01	−2.84	16.43

资料来源:中国 1990 年人口普查资料(第一册)[M].740、742;中国 2010 年人口普查资料(中册)[M].746-748。

表 7-8　1990 年、2010 年中国少数民族人口在业率的地域分布　　单位:个

年份	地域	—— 60 —— 70 —— 80 —— 90 ——				
		%				
1990	全国	1	5	9	23	17
	东部地区		1	5	1	1
	西部地区	1	4	4	22	16
	其中:西南			1	16	14
	西北	1	4	3	6	2
2010	全国	8	8	15	20	4
	东部地区	3	1	4		
	西部地区	5	7	11	20	4
	其中:西南		2	6	20	3
	西北	5	5	5		1

资料来源:表 7-7。

表 7-9　1990—2010 年中国少数民族在业人口、在业率变动的地域分布

单位:个

项目		全国	东部地区	西部地区	其中:	
					西南	西北
在业人口变化(%)	0	2	1	1		1
	20	10	3	7	5	2
	35	7	1	6	4	2
	50	18	2	16	10	6
		18	1	17	12	5
在业率变化(百分点)	0	5		5	3	2
	−5	8	1	7	7	
	−10	20	2	18	13	5
	−15	14	3	11	6	5
		8	2	6	2	4

资料来源:表 7-7。

注:在业人口变化为负时,计入 0 以下;在业率变化为正时,计入 0 以上。

3. 在业人口、在业率变化的民族分布

1990—2010 年，除朝鲜族（−30.88%）、塔塔尔族（−2.84%）外，各民族在业人口皆有不同程度的增加——东乡族98.11%最多，极差（朝鲜族、东乡族）128.99 个百分点。增幅＜20%（包括负增长）的民族12 个占21.8%，其中＜10%的有朝鲜族、塔塔尔族、俄罗斯族（8.21）和仡佬族（8.88）；增幅在20%～35%的民族7 个占12.7%；35%～50%、≥50%的民族各18 个，占32.7%和32.7%，其中≥60%的民族有东乡族、门巴族（71.01）、乌孜别克族、羌族和德昂族。在普遍下降情况下，塔塔尔族（16.43）、东乡族（7.63）、基诺族（5.65）、普米族（4.85）、独龙族（0.26）仍有不同程度的增加。

1990—2010 年，在业率变化的极差为43.16 个百分点（朝鲜族，塔塔尔族）。降幅（百分点）＜5 的民族8 个——高山族（1.99）、门巴族（3.19）、景颇族（3.21）、德昂族（3.71）、傣族（4.29）、傈僳族（4.30）、拉祜族（4.45）、毛南族（4.73）；5～10 的民族20 个；10～15 的民族14 个；≥15 的民族8 个——柯尔克孜族（15.95）、京族（16.49）、土家族（17.50）、仫佬族（17.55）、回族（19.32）、塔吉克族（19.42）、撒拉族（23.88）和朝鲜族（26.73）。

在业人口增量（万人）最多的是维吾尔族（193.03）、彝族（142.84）、壮族（118.10）、苗族（93.55）、蒙古族（86.98）、藏族（85.83）、土家族（79.65）、回族（60.75）和满族（50.99）。

二、在业人口、在业率的地域分布和变化

中国少数民族在业人口分布呈东少西多、南多北少态，变化呈东缓西速、南缓北速态；在业率呈东低西高、北低南高态，变化呈东大西小、北大南小态。（表 7-7、7-8、7-9，图 7-3）

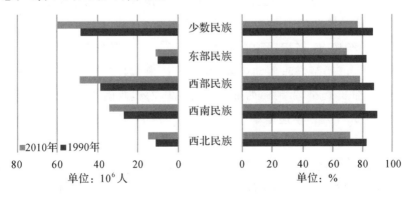

图 7-3　1990 年、2010 年中国少数民族在业人口和在业率的聚居地分布（据表 7-7）

1. 在业人口和在业率的地域分布

在业人口的聚居地分布呈东少西多，南多北少态——西部五有其四，西南十之有七。东西分布与劳动年龄人口（"西部五有其四"）相近且西部比重偏高；南北分布则比劳动年龄人口（"西南三有其二"）、不在业人口（"西南十之有六"）更向西南倾斜。

已识别少数民族的在业人口，1990 年 4829.67 万人，东部 992.66 万人占 20.55%，西部 3837.01 万人占 79.45%；西部之中，西南 2715.16 万人占 70.76%，西北 1121.85 万人占 29.24%。2010 年 6002.79 万人，东部 1096.96 万人占 18.27%，西部 4905.83 万人占 81.73%；西部之中，西南 3392.06 万人占 69.14%，西北 1513.77 万人占 30.86%。

在业率的聚居地分布与不在业率相反，呈东低西高、南高北低态。

1990 年，各聚居地的在业率（%），西部（87.75）比东部（82.47）高 5.28 个百分点，南部（90.25）比北部（82.24）高 8.01 个百分点。2010 年，东西、南北差异进一步扩大——西部（78.10）比东部（69.37）高 8.73 个百分点，南部（81.47）比北部（71.47）高 10.00 个百分点。

1990 年，在业率（%）≥80 的民族，西部 38 个占 80.9%，东部 2 个占 25.0%；西南 30 个占 96.8%，西北 8 个占 50.0%。2010 年，东部虽然仍低于西部——≥70 的民族，西部 35 个占 74.5%，东部 4 个占 50.0%，但在业率的大幅下降，则使西北在扩大与西南差距的同时——≥80 的民族，西南 23 个占 74.2%，西北 1 个占 12.5%，也降到了东部之下——<70 的民族，东部 4 个占 50.0%，西北 10 个占 62.5%。

2. 在业人口、在业率变化的地域特征

在业人口变化的聚居地分布呈东低西高、南低北高，东缓西速、南缓北速态；在业率的变化呈东大西小、北大南小态。

1990—2010 年，各聚居地在业人口的增幅（%，百分点），西部（27.86）高出东部（10.51）17.35；西北（34.93）高出西南（24.93）10.00。增幅≥35 的民族，东部 3 个占 37.5%，西部 33 个占 70.2%，西南 22 个占 71.0%，西北 11 个占 68.8%。年递增率（‰，千分点），西部（12.36）是东部（5.00）的 2.47 倍、快 7.36；西北（15.09）是西南（11.19）的 1.35 倍、快 3.90。

在业率的变化（百分点），东部降 13.10，西部降 9.65；西北降 10.77，西南降 8.78。降幅≥10% 的民族，东部 5 个占 62.5%，西部 17 个占 36.2%，西南 8 个占 25.8%，西北 9 个占 56.3%。

三、在业状况与人口空间分布和受教育程度

人口空间分布、受教育程度与在业状况存在明显的关联。(表 7-10)

表 7-10　　**2010 年中国少数民族在业率、不在业率与空间离散度、**
首位分布率和平均受教育年限

项目		相关系数 (R)	置信度 (α)	临界值 (r)	相关程度
空间离散度	在业率	-0.3735	0.01	0.3415	显著相关
	不在业率	0.2531	0.05	0.2632	不相关
首位分布率	在业率	0.3476	0.05	0.2632	显著相关
	不在业率	-0.2452	0.05	0.2632	不相关
平均受教育 年限	在业率	-0.7737	0.001	0.4280	极显著相关
	不在业率	0.6751	0.001	0.4280	极显著相关
在业率与不在业率		-0.9251	0.001	0.4280	极显著相关

资料来源:据表 1-9、6-3、7-4。

人口空间分布离散度与不在业率不相关而对在业率有显著影响。在业率与人口空间离散度显著负相关($R=-0.3735$),与首位分布律显著正相关($R=0.3476$)——在业率较明显地随空间离散度的上升而下降,随首位分布律的增加而上升。平均受教育年限与在业率极显著负相关($R=-0.7737$),与不在业率极显著正相关($R=0.6751$)——随着人口受教育程度的提高,在业率十分明显地下降,不在业率十分明显地上升。在业率与不在业率如同"跷跷板"那样,呈极显著的负相关关系($R=-0.9251$)。

第八章　产业和职业构成

　　中国少数民族在业人口的产业、职业构成民族差异显著,在受教育水平极大影响的同时,与离散度/首位分布率高度关联而展现很强的地域性。在业人口构成的空间分布,第一产业和职业Ⅴ呈东低西高、南高北低态;第二产业呈东高西低、南高北低态;第三产业、职业Ⅰ、职业Ⅱ、职业Ⅲ、职业Ⅳ、职业Ⅵ呈东高西低、南低北高态。

第一节　少数民族在业人口的产业构成

一、在业人口产业构成的民族分布和变化

　　中国少数民族产业构成和变化的基本特征是,第一产业比重高,第二、三产业比重低而对比强烈,民族差异大和变化迅速。(表 8-1、8-2、8-3、8-4、8-5,图 8-1)

1. 第一、二、三产业构成对比强烈,民族差异大且变化迅速

　　2010 年,中国少数民族在业人口(%)按第一、二、三产业区分[①]的构成是 69.42、12.15、18.43,与全国平均(48.36、24.15、27.49)比较,第一产业比例极显著高于第二、三产业,但与 1990 年相比发生了巨大变化(百分点)——第一产业(83.36)下降 13.94,第二产业(6.83)、第三产业(9.81)上升 5.32 和 8.62。以下两组数据(%)展示的,即是这种显著差异(括号内前一组数据为 2010 年,后一组数据为 1990 年):

　　第一组(一产高,二、三产低):珞巴族(87.63、1.61、10.75、89.10、0.73、10.17),独龙族(88.30、3.75、7.95、89.24、1.60、9.16),德昂族(89.77、3.17、7.06、95.79、1.00、3.21),塔吉克族(88.79、2.17、9.04、87.34、0.88、

---

① 第一产业为农、林、牧、渔业;第二产业包括采矿业,制造业,电力、燃气及水的生产、供应业和建筑业;第一、二产业之外各业为第三产业。少数民族计未识别民族和入籍外国人;各聚居地为已识别民族。

表 8-1　1990 年、2010 年中国少数民族在业人口产业构成　　单位:%

民族	2010 年			1990 年		
	产业 1	产业 2	产业 3	产业 1	产业 2	产业 3
总人口	48.36	24.15	27.49	72.24	15.30	12.46
汉族	46.42	25.26	28.32	71.34	15.99	12.67
少数民族	69.42	12.15	18.43	83.36	6.83	9.81
东部民族						
满族	58.48	14.59	26.92	68.07	16.07	15.86
土家族	60.28	19.86	19.86	89.10	3.66	7.24
朝鲜族	26.46	20.19	53.35	52.75	22.25	25.01
畲族	49.98	26.41	23.61	85.26	7.34	7.39
锡伯族	53.74	13.64	32.62	60.64	19.00	20.36
鄂伦春族	30.29	9.12	60.59	39.82	12.75	47.43
赫哲族	32.38	20.49	47.13	44.17	16.74	39.08
高山族	43.58	19.27	37.16	33.01	29.27	37.72
西南民族						
壮族	69.31	14.13	16.56	88.92	4.13	6.94
苗族	70.47	17.33	12.20	93.01	2.30	4.69
彝族	82.62	7.35	10.04	93.68	2.01	4.31
藏族	82.23	3.25	14.53	86.70	2.44	10.86
侗族	63.53	19.92	16.55	90.37	3.05	6.58
布依族	69.35	18.05	12.60	93.08	2.29	4.63
瑶族	73.84	14.09	12.06	92.07	2.66	5.27
白族	66.87	13.24	19.89	82.94	7.68	9.37
哈尼族	78.85	9.36	11.79	94.44	1.68	3.87
黎族	81.15	5.63	13.22	91.77	1.64	6.59
傣族	80.93	5.73	13.34	93.51	1.61	4.88
傈僳族	89.74	3.58	6.68	96.30	0.74	2.96
仡佬族	61.81	18.79	19.39	91.97	2.00	6.02
拉祜族	87.85	4.19	7.95	96.60	0.94	2.46
佤族	78.08	11.71	10.21	95.09	1.43	3.48
水族	75.31	14.71	9.98	93.72	2.01	4.27
纳西族	67.53	4.38	28.10	82.10	5.91	11.99
仫佬族	55.82	19.46	24.72	81.27	6.57	12.16

续表

民族	2010 年			1990 年		
	产业 1	产业 2	产业 3	产业 1	产业 2	产业 3
景颇族	82.26	5.06	12.68	92.17	1.84	5.99
布朗族	85.52	5.41	9.07	96.09	0.90	3.01
毛南族	63.60	18.61	17.78	84.85	5.41	9.75
普米族	77.80	6.05	16.15	91.64	1.78	6.58
阿昌族	78.95	9.48	11.57	93.30	1.75	4.95
怒族	80.11	6.17	13.73	92.03	1.10	6.88
京族	48.92	9.04	42.04	72.90	8.55	18.55
基诺族	82.47	2.64	14.90	88.82	2.65	8.53
德昂族	89.77	3.17	7.06	95.79	1.00	3.21
门巴族	84.59	3.11	12.30	88.56	1.09	10.34
独龙族	88.30	3.75	7.95	89.24	1.60	9.16
珞巴族	87.63	1.61	10.75	89.10	0.73	10.17
西北民族						
回族	52.81	14.36	32.83	62.27	19.11	18.62
维吾尔族	82.59	3.94	13.47	85.24	5.06	9.70
蒙古族	63.50	8.95	27.55	71.87	9.31	18.81
哈萨克族	78.33	3.93	17.74	82.48	3.47	14.05
东乡族	88.05	3.17	8.78	96.53	0.77	2.70
土族	69.06	13.41	17.53	88.63	3.64	7.74
柯尔克孜族	81.30	3.30	15.41	86.84	1.83	11.33
达斡尔族	52.57	8.89	38.55	48.03	15.91	36.05
撒拉族	65.26	5.19	29.56	89.39	2.45	8.15
塔吉克族	88.79	2.17	9.04	87.34	0.88	11.78
鄂温克族	58.60	6.20	35.20	56.29	8.73	34.98
保安族	77.36	6.20	16.44	89.09	4.20	6.72
俄罗斯族	18.45	13.75	67.80	18.26	34.34	47.40
裕固族	65.88	8.13	26.00	82.12	3.94	13.94
乌孜别克族	33.42	13.00	53.58	35.53	19.72	44.74
塔塔尔族	54.79	7.45	37.77	48.08	11.71	40.20

资料来源:中国 1990 年人口普查资料(第一册)[M].740-751;中国 2010 年人口普查资料(中册)[M].739-745。

表 8-2　1990—2010 年中国少数民族在业人口产业构成变化　单位:百分点

民族	产业 1	产业 2	产业 3	民族	产业 1	产业 2	产业 3
总人口	−23.88	8.85	15.03	仫佬族	−25.45	12.89	12.56
汉族	−24.92	9.27	15.65	景颇族	−9.91	3.22	6.69
少数民族	−13.94	5.32	8.62	布朗族	−10.57	4.51	6.06
东部民族				毛南族	−21.25	13.20	8.03
满族	−9.59	−1.48	11.06	普米族	−13.84	4.27	9.57
土家族	−28.82	16.20	12.62	阿昌族	−14.35	7.73	6.62
朝鲜族	−26.29	−2.06	28.34	怒族	−11.92	5.07	6.85
畲族	−35.28	19.07	16.22	京族	−23.98	0.49	23.49
锡伯族	−6.90	−5.36	12.26	基诺族	−6.35	−0.01	6.37
鄂伦春族	−9.53	−3.63	13.16	德昂族	−6.02	2.17	3.85
赫哲族	−11.79	3.75	8.05	门巴族	−3.97	2.02	1.96
高山族	10.57	−10.00	−0.56	独龙族	−0.94	2.15	−1.21
西南民族				珞巴族	−1.47	0.88	0.58
壮族	−9.46	−4.75	14.21	西北民族			
苗族	−22.54	15.03	7.51	回族	−9.46	−4.75	14.21
彝族	−11.06	5.34	5.73	维吾尔族	−2.65	−1.12	3.77
藏族	−4.47	0.81	3.67	蒙古族	−8.37	−0.36	8.74
侗族	−26.84	16.87	9.97	哈萨克族	−4.15	0.46	3.69
布依族	−23.73	15.76	7.97	东乡族	−8.48	2.40	6.08
瑶族	−18.23	11.43	6.79	土族	−19.57	9.77	9.79
白族	−16.07	5.56	10.52	柯尔克孜族	−5.54	1.47	4.08
哈尼族	−15.59	7.68	7.92	达斡尔族	4.54	−7.02	2.50
黎族	−10.62	3.99	6.63	撒拉族	−24.13	2.74	21.41
傣族	−12.58	4.12	8.46	塔吉克族	1.45	1.29	−2.74
傈僳族	−6.56	2.84	3.72	鄂温克族	2.31	−2.53	0.22
仡佬族	−30.16	16.79	13.37	保安族	−11.73	2.00	9.72
拉祜族	−8.75	3.25	5.49	俄罗斯族	0.19	−20.59	20.40
佤族	−17.01	10.28	6.73	裕固族	−16.24	4.19	12.06
水族	−18.41	12.70	5.71	乌孜别克族	−2.11	−6.72	8.84
纳西族	−14.57	−1.53	16.11	塔塔尔族	6.71	−4.26	−2.43
羌族	−15.74	6.40	9.34				

资料来源:表 8-1。

表 8-3　1990 年、2010 年中国少数民族在业人口产业构成(1)的地域分布　单位:个

年份	聚居地	— 60 — 70 — 80 — 90 —				
		%				
1990	全国	9	3	2	21	20
	东部地区	4	2		2	
	西部地区	5	1	2	19	20
	其中:西南			1	11	19
	西北	5	1	1	8	1
2010	全国	15	12	10	18	
	东部地区	7	1			
	西部地区	8	11	10	18	
	其中:西南	2	7	8	14	
	西北	6	4	2	4	

资料来源:表 8-1。

表 8-4　1990 年、2010 年中国少数民族在业人口产业构成(2)的地域分布　单位:个

年份	聚居地	2 5 — 10 — 15 —				
		%				
1990	全国	18	17	9	2	9
	东部地区		1	1	1	5
	西部地区	18	16	8	1	4
	其中:西南	15	11	5		
	西北	3	5	3	1	4
2010	全国	1	13	19	11	11
	东部地区			1	2	5
	西部地区	1	13	18	9	6
	其中:西南	1	8	11	5	6
	西北		5	7	4	

资料来源:表 8-1。

表 8-5　1990、2010 年中国少数民族在业人口产业构成(3)的地域分布　　单位:个

年份	聚居地	—— 5 —— 10 —— 15 —— 20 ——				
		%				
1990	全国	13	19	9	4	10
	东部地区		2		1	5
	西部地区	13	17	9	3	5
	其中:西南	12	13	5	1	
	西北	1	4	4	2	5
2010	全国	8	16	12	19	
	东部地区				1	7
	西部地区	8	16	11	12	
	其中:西南		6	15	7	3
	西北		2	1	4	9

资料来源:表 8-1。

11.78),傈僳族(89.74、3.58、6.68,96.30、0.74、2.96),东乡族(88.05、3.17、8.78,96.53、0.77、2.70)。

第二组(一产低,二、三产高):俄罗斯族(18.45、13.75、67.80,18.26、34.34、47.40％),乌孜别克族(33.42、13.00、53.58,35.53、19.72、44.74),鄂伦春族(30.29、9.12、60.59,39.82、12.75、47.43),朝鲜族(26.46、20.19、53.35,52.75、22.25、25.01)。

2. 第一产业比重显著下降,第二、三产业比重相应上升;第一、二产业民族差异缩小,第三产业民族差异扩大

第一产业(％)≥80 的民族,1990 年 41 个占 74.5％,2010 年 18 个占 32.7％;<60 的民族,1990 年 9 个占 16.4％,2010 年 15 个占 27.3％。

在业人口构成的极差(百分点),1990 年为 78.34(俄罗斯族 18.26,拉祜族 96.60);2010 年减至 71.32(俄罗斯族 18.45,德昂族 89.77)。

第二产业(％)≥10 的民族,1990 年 11 个占 20.0％,2010 年 22 个占 30.9％;<2 的民族,1990 年 18 个占 32.7％,2010 年 1 个占 1.8％。

极差(百分点),1990 年 33.61(珞巴族 0.73,俄罗斯族 34.34);2010 年减至 24.80(珞巴族 1.61,畲族 26.41)。

第三产业(％)≥20 的民族,1990 年 10 个占 18.2％,2010 年 19 个占

34.5％；＜10 的民族，1990 年 32 个占 58.2％，2010 年 8 个占 14.5％。

极差（百分点），1990 年 44.97（拉祜族 2.46，鄂伦春族 47.43）；2010 年增至 61.12（傈僳族 6.68，俄罗斯族 67.80）。

二、在业人口产业构成的地域分布和变化

在业人口产业分布的地域特征，第一产业东低西高，第二、三产业东高西低，第一、二产业南高北低，第三产业南低北高。（表 8-1、8-2、8-3、8-4、8-5，图 8-1）

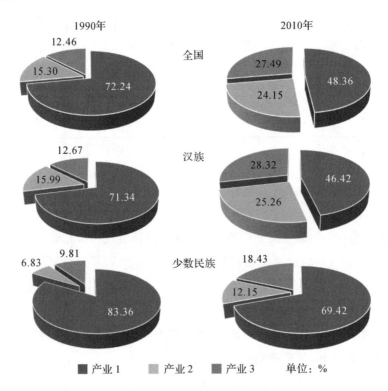

图 8-1　1990 年、2010 年中国少数民族在业人口产业构成（据表 8-1）

1. 第一产业在业人口构成的地域分布和变化

第一产业在业人口地域分布呈东低西高、南高北低态。

1990 年，第一产业（％）≥80％的民族，东部 2 个占 25.0％，西部 39 个占 83.0％；西北 9 个占 56.3％，西南 30 个占 96.8％。2010 年，地域差异虽明显减小，但东低西高、南高北低态势仍十分显著，≥60 的民族，东部 1 个占 12.5％，西部 39 个占 83.0％；西北 10 个占 62.5％，西南 30 个占 93.5％。

2. 第二产业在业人口构成的地域分布和变化

第二产业在业人口地域分布呈东高西低、南高北低态。

1990 年,第二产业(%)≥5 的民族,东部 7 个占 87.5%,西部 13 个占 27.7%;西北 8 个占 50.0%,西南 5 个占 16.1%。2010 年,东低西高的态势仍十分显著,≥10 的民族,东部 7 个占 87.5%,西部 15 个占 31.9%;西南高于西北的增幅,形成西南对西北的地域反转:西南 11 个占 35.5%,西北 4 个占 25.0%。

3. 第三产业在业人口构成的地域分布和变化

第三产业在业人口地域分布呈东高西低、南低北高态。

1990 年,在业人口≥15% 的民族,东部 6 个占 75.0%,西部 8 个占 17.0%;西北 7 个占 43.8%,西南 1 个占 3.2%。2010 年,地域差异虽明显减小,但东低西高,南低北高的态势仍十分显著——≥20% 的民族,东部 7 个占 87.5%,西部 12 个占 25.5%;西南 3 个占 9.7%,西北 9 个占 56.3%。

第二节　少数民族在业人口的职业构成

一、在业人口职业构成的民族分布和变化

中国少数民族在业人口职业[①]构成分布的显著特征是:民族差异大、变化迅速:职业 Ⅴ 比重显著下降,职业 Ⅳ、职业 Ⅵ 较显著上升;职业 Ⅱ、职业 Ⅲ、职业 Ⅳ 民族差异显著增加,职业 Ⅴ、职业 Ⅵ 民族差异显著减小。(表 8-6、8-7、8-8、8-9、8-10、8-11、8-12、8-13,图 8-2)

2010 年,中国少数民族在业人口按职业的构成占比(%),分别为 0.93(职业 Ⅰ),4.94(职业 Ⅱ),2.82(职业 Ⅲ),9.48(职业 Ⅳ),69.37(职业 Ⅴ),12.38(职业 Ⅵ)和 0.08(职业 Ⅶ),除职业 Ⅴ 外,比重皆低于全国(1.77、6.83、4.32、16.17、48.33、22.48、0.10)。

1990 年的相应数据为 1.29、4.44、1.31、3.30、82.70、6.93 和 0.03。

---

① 职业 Ⅰ 指国家机关、党群组织、企业、事业单位负责人;职业 Ⅱ 为专业技术人员;职业 Ⅲ 为办事人员和有关人员;职业 Ⅳ 为商业、服务业人员;职业 Ⅴ 为农、林、牧、渔、水利业生产人员;职业 Ⅵ 为生产、运输设备操作人员及有关人员,职业 Ⅶ 为不便分类的其他从业人员。

表 8-6　1990 年中国少数民族在业人口的职业构成　　　　单位:%

民族	职业 I	职业 II	职业 III	职业 IV	职业 V	职业 VI	职业 VII
总人口	1.75	5.31	1.74	5.41	70.58	15.16	0.05
汉族	1.79	5.39	1.78	5.58	69.59	15.83	0.05
少数民族	1.29	4.44	1.31	3.30	82.70	6.93	0.03
东部民族							
满族	2.39	7.21	2.11	5.91	66.95	15.35	0.09
土家族	0.91	3.37	1.00	2.14	88.56	4.00	0.01
朝鲜族	4.07	12.15	3.07	9.62	51.65	19.27	0.15
畲族	0.77	3.14	0.95	2.68	83.31	9.14	0.01
锡伯族	3.51	11.06	2.77	6.16	59.02	17.36	0.10
鄂伦春族	7.22	18.77	9.42	10.63	38.37	15.24	0.36
赫哲族	6.90	17.99	7.01	9.50	40.55	17.76	0.28
高山族	4.22	16.82	7.40	12.94	31.63	26.85	0.28
西南民族							
壮族	0.87	3.19	0.91	2.24	88.48	4.30	0.14
苗族	0.60	2.27	0.70	1.21	92.73	2.48	0.01
彝族	0.68	2.12	0.75	0.96	93.26	2.23	0.01
藏族	1.29	6.24	1.13	1.53	86.17	3.63	—
侗族	0.79	3.16	0.95	1.71	90.10	3.28	—
布依族	0.58	2.38	0.72	1.03	92.91	2.38	0.01
瑶族	0.81	2.64	0.79	1.29	91.68	2.77	0.01
白族	1.23	4.77	1.34	2.46	82.31	7.88	0.01
哈尼族	0.52	1.81	0.73	1.03	93.84	2.07	—
黎族	0.70	2.90	1.20	1.77	91.11	2.32	—
傣族	0.60	2.36	0.73	1.22	92.90	2.19	0.01
傈僳族	0.52	1.43	0.54	0.52	95.91	1.09	—
仡佬族	0.88	3.02	0.83	1.37	91.67	2.22	—
拉祜族	0.29	1.12	0.40	0.63	96.28	1.29	—
佤族	0.54	1.74	0.63	0.67	94.30	2.12	—
水族	0.58	2.08	0.63	1.04	93.55	2.13	—
纳西族	1.53	5.92	1.89	3.22	80.98	6.46	—
羌族	1.18	4.18	1.32	1.79	88.58	2.95	0.01

续表

民族	职业 I	职业 II	职业 III	职业 IV	职业 V	职业 VI	职业 VII
仫佬族	1.52	5.18	1.66	4.43	80.74	6.47	—
景颇族	0.95	2.86	1.17	1.35	91.58	2.08	—
布朗族	0.60	1.50	0.54	0.59	95.52	1.26	—
毛南族	1.40	5.07	1.53	2.41	84.35	5.23	0.01
普米族	1.32	3.22	1.15	1.22	90.80	2.28	—
阿昌族	0.82	2.56	0.79	0.94	92.84	2.05	—
怒族	1.01	3.28	1.23	1.11	91.29	2.08	—
京族	1.99	6.07	2.61	8.65	71.58	9.08	—
基诺族	0.95	3.58	1.35	2.50	88.44	3.17	—
德昂族	0.44	1.81	0.64	0.48	95.36	1.27	—
门巴族	2.30	3.98	1.91	1.37	88.37	2.07	—
独龙族	1.08	5.10	1.35	1.63	88.02	2.81	—
珞巴族	2.12	3.66	1.87	1.30	89.10	1.95	—
西北民族							
回族	2.21	6.14	2.29	9.20	61.71	18.37	0.09
维吾尔族	0.87	4.15	1.07	3.67	84.07	6.15	0.02
蒙古族	2.70	9.36	2.92	4.97	70.33	9.63	0.10
哈萨克族	1.82	8.81	1.80	2.90	80.26	4.37	0.04
东乡族	0.41	1.09	0.27	0.93	96.37	0.93	—
土族	0.89	4.62	1.00	1.43	88.05	3.99	0.02
柯尔克孜族	1.60	6.75	1.69	1.99	85.09	2.87	0.01
达斡尔族	5.12	17.02	6.45	9.46	45.17	16.42	0.36
撒拉族	0.85	3.45	0.90	2.33	89.12	3.35	—
塔吉克族	2.55	6.00	2.28	1.61	85.62	1.90	0.02
鄂温克族	4.97	17.05	6.94	7.96	52.47	10.08	0.53
保安族	1.28	2.30	1.11	2.03	88.82	4.46	—
俄罗斯族	4.24	20.73	6.64	14.78	16.13	37.10	0.39
裕固族	3.79	5.14	2.70	3.34	80.11	4.87	0.04
乌孜别克族	3.23	18.42	3.93	18.77	33.63	21.98	0.04
塔塔尔族	4.76	21.74	4.40	8.54	45.58	14.83	0.15

资料来源:中国1990年人口普查资料(第一册)[M].768-771。

注:"—"表示数据小于最小单位。

表 8-7   2010 年中国少数民族在业人口的职业构成   单位:%

民族	职业 Ⅰ	职业 Ⅱ	职业 Ⅲ	职业 Ⅳ	职业 Ⅴ	职业 Ⅵ	职业 Ⅶ
总人口	1.77	6.83	4.32	16.17	48.33	22.48	0.10
汉族	1.85	7.00	4.45	16.79	46.40	23.41	0.10
少数民族	0.93	4.94	2.82	9.48	69.37	12.38	0.08
东部民族							
满族	1.81	7.35	3.98	13.16	58.45	15.21	0.04
土家族	0.88	5.12	3.09	10.65	60.20	19.94	0.12
朝鲜族	3.86	13.45	6.53	32.97	26.36	16.73	0.09
畲族	1.61	4.88	2.98	14.39	50.50	25.55	0.09
锡伯族	1.91	10.26	5.75	15.41	53.60	13.06	0.01
鄂伦春族	5.59	16.47	18.53	17.94	29.12	12.35	—
赫哲族	2.46	17.21	10.25	16.39	32.38	21.31	—
高山族	4.13	8.72	11.01	16.97	44.04	15.14	—
西南民族							
壮族	0.64	4.12	2.37	9.41	69.21	14.14	0.11
苗族	0.53	3.15	1.92	6.66	70.40	17.28	0.06
彝族	0.52	2.81	1.63	5.01	82.58	7.42	0.03
藏族	0.76	5.09	2.74	4.88	82.96	3.50	0.07
侗族	0.74	4.50	2.68	8.97	63.36	19.66	0.10
布依族	0.56	3.57	2.17	6.19	69.29	18.16	0.05
瑶族	0.58	3.66	2.21	6.25	73.81	13.38	0.11
白族	0.88	5.86	3.30	9.71	66.67	13.54	0.04
哈尼族	0.41	2.58	1.48	7.00	78.70	9.79	0.04
黎族	0.57	2.90	2.27	7.14	81.24	5.85	0.03
傣族	0.42	3.16	1.90	7.77	80.46	6.27	0.01
傈僳族	0.29	1.88	1.16	3.10	89.69	3.87	0.01
仡佬族	1.19	6.44	3.36	8.27	61.62	19.06	0.07
拉祜族	0.36	1.95	1.12	4.57	87.12	4.86	0.02
佤族	0.33	2.77	1.59	5.89	75.93	13.49	—
水族	0.42	3.02	1.62	4.99	75.30	14.63	0.03
纳西族	1.04	7.38	5.47	12.70	67.36	6.03	0.03
羌族	0.87	4.04	2.59	8.83	72.89	10.72	0.07

民族	职业 I	职业 II	职业 III	职业 IV	职业 V	职业 VI	职业 VII
仫佬族	1.55	6.60	4.06	13.28	55.64	18.79	0.09
景颇族	0.52	2.95	3.07	6.27	82.34	4.85	—
布朗族	0.39	2.83	1.38	4.34	85.45	5.61	—
毛南族	0.92	5.89	3.50	8.09	63.34	18.21	0.03
普米族	0.86	4.46	2.78	8.22	77.84	5.85	—
阿昌族	0.60	3.53	1.91	5.30	78.86	9.80	—
怒族	0.90	4.32	2.84	5.67	80.06	6.21	—
京族	2.01	6.72	5.56	25.58	50.00	10.12	—
基诺族	0.86	5.08	2.83	6.46	82.40	2.37	—
德昂族	0.16	1.67	1.43	3.89	89.69	3.17	—
门巴族	0.33	3.61	3.93	4.26	84.26	3.61	—
独龙族	0.88	4.19	1.55	2.21	87.64	3.53	—
珞巴族	0.54	2.15	3.23	3.23	87.63	3.23	—
西北民族							
回族	1.75	6.67	4.42	19.40	52.72	14.95	0.09
维吾尔族	0.47	4.24	1.93	5.95	82.74	4.55	0.12
蒙古族	1.63	9.09	5.05	11.06	63.25	9.82	0.10
哈萨克族	1.23	7.37	3.68	5.15	77.57	4.94	0.05
东乡族	0.44	1.53	0.93	5.71	87.97	3.42	—
土族	1.06	6.88	3.42	7.36	68.84	12.42	0.02
柯尔克孜族	1.74	6.29	3.21	4.03	81.65	3.06	0.02
达斡尔族	2.39	13.68	8.56	13.28	51.55	10.44	0.10
撒拉族	1.71	4.56	2.43	19.20	65.08	6.93	0.09
塔吉克族	0.94	4.99	1.65	1.88	88.28	2.26	—
鄂温克族	2.14	10.77	9.00	11.37	58.01	8.71	—
保安族	0.98	4.92	3.25	8.27	76.97	5.61	—
俄罗斯族	4.21	24.27	14.24	22.17	16.34	18.77	—
裕固族	2.00	8.63	5.75	11.38	65.63	6.63	—
乌孜别克族	2.92	14.06	12.73	20.95	31.56	17.77	—
塔塔尔族	1.06	17.02	6.91	11.17	54.26	9.57	—

资料来源:中国 2010 年人口普查资料(中册)[M]. 746-748。

注:"—"表示数据小于最小单位。

表 8-8　1990 年、2010 年中国少数民族在业人口职业 Ⅰ、Ⅱ 构成的地域分布

单位:个

年份	聚居地	职业 Ⅰ 构成 —0.75—1.0—2.0—3.0—					职业 Ⅱ 构成 — 3 — 5 — 7 — 15 —				
		%									
1990	全国	13	12	13	6	11	17	15	10	5	8
	东部地区		2		1	5		2		3	3
	西部地区	13	10	13	5	6	17	13	10	2	5
	其中:西南	12	7	10	2		15	10	6		
	西北	1	3	3	3	6	2	3	4	2	5
2010	全国	21	11	13	6	4	11	18	11	11	4
	东部地区		1	3	1	3		1	1	4	2
	西部地区	21	10	10	5	1	11	17	10	7	2
	其中:西南	19	8	3	1		10	13	7	1	
	西北	2	2	7	4	1	1	4	3	6	2

资料来源:表 8-6、8-7。

表 8-9　1990 年、2010 年中国少数民族在业人口职业 Ⅲ、Ⅳ 构成的地域分布

单位:个

年份	聚居地	职业 Ⅲ 构成 — 1 — 2 — 3 — 5 —					职业 Ⅳ 构成 — 3 — 5 — 7 — 10 —				
		%									
1990	全国	19	20	7	3	6	37	5	2	7	4
	东部地区	1	1	2	1	3	2		2	2	2
	西部地区	18	19	5	2	3	35	5		5	2
	其中:西南	16	14	1			28	2		1	
	西北	2	5	4	2	3	7	3		4	2
2010	全国	1	14	12	14	14	2	9	12	12	20
	东部地区			1	2	5					8
	西部地区	1	14	11	12	9	2	9	12	12	12
	其中:西南		12	10	7	2	1	8	9	10	3
	西北	1	2	1	5	7	1	1	3	2	9

资料来源:表 8-6、8-7。

表 8-10　1990 年、2010 年中国少数民族在业人口职业 V、VI 构成的地域分布

单位:个

年份	聚居地	职业 V 构成					职业 VI 构成				
		— 60 — 70 — 80 — 90 —					— 2 — 5 — 10 — 15 —				
		%									
1990	全国	10	2	2	21	20	6	29	8	2	10
	东部地区	5	1		2			1	1		6
	西部地区	5	1	2	19	20	6	28	7	2	4
	其中:西南			1	11	19	4	22	5		
	西北	5	1	1	8	1	2	6	2	2	4
2010	全国	15	12	10	18			14	15	12	14
	东部地区	7	1							2	6
	西部地区	8	11	10	18			14	15	10	8
	其中:西南	2	7	8	14			9	9		6
	西北	6	4	2	4			5	6	3	2

资料来源:表 8-6、8-7。

1990—2010 年,少数民族的职业构成发生了极为显著的变化(百分点):

由于职业 V 比重的显著下降(−13.33),除职业 Ⅰ(−0.36)有所减小外,职业 Ⅱ、职业 Ⅲ、职业 Ⅳ、职业 Ⅵ、职业 Ⅶ上升了 0.50、1.51、6.18、5.45 和 0.05 等不同比例。

1. 在业人口职业 Ⅰ 构成的民族分布和变化

职业 Ⅰ(％)的极差(百分点),1990 年为 6.93(拉祜族 0.29％,鄂伦春族 7.22％),2010 年减至 5.43(傈僳族 0.16％,鄂伦春族 5.59％)。

1990—2010 年,职业 Ⅰ(％)＜1.00 的民族由 25 个增至 32 个(其中＜0.75 的民族由 13 个增至 21 个),≥3 的民族由 11 个——鄂伦春族(7.22)、赫哲族、达斡尔族、鄂温克族、塔塔尔族、俄罗斯族、高山族、朝鲜族、裕固族、锡伯族、乌孜别克族,减至 4 个——鄂伦春族(5.59)、俄罗斯族、高山族和朝鲜族。

2. 在业人口职业 Ⅱ 构成的民族分布和变化

职业 Ⅱ的极差(百分点),1990 年为 20.65(东乡族 1.09％,塔塔尔族 21.74％),2010 年增至 22.74(东乡族 1.53％,俄罗斯族 24.27％)。

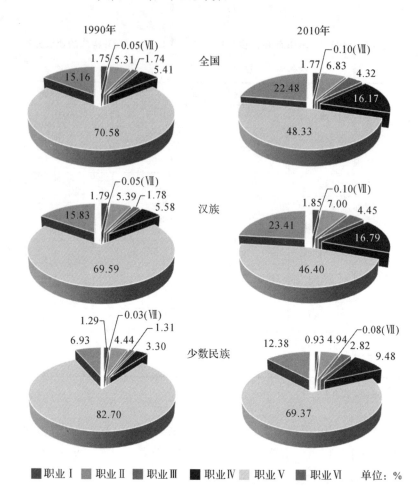

职业Ⅰ 职业Ⅱ 职业Ⅲ 职业Ⅳ 职业Ⅴ 职业Ⅵ 单位：%

图 8-2   1990 年、2010 年中国少数民族在业人口的职业构成（据表 8-6、8-7）

职业Ⅱ（％）的显著变化是高低两端明显减小：1990—2010 年，＜3 的民族由 17 个减少到 11 个，≥15 的民族由 8 个——塔塔尔族（21.74）、俄罗斯族、鄂伦春族、乌孜别克族、赫哲族、鄂温克族、达斡尔族、高山族，减至 4个——俄罗斯族（24.27）、赫哲族、塔塔尔族和鄂伦春族。

3. 在业人口职业Ⅲ构成的民族分布和变化

职业Ⅲ 的极差（百分点），1990 年为 9.15（东乡族 0.27％，鄂伦春族9.42％），2010 年大幅度升至 17.60（东乡族 0.93％，鄂伦春族 18.53％）。

职业Ⅲ（％）的变化是低端缩进和高端扩张：1990—2010 年，＜2 的民族由 39 个减少到 15 个，≥5 的民族由 6 个：鄂伦春族（9.42）、高山族、赫哲族、鄂温克族、俄罗斯族和达斡尔族——增加到 14 个，其中≥10 的为鄂伦春族（18.53）、俄罗斯族、乌孜别克族、高山族和赫哲族。

4. 在业人口职业Ⅳ构成的民族分布和变化

职业Ⅳ的极差（百分点），1990 年为 18.29（德昂族 0.48%，俄罗斯族 18.77%），2010 年大幅度升至 31.09（塔吉克族 1.88%，朝鲜族 32.97%）。职业Ⅳ(%)变化的特征是低端缩进和高端上升：1990—2010 年，<5 的民族由 42 个减少到 11 个，≥10% 的民族由 4 个增加到 20 个。

5. 在业人口职业Ⅴ构成的民族分布和变化

职业Ⅴ的极差（百分点），1990 年为 80.24（俄罗斯族 16.13%，东乡族 96.37%），2010 年降至 73.35（俄罗斯族 16.34%，德昂族 89.69%）。职业Ⅴ(%)的变化呈低端显著增加、高端大幅缩减态：1990—2010 年，<60 的民族由 10 个增加到 15 个，≥80% 的民族由 41 个减少到 18 个。

6. 在业人口职业Ⅵ构成的民族分布和变化

职业Ⅵ的极差（百分点），1990 年为 36.17（东乡族 0.93%，俄罗斯族 37.10%），2010 年大幅度降至 23.29（塔吉克族 2.26%，畲族 25.55%）。职业Ⅵ(%)的变化呈低端显著减小、高端显著增加态：1990—2010 年，<5 的民族由 35 个减少到 14 个，≥10% 的民族由 12 个增加到 26 个。

二、在业人口职业构成的地域分布和变化

中国少数民族在业人口职业构成的空间分布，职业Ⅰ、职业Ⅱ、职业Ⅲ、职业Ⅳ、职业Ⅵ呈东高西低、南低北高态；职业Ⅴ呈东低西高、南高北低态。（表 8-6、8-7、8-8、8-9、8-10，图 8-2）

1. 在业人口职业Ⅰ构成的地域分布和变化

职业Ⅰ的空间分布呈东高西低、南低北高态。职业Ⅰ≥2% 的民族，1990 年东部 6 个占 75.0%，西部 11 个占 23.4%；西北 9 个占 56.3%，西南 2 个占 6.5%。2010 年东部 4 个占 50.0%，西部 6 个占 12.8%，西北 5 个占 31.3%，西南 1 个占 3.2%。

2. 在业人口职业Ⅱ构成的地域分布和变化

职业Ⅱ的空间分布呈东高西低，南低北高态。1990 年，职业Ⅱ≥5% 的民族，东部 6 个占 75.0%，西部 17 个占 36.2%；西北 11 个占 68.8，西南 6 个占 19.4%。2010 年职业Ⅱ≥7% 的民族，东部 6 个占 75.0%，西部 9 个占 19.5%；西北 8 个占 50.0%，西南 1 个占 3.2%。

3. 在业人口职业Ⅲ构成的地域分布和变化

职业Ⅲ的地域分布呈东高西低、南低北高态。1990 年，职业Ⅲ≥2% 的

民族,东部 6 个占 75.0%,西部 10 个占 21.3%;西北 9 个占 56.3,西南 1 个占 3.2%。2010 年,职业Ⅲ≥3%的民族,东部 7 个占 87.5%,西部 21 个占 44.7%;西北 12 个占 75.0%,西南 9 个占 29.9%。

4. 在业人口职业Ⅳ构成的地域分布和变化

职业Ⅳ的空间分布亦呈东高西低、南低北高态。1990 年,职业Ⅳ比重 ≥7%的民族,东部 4 个占 50.0%,西部 7 个占 14.9%;西南 1 个占 3.2%,西北 6 个占 37.5%。2010 年,职业Ⅳ≥10%的民族,东部 8 个占 100.0%,西部 12 个占 25.5%;西南 3 个占 9.7%,西北 9 个占 56.3%。

5. 在业人口职业Ⅴ构成的地域分布和变化

职业Ⅴ的空间分布呈东低西高、南高北低态。1990 年,职业Ⅴ比重 ≥80%的民族,西部 39 个占 83.0%,东部 2 个占 25.0%;西南 30 个占 96.8%,西北 9 个占 56.3%。2010 年,职业Ⅴ≥60%的民族,东部 1 个占 12.5%,西部 39 个占 83.0%;西南 29 个占 93.5%,西北 10 个占 62.5%。

6. 在业人口职业Ⅵ构成的地域分布和变化

职业Ⅵ的空间分布呈东高西低、南低北高态。1990 年,职业Ⅵ比重 ≥5%的民族,东部 7 个占 87.5%,西部 13 个占 27.7%,;西南 5 个占 16.1%,西北 8 个占 50.0%。2010 年,职业Ⅵ比重≥10%的民族,西部 18 个占 38,3%,东部 8 个占 100.0%;西南 13 个占 41.9%,西北 5 个占 31.3%。

第三节　产业、职业构成与人口空间分布和受教育程度

中国少数民族在业人口的产业构成,在受教育水平极大影响的同时,亦与离散度、首位分布率高度关联而且有着很强的地域性。

一、产业构成与人口空间分布和受教育程度

产业构成与人口空间分布和受教育程度密切关联。(表 8-11)

1. 空间离散度、首位分布率、平均受教育年限与产业构成

空间离散度与产业 1 极显著负相关($R=-0.5742$),与产业 2 极显著正相关($R=0.6557$),与产业 3 显著正相关($R=0.4175$)——空间分布离散度上升,产业 1 比重十分明显地下降,产业 2 十分明显地上升,产业 3 十分明显地增加。

表 8-11 2010 年中国少数民族人口产业构成与空间离散度、首位分布率和平均受教育年限

项目	产业	相关系数(R)	置信度(α)	临界值(r)	相关程度
空间离散度	1	−0.5742	0.001	0.4280	极显著相关
	2	0.6557	0.001	0.4280	极显著相关
	3	0.4175	0.01	0.3415	显著相关
首位分布率	1	0.5419	0.001	0.4280	极显著相关
	2	−0.6102	0.001	0.4280	极显著相关
	3	−0.3978	0.01	0.3415	显著相关
平均受教育年限	1	−0.8373	0.001	0.4280	极显著相关
	2	0.4345	0.001	0.4280	极显著相关
	3	0.8352	0.001	0.4280	极显著相关

资料来源:据表 1-9、6-3、8-1 数据计算。

首位分布率与产业 1 极显著正相关($R=0.5419$),与产业 2 极显著负相关($R=−0.6102$),与产业 3 显著负相关($R=−0.3978$)——人口在首位聚居地的比重增加,产业 1 十分明显地上升,产业 2 十分明显地下降,产业 3 明显地减小。

平均受教育年限与产业 1 极显著负相关($R=−0.8373$),与产业 2、产业 3 极显著正相关($R=0.4345,0.8352$)——人口受教育程度增加,产业 1 十分明显地下降,产业 2、产业 3 十分明显地上升。

2. 产业构成与空间离散度、首位分布率和平均受教育年限

产业 1 与人口空间分布离散度和首位分布率、平均受教育年限皆呈极显著相关关系——产业 1 随空间离散度、平均受教育年限的增加而十分明显地下降,随首位分布率的增加而十分明显地上升。

产业 2 与人口空间分布离散度和首位分布率、平均受教育年限皆呈极显著相关关系——产业 2 随空间离散度、平均受教育年限的增加而十分明显地上升,随首位分布率的增加而十分明显地下降。

产业 3 与人口空间分布离散度显著正相关,与首位分布率显著负相关,与平均受教育年限极显著正相关——产业 3 随空间离散度的增加而显著地上升,随平均受教育年限的增加而十分显著地上升,随首位分布率的增加而明显地下降。

二、职业构成与人口空间分布和受教育程度

职业构成与人口空间分布和受教育程度同样密切关联。(表 8-12)

1. 空间离散度、首位分布率、平均受教育年限与职业构成

空间离散度与职业 Ⅱ 正相关($R=0.3317$),与职业 Ⅲ 显著正相关($R=0.3489$),与职业 Ⅰ、职业 Ⅳ、职业 Ⅵ 极显著正相关($R=0.4695,0.4676,0.6240$),与职业 Ⅴ 极显著负相关($R=-0.5650$)——人口空间离散度增加,职业 Ⅱ 占比较显著增加,职业 Ⅲ 显著增加,职业 Ⅰ、职业 Ⅳ、职业 Ⅵ 十分显著地增加,职业 Ⅴ 十分显著地减小。

表 8-12 2010 年中国少数民族人口职业构成与空间离散度、首位分布率和平均受教育年限

项目	职业	相关系数 (R)	置信度 (α)	临界值 (r)	相关程度
空间 离散度	Ⅰ	0.4695	0.001	0.4280	极显著相关
	Ⅱ	0.3317	0.05	0.2632	相关
	Ⅲ	0.3489	0.01	0.3415	显著相关
	Ⅳ	0.4676	0.001	0.4280	极显著相关
	Ⅴ	−0.5650	0.001	0.4280	极显著相关
	Ⅵ	0.6240	0.001	0.4280	极显著相关
首位 分布率	Ⅰ	−0.4723	0.001	0.4280	极显著相关
	Ⅱ	−0.3033	0.05	0.2632	相关
	Ⅲ	−0.3573	0.01	0.3415	显著相关
	Ⅳ	−0.4368	0.001	0.4280	极显著相关
	Ⅴ	0.5334	0.001	0.4280	极显著相关
	Ⅵ	−0.5798	0.001	0.4280	极显著相关
平均受 教育年限	Ⅰ	0.7729	0.001	0.4280	极显著相关
	Ⅱ	0.8616	0.001	0.4280	极显著相关
	Ⅲ	0.7751	0.001	0.4280	极显著相关
	Ⅳ	0.6839	0.001	0.4280	极显著相关
	Ⅴ	−0.8377	0.001	0.4280	极显著相关
	Ⅵ	0.4901	0.001	0.4280	极显著相关

资料来源:据表 1-9、6-3、8-7 数据计算。

首位分布率与职业Ⅱ负相关($R=-0.3033$)，与职业Ⅲ显著负相关（$R=-0.3573$)，与职业Ⅰ、职业Ⅳ、职业Ⅵ极显著负相关($R=-0.4723$，-0.4368，-0.5798)，与职业Ⅴ极显著正相关($R=0.5334$)——首位分布率增加，职业Ⅱ占比较显著减小，职业Ⅲ显著减小，职业Ⅰ、职业Ⅳ、职业Ⅵ十分显著地减小，职业Ⅴ十分显著地增加。

平均受教育年限与职业Ⅴ极显著负相关($R=-0.8377$)，与职业Ⅰ、职业Ⅱ、职业Ⅲ、职业Ⅵ、职业Ⅵ极显著正相关($R=0.7729,0.8616,0.7751$，$0.6839,0.4901$)——平均受教育年限增加，职业Ⅴ占比十分显著地减小，职业Ⅰ、职业Ⅱ、职业Ⅲ、职业Ⅵ、职业Ⅵ十分显著地增加。

2. 职业构成与空间离散度、首位分布率和平均受教育年限

职业Ⅰ与首位分布率极显著负相关，与空间离散度、平均受教育年限极显著正相关：占比随首位分布率的上升而十分显著地减小，随空间离散度、平均受教育年限的上升而十分显著地增加。职业Ⅱ与空间离散度正相关，与首位分布率负相关，与平均受教育年限极显著正相关：占比随空间离散度的上升而上升，随首位分布率的上升而下降，随平均受教育年限的增加而十分显著地上升。职业Ⅲ与空间离散度显著正相关，与首位分布率显著负相关，与平均受教育年限极显著正相关：占比随空间离散度的增加而显著地上升，随首位分布率的增加而显著地下降，随平均受教育年限的增加而十分显著地上升。职业Ⅳ与首位分布率极显著负相关，与空间离散度、平均受教育年限极显著正相关：占比随首位分布率的增加而十分显著地下降，随空间离散度、平均受教育年限的增加而十分显著地上升。职业Ⅴ与首位分布率极显著正相关，与空间离散度、平均受教育年限极显著负相关：占比随首位分布率的增加而十分显著地上升，随空间离散度、平均受教育年限的增加而十分显著地下降。职业Ⅵ与首位分布率极显著负相关，与空间离散度、平均受教育年限极显著正相关：占比随首位分布率的增加而十分显著地下降，随空间离散度、平均受教育年限的增加而十分显著地上升。

第九章　民族人口学特征的地域性

地域性与民族性是人口学特征"一枚钱币的两个面",民族性也是一种地域性。地域性既是实证的,也是理论的。之于实证,是中国少数民族人口学特征分布和变化——现代性长足进展中明显的东西、南北差异;人口聚类与聚居地分类,综合因子设定分类与聚居地分类显著的重叠度。之于理论,是地域性理论——环境可塑性、"地域趋异—民族趋同"机制、聚居地烙印对人口学特征分布和变化空间差异的解释,以及自然—人文环境,特别是受教育程度、人口分布离散度与人口学特征的高度关联。

第一节　民族人口学特征的地域性理论

一、民族人口学特征的地域性理论

民族人口学特征地域性内含民族人口学特征空间分布的地域性、环境可塑性、环境烙印和"地域趋异—民族趋同"机制。其所要明确的科学问题是,其一,作为一种现象,人口学特征地域性的内涵,与民族性的关系,二者的尺度界限;其二,人口学特征地域性的环境决定论本质,环境可塑性在地域性、民族性形成中的基础和关键作用;其三,地域性的形成机制,即人口学特征是如何通过"地域趋异—民族趋同"机制被打上环境烙印的。

1. 民族人口学特征的地域性:地域趋异和民族趋同

民族人口学特征(demographic characteristics)　包括空间分布、出生、死亡、迁移、婚姻、家庭、生育、性别、年龄、人口类型、负担系数、受教育程度、产业和职业构成……(相对慢变化的)民族文化、民族习俗、民族宗教……亦称人口现象。

地域性(regional characteristics/regionalism)　即地域特性,与区域性同义。作为一定区域自然与人文要素相互作用结果的地域性,指各种地域所具有的综合特性,体现着地区在自然、经济、社会、人文等领域的差别性,是各地区间相互区别的标志。

民族人口学特征的地域性　指民族人口学特征或多或少地被打上环境的"烙印"而在空间分布上具不同程度的地域性特征①：同一民族人口现象在不同地域的差异性——**地域趋异**，不同民族人口现象在同一地域的相似性——**民族趋同**。

2. 民族人口学特征的环境可塑性：地域性理论的核心和基础

环境可塑性（environmental plasticity）　指在环境（自然—经济—社会—文化，下同）作用下，人之生活习性及表型可被塑造/改变的属性，或发生适应性改变——对变化了的、新的环境在生活习性、表型上的响应/适应②。在这里，环境因子是自然的、人文的，在绝大多数情况下是自然—人文综合的。

民族人口学特征的环境可塑性　指在环境的长期"侵蚀"（影响）作用下，民族人口学现象处于不同程度的适应性变化之中。

环境可塑性既是民族人口学特征地域性理论的核心内涵——由于环境可塑性的存在，才会有环境在历史上对民族人口学特征永不停息的塑造、再塑造，或民族人口学特征对变化着的环境不断地响应/适应和再响应/适应，进而民族人口学特征空间分布地域性的形成，也是民族人口学特征地域性基础理论——趋异效应、趋同效应、聚居地效应、离散效应、边缘效应、胁迫效应和教育效应等地域性理论要素的前置性条件。

---

① 相近概念为人口的地域性。指人口在区域内的相似性和区域间的差异性，即在地理、历史条件相似的特定的地域内，人口发展过程具有相似的特征，而在两个以上具有地理、历史条件不同的地区，人口发展过程则有明显的差异——如人口的水平地带性。

② 可塑性（plasticity）泛指事物在外力作用下可改变和变化的属性——物质、生物、人和社会可被塑造的一种可能性。在物理学那里，指固体（如胶泥、塑料、大部分金属）在外力（包括加热）作用下发生形变并保持形变的性质。之于生物，指生物体在未达到成熟/稳定水平之前，其结构、形态和功能在环境影响下发生变异的属性；从"适者生存"看，是生物——既是个体的，也是种群和生态系统的——对新的或变化了的环境（某种生物也是另一种生物的环境）做出的一种响应/适应，如同加衣御寒那样必然、自然和必要。

　　【环境引起的表型变化或人对环境的生理适应】　在寒冷的北方，人的鼻梁高、鼻腔长（温暖冷空气以保护肺），体型高大（在增加热容量的同时减小单位体积的散热面积以提高保温效果）；在炎热的南方，人的鼻梁低、鼻腔短（不必对空气加热），体型小（在减小热容量的同时增加单位体积的散热面积以提高散热效果）——南方青年身高在近二三十年的迅速增加，则是生存环境变化的结果：户外体力活动显著减少，营养显著改善和空调的普遍。（说明：散热速率与散热面积正相关；体积变化快于面积变化——由是，体型增大，单位体积散热面积减小；体型减小，单位体积散热面积增加。）

3. 人口学特征的环境烙印：地域性与民族性

人口学特征的环境烙印　指处于时间流（历史、当代、未来）中的环境在民族人口学特征上"烙"下的"印记"、"投下"的"影子"，或民族人口学特征对环境的"折射"——不论是民族性还是地域性，都是环境在人口学特征上刻下的"印记"。

人口学特征的民族性（nationality）　指异于他族的人口学特征。环境可塑性表明，人口学特征的民族性是非刚性的、可变的，而非刚性的、不变的。

人口学特征的地域性与民族性：一枚钱币的两个面；地域性与尺度正相关，民族性与尺度反相关　从现象看，人口学特征的地域性和民族性是一枚钱币的两个面；既是民族的（各异的），也是地域的（共同的）；地域性与尺度正相关，民族性与尺度反相关，即随着空间尺度的扩大，民族性/各异性减弱、"退隐"，地域性增强并凸显。

民族性也是一种地域性：历史的和现实的　从民族的起源/形成看，民族性是一种历史地域性，即历史环境对某一具"共同地域"人群"投下"的"影子"——民族性是历史环境的产物，不同的历史环境造就了不同的民族；从民族的发展/变化看，民族性是一种进行式的现实地域性——变化着的环境塑造、再塑造着民族的人口学特征，并通过"趋异—趋同机制"带来以民族趋异、地域趋同为展现的原有民族人口学特征的变化和新特征的产生。是故，人口学特征的民族性，在本质上也是一种地域性。

4. 民族人口学特征的"地域趋异—民族趋同"机制

基于环境可塑性的"地域趋异—民族趋同"是民族人口学特征地域性的基本作用机制。

二、民族人口学特征地域性的理论要素

民族人口学特征地域性的理论要素包括环境可塑性和以之为前置的趋异效应、趋同效应、离散效应、边缘效应、胁迫效应和教育效应，等等。

1. 民族人口学特征的趋异效应和地域趋异的空间态势

趋异效应，指由于环境可塑性的存在，因空间流动而分散在不同地域的同一民族（民族形成初期，他们必定生活在同一环境）的各个部分的人口学特征，便会因受不同环境的长期"侵蚀"而趋异——变得各不相同，产生地域差异，形成同一民族（Ⅰ，或Ⅱ，Ⅲ）人口现象在不同环境（A，B，C）中的趋异/

地域趋异：Ⅰ→Ⅰₐ、Ⅰᵦ、Ⅰ𝒸；Ⅱ→Ⅱₐ、Ⅱᵦ、Ⅱ𝒸；Ⅲ→Ⅲₐ、Ⅲᵦ、Ⅲ𝒸。

地域趋异的空间态势是，同一民族人口学特征的内部差异随空间扩散和地域单元的降阶（省→地→县，下同）而扩大/趋异。成因机制是，空间扩散和地域单元降阶（空间尺度变小）使塑造力地域单元数量增多，塑造民族人口学特征的环境力一步步趋于多样——Ⅰ→ⅠＡ、ⅠＢ、ⅠＣ；ⅠＡ→ⅠA1、ⅠA2、ⅠA3（ⅠＢ→ⅠB1、ⅠB2、ⅠB3，ⅠＣ→ⅠC1、ⅠC2、ⅠC3）……（表9-1）

2. 民族人口学特征的趋同效应和民族趋同的空间态势

趋同效应，指由于环境可塑性的存在，因空间流动而集聚在同一地域的不同民族（比例不等部分）——不论他们的文化、宗教、习俗如何，其人口学特征都会因受共同环境的长期"侵蚀"而趋同[①]——民族差异被抹平而变得相近，形成不同民族（Ⅰ，Ⅱ，Ⅲ）人口现象在同一环境（A，或B，C）中的趋同/民族趋同：ⅠＡ—ⅡＡ—ⅢＡ；ⅠＢ—ⅡＢ—ⅢＢ；ⅠＣ—ⅡＣ—ⅢＣ。

民族趋同的空间态势是，不同民族人口学特征的趋同程度与扩散带来的单元增加无关，仅随地域单元的降阶而上升。成因机制是，地域单元降阶使塑造力地域单元的空间尺度变小（省→地→县→乡），塑造民族人口学特征的环境力一步步趋于同一[②]——ⅠＡ—ⅡＡ—ⅢＡ；ⅠA1—ⅡA1—ⅢA1（ⅠA2—ⅡA2—ⅢA2，ⅠA3—ⅡA3—ⅢA3）……（表9-1）

表9-1　民族人口学特征的地域趋异和民族趋同

民族	一级扩散地域			二级扩散地域 ……								
	A	B	C	A1	A2	A3	B1	B2	B3	C1	C2	C3
Ⅰ	ⅠＡ	ⅠＢ	ⅠＣ	ⅠA1	ⅠA2	ⅠA3	ⅠB1	ⅠB2	ⅠB3	ⅠC1	ⅠC2	ⅠC3
Ⅱ	ⅡＡ	ⅡＢ	ⅡＣ	ⅡA1	ⅡA2	ⅡA3	ⅡB1	ⅡB2	ⅡB3	ⅡC1	ⅡC2	ⅡC3
Ⅲ	ⅢＡ	ⅢＢ	ⅢＣ	ⅢA1	ⅢA2	ⅢA3	ⅢB1	ⅢB2	ⅢB3	ⅢC1	ⅢC2	ⅢC3
……	……	……	……	……	……	……	……	……	……	……	……	……

民族趋同↓

地域趋异→

[①] 趋异、趋同最初是生物学概念，这里系借用。趋异（divergence）指生活在不同环境中的同种或同一品系昆虫逐渐形成不同特征的现象；趋同（convergence）指生活在同一/近似环境中的不同种昆虫逐渐形成相似特征的现象。

[②] 这里须强调和明确的是，降阶带来塑造力地域单元空间尺度变小，在民族趋同情境下是塑造力单一性的增加，在地域趋异情境下是地域单元数量进而塑造力多样性的增加。不论空间阶层如何，在同一地域同时发生的，一方面是某一民族人口学特征的趋异，一方面是各个民族人口学特征的趋同。民族人口学特征，之于某一民族是具体、各异而民族的，之于由各个民族形成的共体是抽象、相同而地域的。

3. 民族人口学特征的聚居地效应和聚居地烙印

聚居地效应指以同一地域为聚居地（居住着该民族大部分或最高比例人口的地域，可有 1～2 个，考虑地域降阶带来的首位分布率的下降，可视基尼分布/首位分布率而增至 3 个）的各个民族，其人口学特征的差异，由于趋同效应/民族趋同被"抹平"而在总体上变得较为接近。聚居地烙印指某一民族的人口学特征，在很大程度上为该民族聚居地的环境所塑造、所规定，被深深地打上聚居地环境的烙印并与集聚程度密切相关。

聚居地效应/聚居地烙印具明显的指向性。即，以良好环境（自然条件对人类活动限制小，经济、社会、教育发达）为聚居地的民族（总体）和生活在其上的民族（部分），其人口学特征的现代性便显著；反之，以退化环境（自然条件对人类活动限制大，经济、社会、教育发展滞后）为聚居地的民族（总体）和生活在其上的民族（部分），其人口学特征的传统性便明显。

三、"地域趋异—民族趋同"机制

环境可塑性是民族人口学特征地域性的基础机制；基于环境可塑性的"地域趋异—民族趋同"机制是民族人口学特征地域性的作用机制。（表 9-1，图 9-1）

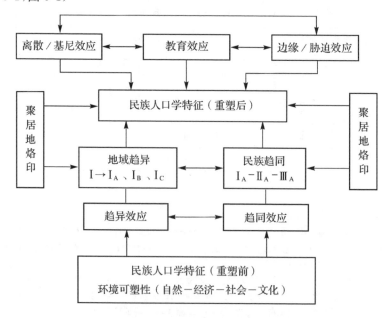

图 9-1　民族人口学特征的环境可塑性和"地域趋异—民族趋同"机制

对具环境可塑性的民族人口学特征,存在着两个同时进行的,为受教育程度、边缘效应、胁迫效应和离散效应/基尼效应所强化的环境塑造过程:一个是对同一民族(Ⅰ,或Ⅱ,Ⅲ)而言的,通过趋异效应在不同环境(A,B,C)中的地域趋异——变得不一样(Ⅰ→Ⅰ$_A$、Ⅰ$_B$、Ⅰ$_C$;Ⅱ→Ⅱ$_A$、Ⅱ$_B$、Ⅱ$_C$,;Ⅲ→Ⅲ$_A$、Ⅲ$_B$、Ⅲ$_C$);一个是对数个不同民族(Ⅰ,Ⅱ,Ⅲ)而言的,通过趋同效应在同一环境(A,或 B,C)中的地域趋同——变得相似(Ⅰ$_A$—Ⅱ$_A$—Ⅲ$_A$;Ⅰ$_B$—Ⅱ$_B$—Ⅲ$_B$;Ⅰ$_C$—Ⅱ$_C$—Ⅲ$_C$)。这是两个互为前提、互为条件的过程:同一民族人口学特征在不同环境的地域趋异/变得不一样,保证了不同民族人口学特征在同一环境的民族趋同/变得相似;不同民族人口学特征在同一环境的民族趋同,则使同一民族人口学特征在不同环境的地域趋异得以实现。

"地域趋异—民族趋同"是一个"自治"的过程:正是由于人口学特征的民族趋异,才会有民族人口学特征的离散效应和基尼效应;正是由于民族人口学特征的地域趋同,才会有聚居地对各民族人口学特征的"抹平",进而聚居地效应和聚居地烙印的存在;正是由于地域趋异和民族趋同,才会有边缘效应、胁迫效应和教育效应对民族人口学特征的再塑造。

"趋异—趋同"机制基于环境可塑性,也以它的存在,证明着环境可塑性和地域性理论。

四、受教育程度、离散效应和"边缘—胁迫效应":强大的环境塑造力

受教育程度、离散效应和边缘—胁迫效应,显著强化着对民族人口学特征的环境塑造力。

1. 受教育程度:一种综合性的环境塑造力

受教育程度既是一种为环境所塑造的民族人口学特征,也是对民族人口学特征进行再塑造的具综合性质的环境力。环境不同,带来受教育程度的民族差异和空间分布的地域性——以西北(陕西、甘肃、青海、宁夏、新疆、内蒙古)为聚居地的民族高于以西南(四川、重庆、贵州、云南、广西、海南、西藏)为聚居地的民族,以东部(西部之外的省区市)为聚居地的民族高于以西部(西北、西南)为聚居地的民族(表6-3、6-5);受教育程度的不同,又规定着其他民族人口学特征的差异——在(中国 2010 年 55 个已识别民族)平均受教育年限与民族人口学特征的 31 种关联中,极显著 25 项占到 80.65%。(表9-2)

表 9-2 2010 年中国少数民族人口学特征与空间离散度和平均受教育年限

民族人口学特征		空间离散度		平均受教育年限	
		R	相关程度	R	相关程度
空间离散度				0.3860	显著
平均受教育年限		0.3860	显著		
人口性别比		0.0871	不相关	−0.0203	不相关
人口变动	出生率	−0.3773	显著	−0.5734	极显著
	死亡率	−0.3100	相关	−0.6501	极显著
	自然增长率	−0.2093	不相关	−0.2196	不相关
	迁移人口比例	0.6640	极显著	0.7400	极显著
年龄结构	少儿系数	−0.3248	相关	−0.6838	极显著
	老年系数	0.3337	相关	0.1063	不相关
	人口类型	0.3736	显著	0.4974	极显著
	总负担社会系数	−0.1888	不相关	−0.6610	极显著
	负担少儿系数	−0.2944	相关	−0.6874	极显著
	负担老年系数	0.3025	相关	0.0424	不相关
家庭和婚姻	初婚年龄	0.3602	显著	0.8182	极显著
	未婚率	−0.0522	不相关	0.1535	不相关
	丧偶率	−0.1899	不相关	−0.4441	极显著
	离婚率	0.1733	不相关	0.5243	极显著
生育状况	一般生育率	−0.4990	极显著	−0.7410	极显著
	总和生育率	−0.3670	显著	−0.7410	极显著
	1 孩率	0.3771	显著	0.7294	极显著
	活产子女数	0.3092	相关	−0.7550	极显著
人口在业状况	不在业率	0.2531	相关	0.6751	极显著
	在业率	−0.3735	显著	−0.7737	极显著
在业人口产业构成	产业 1	−0.5742	极显著	−0.8373	极显著
	产业 2	0.6557	极显著	0.4345	极显著
	产业 3	0.4175	极显著	0.8352	极显著

续表

民族人口学特征		空间离散度		平均受教育年限	
		R	相关程度	R	相关程度
在业人口职业构成	职业Ⅰ	0.4695	极显著	0.7729	极显著
	职业Ⅱ	0.3317	显著	0.8616	极显著
	职业Ⅲ	0.3489	显著	0.7751	极显著
	职业Ⅳ	0.4676	极显著	0.6839	极显著
	职业Ⅴ	−0.5650	极显著	−0.8377	极显著
	职业Ⅵ	0.6240	极显著	0.4901	极显著

资料来源：表 2-14、3-18、4-17、4-18、5-13、6-22、7-10、8-11、8-12。

2. 离散效应和作为机制的"边缘—胁迫效应"

"边缘—胁迫效应"（edge-coercion effect）是离散效应的作用机制，包括相互关联的边缘效应和胁迫效应。

生态学意义上的边缘效应[①]（edge effect）或地理学意义上的边界效应（boundary effect）指，在不同环境单元的过渡地带，特别是在边缘和边界，不同环境单元自然、社会、文化、经济因子，由于空间的接近—交互作用的强化而变得十分活跃；而在每一环境单元的内部，环境，特别是社会、经济因子，由于空间的阻隔—交互作用的弱化而处于低活跃程度，乃至近乎"休眠"状态。由是，形成民族人口学特征现代性与人口空间分布离散度正相关的离散效应，和与首位分布率（人口数量最大地域的基尼系数）反相关的基尼效应[②]。即，人口的离散度越高，空间分布越分散，便会形成越多的与其他民族交互作用的过渡地带、边缘和边界，处于活跃状态成员的比例便越高，人口学特征/人口现象在总体上便趋于现代；民族人口学特征趋于现代，成员的活跃程度越高，便会推动人口在地域上的扩散，空间分布离散度的提高和系统的进一步开放。

反之，离散度越小，或空间分布集中程度和首位分布率越高，民族的大部分成员分布在少数（如 1～2 个）地域，与其他民族交互作用的过渡地带、边缘和边界便越少，处于活跃状态成员的比例便越低，人口学特征/人口现

---

① 李博，杨持，林鹏.生态学[M].北京：高等教育出版社，2000：314-315。

② 离散度与基尼系数的增加反相关——离散度越高，首位分布率便越低，基尼系数的增加便越迟缓。基尼效应在这里是对离散效应从另一个角度的观察。

象在总体上便趋于传统型;而民族人口学特征趋于传统型,成员的活跃程度越低,便会进一步形成对地域扩散,离散度提高和集中程度下降的障碍,系统也由之趋于封闭。

胁迫效应可被视为一种"发展压力"。指居住在同一环境中,特别是边界、边缘的不同民族,由模仿、攀比、自我—社会舆论约束、"羞耻按钮"①形成的一种共同胁迫和发展压力,这种胁迫/发展压力会进一步强化边界效应和离散效应,形成"边缘—胁迫效应",推动人口学特征现代性的发展和在共同地域中的民族趋同。

由是,不同空间分布形成不同边界效应,进而各少数民族形成差异悬殊的离散度和基尼分布(表1-9);离散度也被深深地打上了环境的"烙印"——以东部为聚居地民族的离散度,显著高于西部;以西北为聚居地民族的离散度,显著高于西南(表1-9、1-11);离散度的不同,又关联/影响着其他民族人口学特征的差异——在(中国2010年55个已识别民族)离散度与民族人口学特征的31种关联中,相关及以上25项占80.65%,显著及以上18项占58.06%,极显著9项占29.03%。(表9-2)

五、地域因子的综合作用原理

地域因子的综合作用原理指,对民族人口学特征的再塑造,或给其打上地域性"烙印"的,并非某个因子、某种效应,而是赖于以"地域趋异—民族趋同机制"为基础,各互为条件、相互影响地域因子的综合作用。

在对民族人口学特征的再塑造过程中,离散效应、基尼效应的存在,使少数民族人口学特征(现代或传统)的性质与人口数量的空间分布状况紧密地联系了起来——少数民族人口学特征/人口现象的空间分布,由之被深深地打上了地域性的烙印。

地域单元的降阶(全国→省→地→县),对同一民族来说是不同地域间环境差异变大,趋异效应增强;对不同民族来说是同一地域内环境差异变小,趋同效应增强。是故,随着地域单元的降阶,(同一民族不同地域)地域趋异性和(不同民族同一地域)民族趋同性均处于增大之中。

---

① 羞耻心是一种强有力的自我约束力和奋发向上的推动力。羞耻按钮指对这种约束力、推动力的"唤醒"和"启动",这里的具体含义是对"落后"的"避免"和改变"落后"的意愿。参见:[美]加勒特·哈丁:生活在极限之内——生态学、经济学和人口学禁忌[M].戴星翼,张真译.上海:上海译文出版社,2001:425-426;[美]乔纳森·特纳.社会学理论结构(第6版,下)[M].邱泽奇等译.北京:华夏出版社,2001:99-100。

在对民族人口学特征的再塑造中，教育效应、边缘效应、胁迫效应在总体上指向现代性的同时，又发挥着其地域趋异、民族趋同的作用。

第二节　中国少数民族人口学特征地域性的实证

一、中国少数民族人口学特征地域性的实证

本书前 8 章对中国少数民族人口空间分布——人口学特征在空间或地域上的分布状况地域性的实证，一是运用（地域）划记法，对 55 个已识别少数民族的有关人口学特征，离散度进行地域（西南地区、西北地区、东部地区）分布研究；一是对民族人口学部分特征与离散度、平均受教育年限作关联分析。结果如下。（表 9-2、9-3）

表 9-3　2010 年中国少数民族人口学特征的空间分布态势

空间态势	东（部）高西（部）低 （Ⅰ、Ⅲ，25）	东（部）低西（部）高 （Ⅱ、Ⅸ，19）
（西）南低 （西）北高 （Ⅰ、Ⅱ，27）	（Ⅰ，18）空间离散度、迁移人口比例、人口性别比、有配偶率、离婚率、一孩率、受教育人口，受中等教育人口、受高等教育人口、平均受教育年限、劳动年龄人口、不在业率、产业 3、职业Ⅰ、职业Ⅱ、职业Ⅲ、职业Ⅳ、职业Ⅵ	（Ⅱ，9）出生率、自然增长率、多孩率、总负担社会系数、负担少儿系数、二代户比例、家庭规模、≥5 人户比例、总和生育率
（西）南高 （西）北低 （Ⅲ、Ⅸ，17）	（Ⅲ，7）出生人口性别比、老年系数、中位年龄、负担老年系数、人口类型、初婚年龄、产业 2	（Ⅸ，10）死亡率、少儿系数、未婚率、丧偶率、活产子女数、未上过学人口、受初等教育人口、在业率、产业 1、职业Ⅴ

注：中位年龄、人口类型（老龄化程度）为众数判断。

1. 中国少数民族人口数量分布的民族、地域态势和特征

第一，民族和地域分布呈显著的大分散、小集中态势且差异十分显著。

少数民族人口数量的民族和地域分布，总体上皆呈十分显著的大分散和小集中态：在各民族、地域广泛分布，在少量民族、部分地域相对（大量）集中，及由之规定的空间的低离散和规模的悬殊。

第二，人口离散度显著偏低、民族差异悬殊并呈东高西低、北高南低态势。

人口离散度的基本特征是显著偏低和差异悬殊；空间分布大体呈东高

西低、南低北高态势;与 1990 年相比,2010 年离散度显著上升,特别是以西南为聚居地民族离散度的显著提高和与西北差距的缩小。

2. 中国少数民族人口学特征分布的民族、地域态势和特征

第一,多样而以东高西低,南低北高和东高西低—南低北高居多。

在表 9-3 所列 44 项民族人口学特征因子中,东高西低—南低北高(Ⅰ)18 项占 40.91%,东低西高—南低北高(Ⅱ)9 项占 20.45%,东高西低—南高北低(Ⅲ)7 项占 15.91%,东低西高—南高北低(Ⅸ)10 项占 22.73%;东高西低(Ⅰ、Ⅲ)25 项占 56.82%,东低西高(Ⅱ、Ⅸ)19 项占 43.18%;南低北高(Ⅰ、Ⅱ)27 项占 61.36%,南高北低(Ⅲ、Ⅸ)17 项占 38.64%。

第二,因子的变化"合目的性";变化的方向性与空间分布态势高度吻合:上升/扩大因子呈东高西低态,下降/缩小因子呈东低西高态。

不论是上升/扩大还是下降/缩小,所涉因子的变化(除丧偶率上升)皆"合目的性"。上升/扩大的民族人口学特征,基本呈东高西低(其中人口性别比、职业Ⅰ下降)地域分布态——23 项占 92.00%;下降/缩小的民族人口学特征,基本呈东低西高(其中二代户比例、丧偶率上升)地域分布态——17 项占 89.47%。

第三,民族差异显著,变化迅速、幅度大,下降/缩小与上升/增大同样显著。

中国少数民族的人口学特征:一是民族差异十分显著乃至悬殊;二是变化迅速,(增减、升降)幅度大;三是下降/缩小与上升/增大同样显著——上升/扩大 25 项占 56.82%,下降/缩小 19 项占 43.18%。

第四,与人口空间离散度和平均受教育年限显著关联。

除性别比、自然增长率、未婚率等少数因子外,中国少数民族人口学特征都与人口空间离散度和平均受教育年限相关、显著相关和极显著相关并以后者居多:在表 9-2 所列的 62 项重要关联中,相关以上 51 项占 82.26%,显著相关以上相关 44 项占 70.07%,极显著相关 34 项占 54.84%。

二、中国少数民族人口分布的地域重叠度——对地域性的再实证

1. 少数民族人口学特征综合因子及其民族和地域差异

中国少数民族人口学特征综合因子值的民族差异十分显著,空间分布呈极显著的东高西低、北高南低的地域特征。(表 9-4、9-5)

表 9-4　2010 年中国少数民族人口学特征综合因子值

民族	分值	民族	分值	民族	分值	民族	分值
俄罗斯族	2.33	仫佬族	1.11	撒拉族	0.65	阿昌族	0.37
鄂伦春族	2.27	畲族	0.91	壮族	0.61	傣族	0.35
赫哲族	2.02	土家族	0.91	黎族	0.57	水族	0.34
高山族	1.98	哈萨克族	0.87	塔吉克族	0.52	门巴族	0.31
塔塔尔族	1.82	毛南族	0.85	羌族	0.53	佤族	0.26
达斡尔族	1.82	土族	0.81	维吾尔族	0.52	珞巴族	0.25
乌孜别克族	1.76	裕固族	0.75	基诺族	0.50	哈尼族	0.24
鄂温克族	1.65	侗族	0.73	怒族	0.49	布朗族	0.21
朝鲜族	1.47	瑶族	0.72	彝族	0.48	东乡族	0.19
回族	1.29	白族	0.72	仡佬族	0.46	德昂族	0.17
满族	1.19	藏族	0.71	布依族	0.43	拉祜族	0.15
蒙古族	1.24	纳西族	0.71	独龙族	0.42	傈僳族	0.14
京族	1.19	苗族	0.68	普米族	0.41	保安族	0.10
锡伯族	1.17	柯尔克孜族	0.66	景颇族	0.38		

表 9-5　2010 年中国少数民族人口学特征综合因子值的地域分布　　单位:个

聚居地	0.50	0.75	1.00	1.50	
	分				
全国	20	14	6	7	8
东部地区			2	3	3
西部地区	20	14	4	4	5
其中:西南	18	10	1	2	
西北	2	4	3	2	5

资料来源:表 9-4。

　　在对离散度、首位分布率、出生率、自然增长率、性别比、少儿系数、老年系数、人口类型、受教育人口、平均受教育年限、在业率、产业 2、产业 3、职业Ⅱ、初婚年龄、迁移人口比例等指标进行因子分析的基础上,选取因子系数回归估计值较大的空间离散度、出生率、总负担社会系数、平均受教育年限、产业 3、职业Ⅱ作为代表性指标;运用主成分分析法把筛选出来的 6 个指标简化为一个特征根大于 1 的综合因子——少数民族人口学特征综合因子(特征根为 3.679,贡献度为 61.323%),据此综合评价少数民族人口分布的地域性。根据因子分析的基本原理,该综合因子值等于因子系数的回归估计值乘以对应变量的标准化值。

中国少数民族人口学特征综合因子值民族差异显著,≥1.50 分的民族 8 个:俄罗斯族(2.33)、鄂伦春族(2.27)、赫哲族(2.02)、高山族(1.98)、塔塔尔族(1.82)、达斡尔族(1.82)、乌孜别克族(1.76)和鄂温克族(1.65);<0.20分的民族 5 个:东乡族(0.19)、德昂族(0.17)拉祜族(0.15)、傈僳族(0.14)和保安族(0.10)——极差 2.23(俄罗斯族,保安族)。

空间分布呈极显著的东高西低、北高南低的地域特征。≥0.75 分的民族,东部 8 个占 100.0%,西部 13 个占 27.7%;西北 10 个占 62.5%,西南 3 个占 9.7%。<0.50 分的民族,西北 2 个占 12.5%,西南 18 个占 58.1%。

2. 人口聚类与聚居地分类的重叠度:东部与西部

以综合因子值为变量,采用 SPSS 系统聚类组间连接法对 55 个已识别少数民族进行聚类分析,结果可以分为两大类。(表 9-6)

表 9-6　2010 年中国少数民族人口聚类与聚居地分类的地域重叠度

项目	聚居地分类	民族人口聚类	重叠程度 个,%
东部	8 个民族. 鄂伦春族、赫哲族、高山族、朝鲜族、满族、锡伯族、土家族、畲族	第一类:15 个 东部 6 个:鄂伦春族、赫哲族、高山族、朝鲜族、满族、锡伯族 西部 9 个:俄罗斯族、塔塔尔族、达斡尔族、乌孜别克族、鄂温克族、回族、蒙古族、京族、仫佬族	6/8 75.0
西部	47 个民族: 俄罗斯族、土族、布依族、裕固族、独龙族、侗族、普米族、瑶族、景颇族、塔塔尔族、白族、阿昌族、达斡尔族、藏族、傣族、乌孜别克族、纳西族、水族、鄂温克族、苗族、门巴族、柯尔克孜族、佤族、回族、撒拉族、珞巴族、壮族、哈尼族、蒙古族、黎族、布朗族、京族、塔吉克族、东乡族、羌族、德昂族、仫佬族、维吾尔族、拉祜族、基诺族、傈僳族、怒族、保安族、哈萨克族、彝族、毛南族、仡佬族	第二类:40 个 东部 2 个:土家族、畲族 西部 38 个:土族、布依族、裕固族、独龙族、侗族、普米族、瑶族、景颇族、白族、阿昌族、藏族、傣族、纳西族、水族、苗族、门巴族、柯尔克孜族、佤族、撒拉族、珞巴族、壮族、哈尼族、黎族、布朗族、塔吉克族、东乡族、羌族、德昂族、维吾尔族、拉祜族、基诺族、傈僳族、怒族、保安族、哈萨克族、彝族、毛南族、仡佬族	38/47 80.9

资料来源:表 9-4。

　　第一类 15 个民族,以西部为聚居地的民族 9 个,以东部为聚居地的民族 6 个;第二类 40 个民族,以东部为聚居地的民族 2 个,以西部为聚居地的民族 38 个。与聚居地分类相比,东部 8 个少数民族中,除土家族、畲族外,有 6 个进入第一类,地域重叠度为 75.0%;西部 47 个少数民族中,除回族、蒙古族、京族、仫佬族、俄罗斯族、达斡尔族、塔塔尔族、乌孜别克族、鄂温克族外,有 38 个进入第二类,地域重叠度为 80.9%。

3. 综合因子设定分类与聚居地分类的重叠度:西南与西北

　　中国少数民族人口学特征综合因子的差异,在西南与西北之间同样十分显著。以综合因子值 0.75 为界对西部少数民族进行指标值设定分类,≥0.75 的少数民族 13 个,其中西北 10 个,西南 3 个;<0.75 的少数民族 34 个,其中西北 6 个,西南 28 个。

　　与聚居地分类相比,综合因子分值西北≥0.75 的民族 10 个(柯尔克孜族、撒拉族、塔吉克族、东乡族、维吾尔族、保安族<0.75),地域重叠度为 62.5%;西南<0.75 的民族 28 个(京族、仫佬族、毛南族≥0.75),地域重叠度为 90.3%。(表 9-7)

表 9-7　2010 年中国西部少数民族综合因子设定分类与聚居地分类的地域重叠度

项目	聚居地分类	综合因子设定分类	重叠程度 个,%
西北	16 个民族:俄罗斯族、土族、裕固族、塔塔尔族、达斡尔族、乌孜别克族、鄂温克族、柯尔克孜族、回族、撒拉族、蒙古族、塔吉克族、东乡族、维吾尔族、保安族、哈萨克族	因子值≥0.75 的民族:13 个 西南 3 个:京族、仫佬族、毛南族 西北 10 个:俄罗斯族、土族、裕固族、塔塔尔族、达斡尔族、乌孜别克族、鄂温克族、回族、蒙古族、哈萨克族	10/16 62.5
西南	31 个民族: 布依族、独龙族、侗族、普米族、瑶族、景颇族、白族、阿昌族、藏族、傣族、纳西族、水族、苗族、门巴族、佤族、珞巴族、壮族、哈尼族、黎族、布朗族、京族、羌族、德昂族、仫佬族、拉祜族、基诺族、傈僳族、怒族、彝族、毛南族、仡佬族	因子值<0.75 的民族:34 个 西南 28 个:布依族、独龙族、侗族、普米族、瑶族、景颇族、白族、阿昌族、藏族、傣族、纳西族、水族、苗族、门巴族、佤族、珞巴族、壮族、哈尼族、黎族、布朗族、羌族、德昂族、拉祜族、基诺族、傈僳族、怒族、彝族、仡佬族 西北 6 个:柯尔克孜族、撒拉族、塔吉克族、东乡族、维吾尔族、保安族	28/31 90.3

资料来源:表 9-4。

三、人口受教育程度、空间分布强塑造力的再证明

1. 人口学特征综合因子值与受教育程度和空间分布状况极显著关联

与人口学特征综合因子值的极显著关联（R 值，人口离散度 0.5640，平均受教育年限 0.8560）表明，在"重塑"民族人口学特征，推动民族人口现代化的诸多因子中，人口受教育程度和空间分布状况起着至关重要的作用。（表 9-8、9-9，图 9-2、9-3）

表 9-8　2010 年中国少数民族人口学特征综合因子值与人口空间分布和受教育程度

项目	相关系数（R）	置信度（a）	临界值（r）	相关程度
空间离散度	0.5640	0.001	0.4280	极显著相关
首位分布率	−0.5473	0.001	0.428	极显著相关
平均受教育年限	0.8560	0.001	0.428	极显著相关

资料来源：据表 1-9、6-3、9-4。

表 9-9　2010 年中国部分少数民族人口学特征综合因子值与离散度和受教育程度

民族	综合因子值 分	平均受教育年限 年	人口离散度	民族	综合因子值 分	平均受教育年限 年	人口离散度
俄罗斯族	2.33	11.27	0.6021	朝鲜族	1.47	10.40	0.6260
鄂伦春族	2.27	10.58	0.6151	回族	1.29	8.21	0.9068
赫哲族	2.02	10.76	0.5361	蒙古族	1.24	9.33	0.4855
高山族	1.98	10.33	0.9255	满族	1.19	9.20	0.6772
达斡尔族	1.82	10.06	0.5707	京族	1.19	9.01	0.3148
塔塔尔族	1.82	10.73	0.1683	锡伯族	1.17	10.01	0.3491
乌孜别克族	1.76	9.97	0.0841	仡佬族	1.11	7.73	0.1900
鄂温克族	1.65	10.08	0.2754				

资料来源：表 1-9、6-3、9-4。

在人口学特征综合因子值 ≥1.0 的 15 个民族中，平均受教育年限 ≥9 年的 13 个，≥10 年的 9 个，分别占 86.7% 和 60.0%；人口离散度 ≥0.30 的 11 个，≥0.50 的 8 个，分别占 73.3% 和 53.3%。

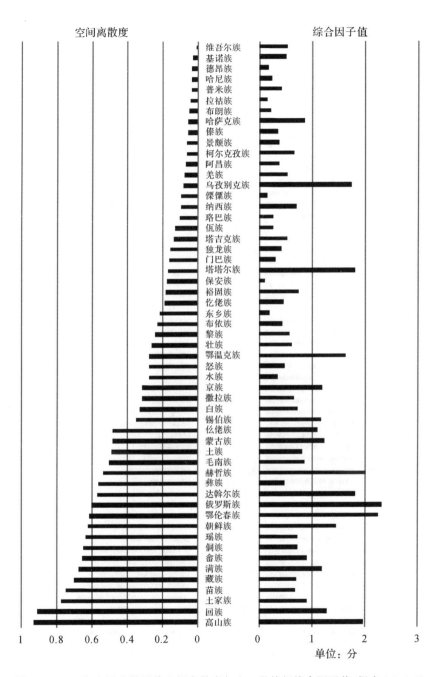

空间离散度 综合因子值

维吾尔族
基诺族
德昂族
哈尼族
普米族
拉祜族
布朗族
哈萨克族
傣族
景颇族
柯尔克孜族
阿昌族
羌族
乌孜别克族
傈僳族
纳西族
珞巴族
佤族
塔吉克族
独龙族
门巴族
塔塔尔族
保安族
裕固族
仡佬族
东乡族
布依族
黎族
壮族
鄂温克族
怒族
水族
京族
撒拉族
白族
锡伯族
仫佬族
蒙古族
土族
毛南族
赫哲族
彝族
达斡尔族
俄罗斯族
鄂伦春族
朝鲜族
瑶族
侗族
畲族
满族
藏族
苗族
土家族
回族
高山族

单位:分

图 9-2 2010 年中国少数民族空间离散度与人口学特征综合因子值(据表 1-9、9-4)

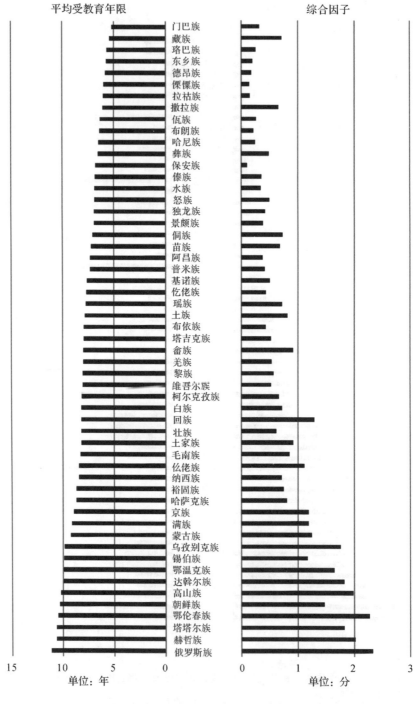

图 9-3　2010 年中国少数民族平均受教育年限与人口学特征综合因子值(据表 6-3、9-4)

2. 地域重叠度的东西、南北差异

地域重叠度的东西、南北差异，是对人口受教育程度、空间分布强塑造力的再证明。

平均受教育年限，东部高于西部，西北高于西南——东部 8.85 年，西部 7.60 年，西北 8.32 年，西南 7.25 年；≥8 年的民族，东部 7 个占 87.5％，西部 18 个占 38.3％，西北 11 个占 68.8％，西南 7 个占 22.6％。人口离散程度，东部高于西部，西北高于西南——离散度≥0.3 的民族，东部 8 个占 100.0％，西部 15 个占 31.9％；≥0.1 的民族，西南 19 个占 61.3％，西北 12 个占 75.0％。（表 1-9、1-11、6-3、6-13）

受教育程度和人口空间分布状况对民族人口学特征的塑造力，呈西部弱于东部、西南弱于西北的态势。是故，相对弱的塑造力，使西部、西南民族受聚居地环境的制约强而地域重叠度高——80.9％，90.3％；相对强的塑造力弱化了聚居地环境的限制，造成了东部、西北显著低于西部、西南的地域重叠度——75.0％，62.5％。（表 9-6、9-7）

四、中国少数民族人口学特征地域性的理论和实证归结

本书前 8 章的分析表明，中国少数民族的人口学特征既体现着明显的民族差异——历史地域性，又存在显著的（现实）空间地域性——且都以东部与西部、西北与西南的环境（"自然—经济—社会—文化"）差异为背景。在这里，民族人口学特征既承载着历史地域性，又为现实地域性——东部与西部、西北与西南的环境差异——所塑造而处于不断的变化之中。

这一结论既为本章第一节讨论之理论——民族人口学特征地域性的理论和要素，民族人口学特征地域性的理论机制——"地域趋异—民族趋同"机制所支持，又可得到本章第二节少数民族人口分布地域重叠度研究的进一步实证：中国少数民族人口聚类与聚居地分类的重叠度——东部75.0％，西部 80.9％；中国西部少数民族综合因子设定分类与聚居地分类的重叠度——西南 90.3％，西北 62.5％。

人口学特征综合因子值与平均受教育年限、空间离散度的极显著关联，也在验证着中国少数民族人口学特征的地域性和环境对民族人口学特征再塑造的伟大力量。

第三节　地域性理论与新环境决定论

一、新环境决定论

新环境决定论是对"环境决定论"和"或然论"/"人地相关论"辨析的结果，有以下三方面特征：关联、别于"环境决定论"和"人地相关论"。（附录一，表 9-10）

表 9-10　民族人口学特征的地域性理论与人—地相关论、环境决定论和新环境决定论

项目	地域性理论	新环境决定论	人—地相关论	环境决定论
人—地关系：因果观	√	√	√	√
环境可塑性、环境烙印	√	√	√	√
地域趋异、民族趋同，趋异—趋同机制	√			
规模问题、规模障碍，技术失灵	√	√		√（派生）
决定论（性质）	√	√		√
人的主观能动性	√	√	√	
自然力的作用尺度（天胜人）	大尺度		全域	
人口学特征的地域性				
技术/人的作用尺度（人胜天）	小尺度		全域	×
人口学特征的民族性				
人—地关系中人文因子的身份	双重，可作为环境因子		单一，与环境因子对立	

1. 本质、大尺度上的决定论

人不会消极地屈从于自然，但自然绝不允许，人也绝不可能把自己的意志（凌驾）加于自然之上。与"环境决定论"一样，新环境决定论在本质上依然是决定论的。所不同的是，这是一种别于全域（所有尺度）"环境决定论"的、大尺度上的决定论。

2. 小尺度上的"人定胜天"，大尺度上的"天定胜人"

在人—地关系的认知上，承认人与地理环境的相互影响，给主观能动性——人和技术留有地位，由之同于"人地相关论"而别于全域"环境决定

论";在人—地关系的度量上,将人/技术的作用限于小尺度而保留自然在大尺度上的统治——在"尺度序列"("小尺度—大尺度")中,随着尺度的右移扩大,人/技术的作用减小/下降,环境的作用增加/上升,由之别于全域"环境决定论"和无尺度界限的"人地相关论"。

3. 人—地关系中人文因子的双重性

人—地关系中人文因子的双重性是新环境决定论别于"环境决定论"和"或然论"/"人地相关论"的又一重要特征。

如同在生态学那里的生态/环境(由自然和生物组成的生态系统——对某一生物物种来说,之外的所有生物物种也是自己的环境)一样,人文因子的身份可以是双重的,即环境既指地理环境,也指人文环境而且是"自然—人文"的。由是,人文因子便具有了双重身份而可以互换自己在人—地关系中的位置。如,经济水平、受教育程度既是为地理环境塑造的人文因子,又是可塑造其他人文因子,和相互塑造的环境塑造力①。

二、地域性理论与新环境决定论

1. 理论渊源和科学问题

人地关系是一个古老而常新的问题。环境决定论是一种古老而长期占统治地位的人地观:强调环境对生活方式、风俗习惯和人口特征的"塑造",认为人类社会与自然环境的关系是决定论的,二者之间存在必然的联系,即决定与被决定的因果关系。至近代,"或然论"和非决定论从两个方面对环境决定论提出了挑战:"或然论"认为人地相关(故也称人—地相关论)——天定可以胜人,人定也可胜天,对环境决定论的绝对性提出了挑战;以生产方式决定论为代表的非决定论,则在否定环境决定论性质的同时,也掐断了人—地之间的因果关系:人类社会与自然环境按自己的规律发展,之间并不存在必然的联系②。由是,以下三点,便成了学习人—地关系,研究新环境决定论和民族人口学特征地域性必须明确的科学问题。

第一,人—地关系是决定论的还是非决定论的?

第二,人—地关系是因果的还是非因果的?

第三,如果人地相关,自然,人/技术的界限在哪里,即何种情境/尺度下"天胜人",何种情境/尺度下"人胜天"?

---

① 对自然因子而言,其身份也是双重的——既是人文因子的"塑造者",也是可被人/技术改变的对象。

② 由此而来的问题还有:社会规律特殊论,和对自然规律的普适性的否定。

2. 地域性理论与新环境决定论

在民族人口学特征地域性研究[①]中对以上问题长期关注和思考的结果,是民族人口学特征地域性理论和新环境决定论的形成。新环境决定论是理论的、普适的,民族人口学特征的地域性理论是实证的和具体的;新环境决定论延伸到民族人口学特征地域性的研究中并在那里证明了自己,民族人口学特征的地域性研究以新环境决定论为理论并为之提供了实证。(附录一,表9-10)

◆ 地理环境在大尺度上对人口空间分布、受教育程度和人口学特征的规定:对新环境决定论三大特征的证明。

地理环境——气候、地貌、区位在大尺度上对人口空间分布、受教育程度,人口空间分布、受教育程度对民族人口学特征的显著影响,是对决定论大尺度特征,小尺度"人胜天",大尺度"天胜人"和人—地关系中人文因子双重性的证明。(表 1-1、6-3、9-2、9-3、9-5、9-6、9-7、9-8、9-9)

东部气候湿润、地势平坦、交通便利而通达度高,区位优势显著(为发展中心或近发展中心),开放程度高;人口离散度、平均受教育年限高于西部。人口学特征现代性显著于西部。西部远离发展中心、交通不便、开放程度不高;人口离散度、平均受教育年限低于东部,民族人口学特征现代性低于东部。

西南远离沿海发展中心,地势(丘陵、山地)崎岖、交通不便,开放程度较低;人口离散度、平均受教育年限低,民族人口学特征传统性较为明显;西北虽远离沿海发展中心,但地势相对平坦,交通较为方便,开放程度高于西南——是故,人口离散度、平均受教育年限高于西南,民族人口学特征传统

---

① 民族人口学特征地域性概念的提出,地域性理论和与之相关的研究始于 20 世纪 90 年代初而延至今。(除以下知网所列外)参见第一作者之中国少数民族人口分布与经济发展(联合国人口基金／国家统计局 P33 招标项目,1992);中国少数民族人口分布的地域性研究(第六次全国人口普查领导小组办公室,2012);论人口分布的规定(经济地理·学术论文集,第 12 卷,1992);中国人口分布的合理性研究(地理研究,1993 年第 1 期／中国地理,1993 年第 3 期);新人—地关系:从"开发之后"看"开发之中"(李克强之问与胡焕庸线之破.探索与争鸣,2016 年第 1 期)。

据中国知网／CN(www.cnki.net-快照),在 1993—2018(6 月)的 25 年中,地域性研究的文献 8510 篇,而人口分布地域性、人口学特征地域性的研究文献则甚少。其中,**少数民族人口学特征的地域性** 1 篇:中国少数民族人口学特征空间分布地域性的再研究(浙江大学学报人文社会科学,电子版,2016,原华荣、张祥晶);**少数民族人口分布的地域性** 5 篇(3 篇为第一作者):除上 1 篇外,增加中国少数民族在业人口分布的地域性研究(柴达木开发研究,1993 年第 4 期),中国少数民族人口文化分布的地域性研究(民族研究,1994 年第 2 期／人口学 1994 年第 3 期／中国社会科学,英文版,1997 年第 3 期);**人口分布的地域性** 6 篇(4 篇作者为第一作者及学生):除以上 3 篇外,增加中国高等教育人口的地域性研究(博士论文,2007)。

性弱于西南。

小尺度"人胜天",大尺度"天胜人"在此例证中的体现是:人口学特征的现代性,西部、西南之部分少数民族可以强于东部和西北——如,按 2010 年人口学特征综合因子值,西北的俄罗斯族,西南的京族进入前 15 位,其中俄罗斯族的综合因子值(2.33 分)、平均受教育年限(11.27 年)皆居各民族之首,人口离散度(0.6021)排第 6 位亦居前列,但东部强于西部、西北强于西南的总体态势依然故我:综合因子值≥1.0 民族的比重,东部 6 个为75.0%,西部 9 个为 19.1%,西北 7 个为 43.8%,西南 2 个为 6.5%。

◆ 人口规模对受教育程度的阻碍:小尺度"人胜天",大尺度"天胜人"的类比。

中国少数民族受教育程度与人口规模具较显著的关联度:人口规模越大,提高受教育程度的难度便越大;人口规模越小,提高受教育程度的难度便显著下降。[①]

如平均受教育年限,1990 年,≥8 年的民族,百万及以上人口的民族(18个)中仅 1 个占 5.6%,10 万以下人口的民族(18 个)中 4 个占 22.2%;2010年,≥9 年的民族,百万及以上人口的民族(18 个)中 3 个占 16.7%,10 万以下人口的民族(18 个)中 7 个占 38.9%。(表 6-22)

3. 民族人口学特征地域性研究中体现的科学问题

民族人口学特征地域性研究中所体现的科学问题,是新环境决定论的延伸和具体化。除因果观[②]外,一是民族人口学特征的本质,和人口学特征民族性与地域性的关系;一是人口学特征民族性与地域性的界限在哪里?

◆ 民族人口学特征:本质、大尺度上的地域性。

人口学特征民族性与地域性的关系,从现象看,是一枚钱币的两个面——既是民族的,又是地域的;从本质看,是地域性的——民族性也是一种地域性。民族人口学特征的地域性既是本质的,也是大尺度的,即随着空间尺度的扩大,地域性/共同性逐渐凸显——如东部、西部,西南和西北的民族人口学特征。

---

① 规模越小,改变规模障碍所需的投入越小,进而难度便越小;反之,规模越大,改变规模障碍所需的投入越大,进而难度便越大。是故,民族人口学特征的改变,如同煮鸽子蛋、鸵鸟蛋,小规模民族易而呈快变化,大规模民族难而呈慢变化。

② 对因果观的讨论,参见原华荣:《"拯救"、"回归"和"人类革命"——"小人口原理"(第 4 卷)》,中国环境出版社,2013 年版,第 253-256 页之"因果律":真理的"门槛";偶然与必然;"新自然法则"质疑;自然是决定论的。

◆ 人口学特征地域性与民族性的界限：现象的、比较的和尺度的。

人口学特征地域性与民族性的界限，从现象看，是一枚钱币的两个面而共存于同一地域，特别是小尺度地域（如县、乡、村）之中。在其中，我们既可观察到某一民族人口学特征的趋异，又可看到多个民族人口学特征的趋同。从尺度看，地域性与尺度正相关，民族性与尺度反相关。即：随着空间尺度（村→县→地→省→大区→国家）的扩大，民族性/各异性减弱、"退隐"，地域性增强并凸显。从比较的角度看，地域之间显现的是地域性，且与尺度正相关；地域内显现的是民族性，且与尺度反相关。

第四节 地域性理论与民族人口学研究和国家安全

一、地域性理论与民族人口学研究

1. 环境决定论与社会发展研究

虽然环境决定论仍存在争论，但在大尺度下研究地理环境对社会发展的影响绝对是不可或缺的。著名地理学家 B. A. 阿努钦即指出："地理决定论即使处于最粗俗的模式下，即认定自然环境对社会生活发展有直接的、决定性的影响，它也能促使正确认识自然界的很多地理现象"；"实践不止一次地证明，在社会发展中对地理环境的意义估计不足……是一个极大的错误"①。这个"极大的错误"的根本展现，在理论上是片面夸大人的主观能动性，乃至将之绝对化；在实践中是将小尺度、局部的事实/理论扩至大尺度和全局而使"真理"变成"谬误"。

如，在小尺度、局部地区"人可胜天"：或（在北极冰原上）生火使小木屋内春意盎然，或用辛勤的汗水（在荒漠上）浇灌出一个个"塞上江南"；但在大尺度和总体上所展现的，依然是天定胜人——（基于"规模障碍"）小木屋之外依旧是冰天雪地；（基于大气候的限制）即使付出再大的努力，也不可能把"塞外"变成江南。

2. 地域性理论与民族人口学研究：从视野到方法论

既往民族人口学研究基本以民族性为主，地域性的引入可弥补单一

① ［俄］B. A. 阿努钦. 地理学的理论问题[M]. 李德美，包森铭译. 北京：商务印书馆，1994：39，220。

民族性研究的不足,给出一些长期困惑问题的环境解——如民族人口学特征的环境趋异和民族趋同,加深对研究对象的理解而拓宽我们的研究视野。

在方法论上,与单一民族性研究对应的,是对少数民族个别的、特殊的和全部的研究,是求"异"的研究。中国是一个有 55 个(已识别)少数民族的国家,省、地、县三级民族自治地方(研究民族发展的单元)有 780 个。在民族性指导下,个别的、特殊的、全部的和求"异"的研究虽然能获得大量信息,但大量研究对象在给综合带来困难的同时,又因信息泛滥而导致对规律的淹没并由之形成复杂性障碍——这一切,都会对民族政策、发展战略的制定和实施带来不便。地域性的引入,则可实现研究方法从个别到整体,从特殊到一般(普适),从全部到简约,从求异到求同的转变,在解决上述问题的同时,为民族人口学的研究提供一种新的方法。

地域性与理性思维①相结合,还可取得"事半功倍"的效果,引申对问题的研究。当我们知道一个民族的人口学特征时,即可大致判断出该民族的聚居地在哪里;当知道一个民族的聚居地时,即能大致描绘出其人口学特征(这也符合自然的"节约原则"和"最小熵产生原理")。当我们的判断与事实存在出入时,又能引申对个中缘由的追究而深化对问题的研究。

二、国家认同与民族认同

1. 国家认同与民族认同:独特性与共同性

民族认同是一种区分"我族"与"他族"的心理认识和个体对"我族"的归属认知,以及成员间的相互认可;国家认同是一种对国家领土、主权,政体、权力机构,和各民族共同利益的认同——简单而言,国家即是各民族的共同体。

与民族认同关联的是民族意识,对民族利益的强调和自觉维护;与国家认同关联的是公民意识,对民族共同利益的关注,自觉履行国家义务,自愿捍卫国家主权和领土完整……

用于区别"我族"与"他族",不同于他族的独特性/民族性,是民族认同的基础和凝聚力;而共同性则是国家认同的基础和凝聚力。民族认同强调

---

① 理性思维是认知的指路明灯:她在哪儿,她是那个样子(事实)——她是那个样子,她必定(高概率)在哪儿(推论一);她在哪儿,她必定(高概率)是那个样子(推论二)。参见《"小人口原理"——"拯救"、"回归"和"人类革命"(第 4 卷)》第 249-251 页。

独特性、单一性,国家认同强调共同性和多元性。

2.“包容—服从原理”:处理国家认同与民族认同关系的准则

对民族利益的关注和独特性/民族性的强调,使民族在作为国家基础的同时,又在动摇着这一基础而将民族认同与国家认同置于矛盾境地。

根据“层级—尺度理论”之“包容—服从原理”①,国家是整体、高层级—大尺度系统,民族是部分、低层级—小尺度系统,国家在总体目标、利益上包容着民族,作为一种合理,民族应在总体目标、利益上服从国家。由是,当民族与国家在总体目标、利益发生冲突而必须进行选择时,包容民族共同利益的国家认同优先于民族认同,民族认同应服从国家认同。

三、地域性理论:强民族性的“消解剂”

1. 强民族性:分裂主义的“土壤”

强民族性是一种民族独特论和种族绝对性。作为对民族性的强烈表达,强民族性的特征一是民族利益至上,一是强调民族性的独特性、固有性、刚性和不变性。在这里,民族利益是目的,独特性是手段;而独特性的固有性、刚性和不变性,则是对独特性和利益诉求的进一步强化,并使自己成为支持、维护强民族性的思想和理论基础。

对民族利益的关注和独特性/民族性的强调,并不必然造成民族之间的纠纷和冲突,一定程度上也在情理之中;但强民族性在一定条件下必然会成为民族冲突的根源和分裂主义的“土壤”:在民族与地域挂钩而存在明显族际空间边界,“疆域”进入利益诉求时,导致(往往有外部敌对势力介入)分裂主义。

2. 地域性理论:强民族性的“消解剂”

既往对分裂主义的研究,累积了关于“成因—危害—对策”大量而系统的文献和成果②,但对强民族性——分裂主义成因(独特/优越—对立/冲突—分裂)的基础性原因(土壤),却没有给出有效的消解理论。

地域性理论——民族性的环境可塑性/非刚性,民族人口学特征的时间可变性和空间(分布)地域性,环境烙印/民族性本质上也是一种地域性,可从理论上消解强民族性,在实践中推动民族认同向国家认同的升级和转化,

---

① 原华荣.“小人口原理”——文明的脉动、启迪、挑战和应对(第 2 卷)[M].北京:中国环境出版社,2013:144-146。

② 扬恕,李捷.分裂与反分裂:分裂主义研究论文集[M].北京:中国社会科学出版社,2014。

弱化作为分裂主义土壤的强民族性——民族独特论/种族绝对性,为正确认知和处理民族关系,加强民族团结,提升中华民族的凝聚力,反对分裂主义,维护社会稳定、国家安全提供一种理论认知。

第五节　地域性、现代性、民族团结和地区发展

一、中国少数民族人口学特征的现代性进展和地域性

1. 中国少数民族人口学特征的现代性进展

1990—2010 年,中国少数民族人口学特征的现代性①,在以下九个方面取得了彪炳于世的进展。

第一,空间离散度显著上升,人口流动性、开放性显著增强,流动人口大量增加。第二,核心家庭增加,家庭规模趋于小型化;大家庭减少,代际关系趋于简单。第三,一孩率显著上升,多孩率和生育率显著下降,"少生优育"的生育观念有了革命性的提高;出生率显著下降,过快的人口自然增长得到有效控制,基本国策得到有效贯彻。第四,少儿系数大幅下降,劳动年龄人口规模显著扩大、比例大幅上升;负担少儿系数、总负担社会系数大幅下降而带来极大"人口红利",贯彻基本国策取得卓著成绩。第五,死亡率大幅下降,中位年龄显著增加,老年系数上升,预期寿命增加,人口身体素质显著提高。第六,不识字人口大幅度减少,初等教育比重显著下降,中、高等教育比重大幅提高,人口受教育构成显著优化,平均受教育年限大幅增加。第七,

---

① 现代性(modernity)是一个跨越千年,内涵丰富而具多种解释的概念。本研究取**进步**和"**合目的性**"之意。如死亡率下降、寿命延长、人口流动性增强、受教育程度提高、妇女解放等。

　　现代(modern)一词于 10 世纪末被首次使用,指古罗马帝国向基督教世界**过渡的时期**,目的在于区别古代与现代;人类历史的一个**发展阶段**——黑暗时代、中世纪、现代时代(文艺复兴和启蒙时代)和后现代时期(汤因比);与古代性的过去息息相关的**时代意识**,相信知识无限进步、社会和改良无限发展的一种**信念**(哈贝马斯)……

　　现代性是一场深刻的**社会一思想变革**。现代性指与资本主义起源、发展密切相关,为应对社会组织制度、法制体系,世俗化价值观念乃至审美认知方式等方面面临诸多挑战而展开的一项强大、艰巨而长期的社会变革和精神变革。

　　现代性是一个**新的时代**和**新的时间观念**。现代性指启蒙时代以来新世界体系生成的时代——这是一个体现了未来已经开始信念的,为未来而生存的,向未来之"新"敞开的新的时代;一种持续进步的、合目的性的、不可逆转发展的新的时间观念——为我们提供了看待历史与现实方式,而且也把我们自己生存与奋斗意义纳入这个时间轨道、时代位置和未来目标之中的时间观。(汪晖)

初婚年龄上升,离婚率上升(女性高于男性),平均受教育年限两性差异显著减小,人口婚姻观念的现代性和妇女解放、男女平等取得了革命性进展。第八,不在业人口大量增加、不在业率显著上升,闲暇时间增加,劳动就业观念有了革命性转变。第九,第一产业和农、林、牧、渔、水利业生产人员比重大幅下降,第二产业和生产、运输设备操作人员,第三产业和专业技术人员、办事人员,商业、服务业人员比重显著上升,在业人口的产业、职业现代性有了长足进步。

2. 中国少数民族人口学特征现代性进展的地域性

中国少数民族人口的现代性进展与地域性密切关联,呈东高西低、南低北高态,且东西差异显著大于南北。(表 9-3)

在人口学特征东高西低的 25 项指标中,23 项为上升的正指标(负指标为人口性别比和职业Ⅰ)占 92.00%;东低西高的 18 项指标(未计未婚率)中,17 项为下降的负指标(正指标为二代户比例)[①]占 94.44%——民族人口学特征的现代性,东部显著高于西部:43 项指标中,东部有 93.02%、40项指标的现代性指向强于西部。

在南低北高的 27 项指标中,17 项为正指标占 62.96%;南高北低的 16项指标(未计未婚率)中,9 项为负指标占 56.25%——民族人口学特征的现代性,西北明显高于西南:43 项指标中,西北有 66.67%、26 项指标的现代性指向强于西南。

二、地域性理论与民族团结和地区发展:理论与建议

1. 地域性理论与民族团结和地区发展

◆ 地域性理论:强民族性和分裂主义的"消解剂"。

◆ "包容—服从原理":处理国家认同与民族认同关系的准则。

◆ 聚居地烙印:发展和保护是推进民族人口现代性进展的基础。

聚居地烙印,或聚居地性质对民族人口学特征的规定性表明,民族地区的发展——经济、社会、教育,和保护——生态/环境、民族文化,是推进民族

---

① 正指标,指指标值上升/增加,人口学特征的现代性增强;负指标,指指标值下降/减小,人口学特征的现代性增强。须指出的是,个别指标变化所体现的人口学特征现代性增强是有限的而不可绝对化。如,人口性别比高于正常值和少儿系数处于高位时的适度下降,离婚率一定程度上升是妇女解放的体现等。此外,个别指标变化由于原因的多样而无法作出与现代性方向有关的判断。如未婚率,下降既可因于早婚,也可由于年龄结构;上升既可因于晚婚,也会由社会—经济动荡引起。

人口现代性的基础。

◆ 离散效应：民族地区发展和"改革开放"的原动力。

民族人口学特征现代性与人口分布空间离散度、首位分布律显著相关表明，离散效应是民族交往、民族地区发展和改革开放的原动力。

◆ 教育效应：民族地区发展的根本和巨大推动力。

民族人口学特征现代性与平均受教育年限的显著正相关表明，教育是民族地区发展的根本和巨大推动力。

◆ 地域趋异与"适宜性政策真空"，民族趋同与"政策摩擦"：民族政策调整的出发点和基础。

假定政策是以民族性为背景制定并"适合"对象整体的。是故，由人口学特征地域趋异造成的"适宜性政策真空"，和因民族趋同引起的"政策摩擦"，便提出了调整民族政策的"诉求"并成为民族政策调整的基础。一方面，地域趋异性的存在使同一民族或多或少的部分人口不能为"适应"该民族整体的政策所"涵盖"而形成"适宜性政策真空"；另一方面，在（多个）民族聚居地，又因"适宜性政策"的不同而形成"政策摩擦"①。

而同一环境中的民族趋同则为民族政策的调整提供了基础或可能性——由于聚居地各民族人口学特征的"趋同"，以地域性为背景制定的政策，便能"涵盖"、"适合"聚居地的各个民族，由之解决（同一民族的）"适宜性政策真空"和（不同民族之间的）"政策摩擦"问题。

2. 基于地域性理论的民族团结和地区发展建议

第一，消解"强民族性"，科学处理国家认同与民族认同的关系；推进"去政治化"和"文化化"，增进公民意识，强化中华民族意识，培养、巩固国家认同，反对分裂主义。

以地域性理论——民族性的环境可塑性/非刚性，民族人口学特征的可变性和分布地域性消解"强民族性"；按"包容—服从原理"，科学处理国家认同与民族认同的关系；客观认知文明演替背景下历史民族关系（人口压力是历史上民族融合的推动力，农耕文化是历史上中华民族的凝聚力——汉族欺压少数民族是对历史的误读），推进族群问题的"去政治化"和"文化化"，

---

① "适宜性政策真空"体现着民族性——"历史地域性"与变化了的、"再塑造"民族性的力量——"现实地域性"的矛盾。调整民族政策即是对变化了的环境的适应。

强化中华民族意识,增进公民意识①,培养、巩固国家认同、中华文化认同②,加强民族团结,反对分裂主义。(附录二)

第二,围绕"去极端化",严厉打击民族分裂势力、宗教极端势力和暴力恐怖势力,维护社会稳定③。运用舆论、宣传、教育和法律,将宗教宣传限定在宗教场所,阻断社会"宗教化",维护"世俗社会";积极、妥善处理民族纠纷,教派之争,教民之争,宗教场所和财产纠纷;教育内容"科学化",严格禁止在中小学开设宗教和与宗教相关的课程,严禁各种宗教活动进校园,也不得允许学龄儿童在学习时间出入宗教场所。

第三,围绕环境保护,大力建设美好家园和西部生态/环境屏障体系。

围绕环境保护,以各级,特别是国家自然保护区为骨架,强化环境和野生生物栖息地保护,加快生态修复和森林、草原建设;落实生态补偿制度,推动生态移民和"新农村"建设;坚持"因地制宜"(宜农则农、宜牧则牧、宜林则林、宜荒则荒)原则,封山育林、退耕还牧……大力建设美好家园和西部生态/环境屏障体系④⑤。

第四,围绕"去贫困化",合理产业的布局和结构,发挥资源优势,接轨"一带一路"倡议,增加居民收入,积极推动民族地区经济—社会全面发展。

围绕"去贫困化"⑥,从发挥西部资源优势出发,接轨"一路一带"战略,

---

① 在推动"去政治化"和"文化化"同时,还应强化"族群"概念,淡化"民族"意识;确立"公民社会"(由平等、公正、平等公民组成的社会)意识,增进与公民"个体"关联的意识和权利,淡化与"群体"关联的意识和权利。

② 马戎.理解民族关系的新思路——少数族群问题的"去政治化"[C].北京大学学报(哲学社会科学版),2004(6)。

马戎建议以"族群"替代"民族"——作为具一定文化传统与历史群体的"族群"(ethnic groups),和作为与固定领土相联系政治实体的"民族"(nation)之间,存在重要而本质的差别。本研究也是在"族群"意义上使用"民族"这一概念的。

③ 在严厉打击"三种势力"中,要提高依法行政能力和水平——严格、规范、公正、文明、理性、平和执法,杜绝忽视公民人格尊严、激化社会矛盾、危及社会稳定的执法言行,避免陷入"维稳—治乱—治民"怪圈。(参见:王银梅、李龙.西北少数民族地区社会和谐稳定问题实证研究[J].西南民族大学学报(人文社会科学版),2012(4):23-27.)

④ 原华荣.西部开发中的有关重大理论与实践问题[A].彭德、杜春发.西部开发及其社会经济变迁:中加比较研究[C].北京:知识产权出版社,2010:22-27。

⑤ 建设西部生态/环境屏障体系既是西部的,也是东中部而全国的。除"转移支付"等政策扶植外,东中部的参与既是一种"支援",更是一种"义务",而且是必需的。为了落实、保证这一参与,建议组建"流域环境共同体"(如长江、黄河),把东部、中部与西部在生态/环境保护上"绑在一起"。

⑥ 民族地区的贫困问题既是与东中部比较而相对的,也是收入低而"绝对的";既是从扶贫、建设小康社会而言部分的,也是经济滞后而整体的;既是环境脆弱、交通不便而区位的,也是向东部倾斜而政策的(由东向西的梯次推进加剧了东西差距)。

大力调整、合理产业布局、产业结构,完善产业体系,延长产业链;大力发展第二、三产业,减少在第一产业就业的人口和农林牧渔劳动者;大力发展互联网、交通和运输,畅通信息、物流,弱化"区位瓶颈";鼓励、推动产业转移,着力缩小与东中部的差距;关注资源型城市的转型问题;提高经济运行质量和效益;增加居民收入,积极推动民族地区经济—社会全面发展。

第五,围绕增加就业,着力解决民生问题。

围绕增加就业,着力解决收入分配不公等重大问题,提高社会保障(教育、医疗、住房)水平,加快改善民生,提高生活质量,促进社会稳定。

第六,进一步推动改革开放,大力加强民族之间的往来和国际合作(经济、文化),积极、有序地推动人口流动。

第七,积极推进九年义务教育,大力发展民族地方教育。

九年义务教育是一项具公益性、普及性和强制性的教育制度。之于政府,是对社会的一种义务——公益性服务;之于公民/代理人,则既是一种权利,也是一种义务——对国家、社会而言的,适龄儿童和青少年都必须接受,国家、社会、家庭必须予以保证的义务。是故,应积极推进,并作为公民以后从事社会性活动的限制性条件。

第八,以民族平等为原则,继续做好人口和计划生育工作,严格控制多胎生育,预防人口比例失衡和由之而来的民族矛盾;降低死亡率,提高人口素质。

第九,客观看待西部与东中部的差距,谨防地方的急躁情绪和国家的大包大揽;处理好资源开发、环境保护与经济发展的关系,积极、稳妥地推进民族地区发展,改善聚居地的自然、经济、社会和文化环境①。

---

① 西部开发中的有关重大理论与实践问题[A]. 2010:22-27。

附录一　新环境决定论

一、环境决定论

——人—地关系："古老而常新"的话题

人—地关系是地理学"古老而常新"的话题。早在公元前 5 世纪,有"地理学之父"之称的希罗多德就指出:须用地理观点研究全部历史,用历史观点研究所有地理①。人们也普遍认为,从经济活动、生活方式、民族特点、民族性格到风俗习惯……环境的影响/塑造都是极其广泛的。

从认知的角度,人与环境的关系有因果与无因果之分。在无因果观看来,社会规律与自然规律性质相异,人类社会和自然环境各自按照自己的规律发展②;因果观则认为:自然规律具普适性而不存在普适性规律之外的特殊的社会规律。

按因与果的关联强度,因果观可分为决定论和"或然论"/"人地相关论";按因与果的关联方式,决定论被区别为直接决定论与间接决定论。

——地理环境:生活方式、风俗习惯和人口特征的"塑造者"

环境决定论(environmental determinism)强调环境对生活方式、风俗习惯和人口特征的"塑造",并认为地理环境的影响是决定性的。

在拉采尔看来,自然环境"盲目而野蛮地支配着人类的命运"③。库津则表达了环境决定论的本质和强必然性:给我某一个国家的地图,让我知道这个国家的地形、气候、内陆水系以及他们的全部自然地理,再告诉我这个国家的天然资源、植物和动物,我就可以预先告诉你,这个国家的人民是怎么样的,这个国家在历史上起着什么样的作用。这些都不是偶然的,而是必

---

① 中国大百科全书总编辑委员会《地理学》编辑委员会. 中国大百科全书·地理学[M].北京:中国大百科全书出版社,1994:539。

② "生产方式"决定论持无因果人—地观:环境对社会发展的影响不是决定性的,更不存在必然性。决定社会面貌、社会制度性质和社会从这一制度发展到另一制度的主要力量,是物质资料的生产方式(斯大林,《论辩证唯物主义和历史唯物主义》)。

③ 金其铭,杨山,杨雷. 人地关系论[M].南京:江苏教育出版社,1993:79。

然的①。(《哲学史引言》)

对直接决定论者来说,民族的生理、心理特征,国家的政治制度和法律都是由地理环境所决定的——在孟德斯鸠看来,"气候的王国才是一切王国的第一位","热带民族像老人一样胆怯,寒带民族则像青年一样勇敢"②;持间接决定论观点的黑格尔、普列汉诺夫则认为,环境对社会发展的作用是通过生产力/经济实现的③。

——"或然论":"人地相关","天胜人"与"人胜天"的困惑

在"或然论"(possibilism)看来,"世界并无必然,而到处都存在着或然,人类作为机遇的主人,正是利用机遇的评判员"(法,维达尔·白兰士);"人定虽然似乎胜天,但天定似乎仍能胜人,因为各处人生活动都须受自然环境的限制"④(法,让·白吕纳)。"或然论"最重要,也是最有价值的修正和贡献是:重视人的主观能动性,指出环境与人类、社会发展的影响是相互的——由之称作"相关原理",纠正了"环境决定论"对环境影响的片面强调。而与"相关原理"结伴来到的,还有如下重要而被人们忽视的困惑:在何种场景下"天胜人"? 在何种场景下"人胜天"?

二、新环境决定论的理论要素:数量原理、层级—尺度理论、规模问题和技术失灵

——"数量原理":事物的存在、存在方式为其数量及变化所规定

数量原理或数量支配原理是一个对自然、生物界和人类社会具普适性的原理,指数量和数量变化对事物的根本性⑤:

(Ⅰ)事物以一定限度的数量、空间和持续时间为条件而存在。如,沙堆到一定高度便自行崩塌;数量过剩会导致生物种群崩溃;文明越是辉煌,她所持续的时间便越短。

(Ⅱ)事物的性质和存在方式为数量所规定。月亮、地球绕着地球、太阳转而不会相反;一只蚂蚱或可给画家带来"灵感",几亿只必定成灾;南极、格陵兰冰盖以庞大的规模阻滞着全球气候的变暖;小种群与大种群;捕食者和

---

① 金其铭,杨山,杨雷.人地关论[M].南京:江苏教育出版社,1993:70。

② 人地关系论[M].1993:71-72。

③ 人地关系论[M].1993:70、76。

④ 人地关系论[M].1993:104、115。

⑤ 原华荣."小人口原理"——文明的脉动、启迪、挑战和应对(第2卷)[M].北京:中国环境出版社,2013:141-144。

　　在这里,事物的数量是个宽泛的概念,既指与质量对应的多少,也指含范围、大小的规模,进而与之密切相关的(时—空)尺度和层级。

被捕食者生态对策的重要区别。

（Ⅲ）事物的质量、复杂性、稳定性在一定程度上为数量，和数量变化的速度所规定。一定的规模使复杂性成为可能而是进化的物质基础（老虎对蚊子不可比拟的头颅）；生物的生存能力（力量、速度、灵活性）与种群规模反相关（鹰与麻雀）；缓慢结晶方能生成晶莹剔透的钻石，速生的树木只能做"劈柴"，流水线生产的鸡则"味同嚼蜡"。

——"层级—尺度理论"：包容—服从、不对称相干和逐级控制

从蝌蚪与她的一洼水到亚马孙雨林，一切自然、社会系统都居于地球生物圈一定的层级，具一定时空尺度和对总体的不同重要性①。

（Ⅰ）"包容—服从"。高层级/大尺度系统的目标、利益，包容着低层级/小尺度系统、部分的目标和利益；而后者的目标、利益却不一定体现前者的目标和利益——是故，后者对前者的服从，便成了一种合理。

（Ⅱ）"不对称相干"。从高层级/大尺度系统、总体到低层级/小尺度系统和部分，事件的重要性和影响力逐级减小而呈不对称性。

（Ⅲ）"逐级制约—控制"。从高层级到低层级，总体到部分，系统是逐级制约、逐级控制的。对"包容—服从原理"和"不对称相干"，"逐级制约—控制"既是一种（逻辑）结果，也是一种（保证、贯彻）必须。

——将存在变成必然的规模和没有技术解的"规模问题"

在数量原理中，数量、数量变化对事物存在、存在方式的规定既是一种现象/存在，也是一种必然；规模与层级、尺度的正相关——高层级—大尺度与大规模，低层级—小尺度与小规模的对应，也赋予"层级—尺度"相关理论以必然性。如，

由于质量(m)，进而（万有）引力的差异，人类既不能脱离地球，而且还必须放弃"自由意志"随地球一起绕太阳"转圈"，和地球、太阳一起在银河系中遨游……（**"逐级制约—控制"**）；生物圈对人类社会在目的上的包容和人类社会对生物圈不容置疑的服从，即源于生物圈对人类社会极其悬殊的规模；巨大的生物量是多样性、复杂性，进而生物圈实现其"生态目的性"——稳定、多样、和谐、持续的物质基础（**"包容—服从原理"**）；规模天文量级的差异，使人类帝国的"陨落"丝毫不影响太阳第二天从东方"升起"，太阳黑子的变化，则会引起地球影响社会稳定的冷热、干湿变化。在规模将现象/存在变成必然的同时，是"规模问题"的生成（**"不对称相干"**）。

---

① "小人口原理"——文明的脉动、启迪、挑战和应对（第2卷）[M].2013：144-146。

"规模问题"指，由规模规定和引致的，只有通过改变自身规模才能解决的问题。如，规模过大、过小都会导致生物种群的衰退或消亡，解决问题的唯一方法是调节（缩减或扩大）种群规模。由于规模过多过少、过大过小是问题的唯一原因，故除改变自身规模外，"规模问题"在根本意义上是无解的——规模问题的无技术解（最早提出这一问题的是哈丁）[①]，或"技术失灵"，首先即是由其定义而来的一个逻辑结论[②]。

——有限性、"规模障碍"，技术的本质、"软肋"和"失灵"

"规模问题"以过多过少、过大过小为根源，有限性保留了被"无限性"取消的"过多过少、过大过小"而使自己成为"规模问题"的前提。

"规模问题"的性质表明，如不改变规模（可改变或无法改变），"规模障碍"便是无法逾越的。设 0—1 为技术进步的起点和极限/终点，0—9 对应于技术可改变的规模，≥1 对应于技术无法改变的规模——阿基米德"撬不起地球"的原因即在于后者[③]。关于"技术失灵"问题的讨论，只限于在不同程度上可改变的规模。"技术失灵"指，在"低层级/小尺度/小规模—高层级/大尺度/大规模"序列中，随着尺度的扩大，"规模障碍"增加，技术的作用减小。"技术失灵"的原因有三[④]：

第一，技术所能推动的，进而克服"规模障碍"的物质力量是有限的。

第二，技术的物质、能量耗散指向/"时间节约"本质和对物质、能量节约固有的"软肋"。技术对物质、能量的耗散，是个存在极大空间的"大数"；对物质、能量的节约，则因"天花板效应"（熵定律规定，物质转换、能量利用的效率皆因必然的耗散而小于100％）的存在是个"小数"——是故，技术虽可削弱，但永远无法改变人口—经济规模与物质能量耗散、环境冲击量和环境破坏的正相关而在"规模问题"面前"失灵"。

第三，宇宙"自洽性"的规定。自然既"不会做徒劳无益之事"（亚里士多德），也不会制造矛盾着的事物——自然在肯定"规模问题"无解的同时，便

---

① ［美］加勒特·哈丁.对《公地的悲剧》一文的再思考[A]//赫尔曼·E.戴利,肯尼思·N.汤森.珍惜地球——经济学、生态学、伦理学[C].马杰,钟斌,朱又红,译.范道丰,校.北京:商务印书馆,2001:167-175。

② "拯救"、"回归"和"人类革命"——"小人口"原理(第4卷)[M].2013：35-36。

③ 找不到足够长的"杠杆"——6.36×10^{26}千米,为宇宙直径(按156亿光年计)的4300倍(当然也在宇宙中找不到"支点"),是阿基米德无法撬起地球的根本原因。如果我们将技术的应用涉及此类问题,试图改变大气环流/青藏高原气候,乃至月球、地球轨道,那只能是有限性缺失的妄想！

④ "拯救"、"回归"和"人类革命"——"小人口"原理(第4卷)[M].2013：32-34。"一天等于二十年"的耗散强度,把社会推向人口—经济的"高位均衡态"而在历史上创造了一个个辉煌但必然"短命"的"盛世"。

否定了"技术万能论",规定了技术在"规模障碍"面前的"失灵"。

三、新环境决定论:性质,人—地关系的度量和道德判断

——性质:包容主观能动性,本质、大尺度的环境决定论

新环境决定论是一种包容主观能动性,本质、大尺度的环境决定论。人不会消极地屈从于自然,但自然绝不允许,人也绝不可能把自己的意志(凌驾)加于自然之上。(1)数量、数量变化对事物存在、存在方式的规定性(数量原理);(2)"高层级—大尺度—大规模"系统(生物圈,母系统)对"低层级—小尺度—小规模"系统(人类社会,子系统)在目的上的包容和后者对前者的服从("包容—服从原理");(3)人/技术的力量(所能推动的物质、能量)极大地小于自然的力量,相互影响处于极不对称态——人的主观能动性因之被限于"小尺度"("不对称相干")。

——人—地关系的度量:技术,层级—尺度和规模

自然力的作用与层级—尺度、规模正相关,人/技术对自然的影响与层级—尺度、规模反相关。即,随着层级—尺度、规模的缩小,人/技术对局部环境的影响增强;随着层级—尺度、规模的扩大,环境的决定性作用上升,对人类活动的限制增强:在田头搭一个凉棚只是举手之劳,而动手给田里移栽的每株黄瓜苗覆瓦遮阳,则费工、耗材而远不如天边上飘来的一片云……"人定胜天"被限定在"低层级—小尺度—小规模"场景;在"高层级—大尺度—大规模"场景,自然力仍主宰着一切。

——人—地关系的道德判断:生态系统的"正向演替"

随自身数量增加和技术发展,人类已把自己变成了影响"全球变化"(覆被—气候)的"全球因子"——可改变地球面貌的外营力……但须明确和强调的是,人类即使凭借技术(人口爆炸也是极重要的原因)毁灭了生物圈,也不会影响人—地关系的决定论和大尺度本质:太阳依旧从东方升起,月亮依旧绕着地球转……风依旧刮,雨依然下……

在人—地关系中引入的道德判断——"一个事物,只有在她有助于生物共同体的和谐、稳定和美丽的时候,才是正确的,否则,她就是错误的"①,既是为了保证生态系统的正向演替(positive succession)和生物圈的"多样、稳定、和谐、持续",也是为了在"破坏场景"下从逻辑上保持人—地关系的"一以贯之",和提醒人们,节制自己的破坏性以保护生物圈!

---

① [美]奥尔多·利奥波德.沙乡年鉴[M].侯文蕙译.长春:吉林人民出版社,1997:233-234。

附录二　强化中华民族意识，培养国家认同

客观认知历史民族关系，推动族群问题"去政治化"和"文化化"，强化中华民族意识，培养、巩固国家认同，加强民族团结，应对分裂主义。

——处理民族关系的认知基础：人口压力是历史上民族融合的推动力；农耕文化是历史上中华民族的凝聚力

农耕是人类的"宿命"。历史上汉族与其他民族的融合，即是农耕文化的传播和农业文明的扩张——迫于人口压力，人们被迫放弃低支持力的牧业和牧业文化，自愿接受农耕文化而汇聚于农业文明的旗帜之下。是故，汉族在历史上欺压少数民族的说法是对历史的误读——如是，将如何面对以下不争的史实："胡人"多次"南下牧马"使农牧业在黄土高原交替；少数民族多次入主中原——"五胡乱华"、金灭北宋，和建立全国性政权——蒙古族灭宋建元、满族灭明建清？农耕文化传播、农业文明扩张，民族融合在青藏高原的"却步"——地高天寒不宜农耕，人口稀少/压力小不需要农耕，则既是对历史上民族融合"人口压力说"的证明，也是对汉族在历史上欺压其他少数民族的说法的否定①。

——推动族群问题的"去政治化"和"文化化"，强化中华民族意识，培养、巩固国家认同

推动族群问题"去政治化"和"文化化"，强化中华民族意识，培养、巩固国家认同，是应对分裂主义，维护社会稳定和国家安全的重大举措。

马戎从民族认同是文化认同，国家认同是政治认同，和以文化为核心的中国传统"族群"观出发，在总结印度、美国处理民族关系经验（"文化化"和相应的文化引导），苏联解体教训（"政治化"和相应的制度安排）的基础上，提出了关于妥善处理民族关系、应对分裂主义的"去政治化"建议：推动族群问题的"去政治化"、"文化化"和"多元一体"——"政治一体，文化多元"，强化中华民族意识，培养、巩固国家认同。

---

① 原华荣．"小人口原理"——文明的脉动、启迪、挑战和应对（第 2 卷）[M]．北京：中国环境出版社，2013：238-241、276-277．

附 表

附表 1   1953—2010 年中国历次人口普查按聚居地分别的少数民族人口数量

单位:10^4 人

民族	1953 年	1964 年	1982 年	1990 年	2000 年	2010 年
总人口	57785.61	69122.01	100391.39	113051.06	124261.22	133281.09
汉族	54282.41	65129.64	93667.49	103918.75	113738.61	122084.45
少数民族	3503.21	3992.37	6723.90	9132.31	10522.61	11196.63
已识别民族	3395.08	3988.39	6643.43	9056.72	10449.07	11132.48
东部民族	353.21	483.14	936.99	1831.70	2155.00	2149.00
满族	239.92	269.57	430.50	984.68	1068.23	1038.80
土家族		52.48	28.37	572.50	802.81	835.39
朝鲜族	111.13	133.96	176.52	192.34	192.38	183.09
畲族		23.42	37.20	63.47	70.96	70.87
锡伯族	1.90	3.34	8.37	17.29	18.88	19.05
鄂伦春族	0.23	0.27	0.41	0.70	0.82	0.87
赫哲族		0.07	0.15	0.43	0.46	0.54
高山族	0.03	0.04	0.17	0.29	0.45	0.40
西部民族	3041.97	3505.25	5706.45	7225.03	8294.08	8983.48
西南民族	2099.82	2368.46	3875.30	4948.24	5637.28	6022.87
壮族	686.46	838.61	1338.31	1555.58	1617.88	1692.64
苗族	249.09	278.21	502.12	738.36	894.01	942.60
彝族	322.78	338.10	545.36	657.85	776.23	871.44
藏族	275.31	250.12	384.79	459.31	541.60	628.22
侗族	71.28	83.61	142.64	250.00	296.03	288.00
布依族	123.77	134.81	211.93	254.83	297.15	287.00
瑶族	66.59	85.73	141.20	213.70	263.74	279.60
白族	56.71	70.66	113.22	159.81	185.81	193.35
哈尼族	48.12	62.87	105.88	125.48	143.97	166.09

民族	1953 年	1964 年	1982 年	1990 年	2000 年	2010 年
黎族	36.10	43.88	88.71	111.25	124.78	146.31
傣族	47.90	53.54	83.95	102.54	115.90	126.13
傈僳族	31.75	27.06	48.19	57.46	63.49	70.28
仡佬族		2.68	5.41	43.82	57.94	55.07
拉祜族	13.91	19.12	30.43	41.15	45.37	48.60
佤族	28.62	20.03	29.86	35.20	39.66	42.97
水族	13.36	15.61	28.70	34.71	40.69	41.18
纳西族	14.35	15.68	25.16	27.78	30.88	32.63
羌族	3.57	4.91	10.28	19.83	30.61	30.96
仫佬族		5.28	9.04	16.06	20.74	21.63
景颇族	10.19	5.78	9.30	11.93	13.21	14.78
布朗族		3.94	5.85	8.24	9.19	11.97
毛南族		2.23	3.82	7.24	10.72	10.12
普米族		1.43	2.42	2.97	3.36	4.29
阿昌族		1.20	2.04	2.77	3.39	3.96
怒族		1.50	2.29	2.72	2.88	3.75
京族		0.43	1.31	1.87	2.25	2.82
基诺族			1.96	1.80	2.09	2.31
德昂族		0.73	1.23	1.55	1.79	2.06
门巴族		0.38	0.11	0.75	0.89	1.06
独龙族		0.31	0.46	0.58	0.74	0.69
珞巴族			0.11	0.23	0.30	0.37
西北民族	942.05	1136.80	1831.14	2276.79	2656.80	2960.61
回族	353.05	447.31	722.84	861.20	981.68	1058.61
维吾尔族	361.05	399.63	596.35	720.70	839.94	1006.93
蒙古族	145.10	196.58	341.14	480.24	581.39	598.18
哈萨克族	50.94	49.16	90.75	111.08	125.05	146.26
东乡族	15.58	14.74	27.95	37.37	51.38	62.15
土族	5.33	7.73	15.96	19.26	24.12	28.96

续表

民族	1953 年	1964 年	1982 年	1990 年	2000 年	2010 年
柯尔克孜族	0.79	7.02	11.34	14.35	16.08	18.67
达斡尔族		6.34	9.41	12.15	13.24	13.20
撒拉族	3.07	3.47	6.91	8.75	10.45	13.06
塔吉克族	1.45	1.62	2.66	3.32	4.10	5.11
鄂温克族	0.50	0.97	1.94	2.64	3.05	3.09
保安族	0.50	0.51	0.90	1.17	1.65	2.01
俄罗斯族	2.27	0.13	0.29	1.35	1.56	1.54
裕固族	0.39	0.57	1.06	1.23	1.37	1.44
乌孜别克族	1.36	0.77	1.22	1.48	1.24	1.06
塔塔尔族	0.69	0.23	0.41	0.51	0.49	0.36
未识别民族	101.73	3.24	79.97	75.23	73.44	64.01
中籍外国人	0.10	0.74	0.49	0.35	0.09	0.14

资料来源:中国 2010 年人口普查民族人口资料(光盘版).表 1-1 历次普查分性别的各民族人口。

注:无数据指该民族在该统计年尚未被识别。

附表 2　1953—2010 年中国历次人口普查按居住地分别的少数民族人口数量

单位:10⁴ 人

居住地	1953 年	1964 年	1982 年	1990 年	2000 年	2010 年
合计	3401.38	3988.39	6723.90	9132.31	10522.61	11196.63
市				886.24	1242.42	1773.29
镇				607.50	1215.15	1903.59
县				7638.56	8065.05	7519.76
西部地区	2777.99	3142.06	5327.71	6736.91	7650.38	8138.82
西南地区	1997.43	2233.82	3801.45	4830.01	5418.81	5588.85
四川	202.23	172.90	366.15	489.02	411.86	490.78
重庆					197.36	193.71
贵州	356.25	400.97	742.35	1124.23	1333.60	1240.44
云南	541.19	638.41	1032.21	1235.81	1415.88	1534.92
广西	733.79	855.33	1393.59	1657.78	1682.96	1710.77
西藏	127.40	121.38	177.22	211.52	245.78	275.69
海南	36.57	44.83	89.93	111.66	131.37	142.54
西北地区	780.55	908.24	1526.26	1906.90	2231.57	2549.97
陕西	5.63	9.40	13.31	15.64	17.64	18.96

居住地	1953 年	1964 年	1982 年	1990 年	2000 年	2010 年
甘肃	148.68	95.54	155.52	185.75	219.92	241.04
宁夏		65.04	124.42	154.91	189.58	221.50
青海	85.41	82.93	153.58	187.80	221.69	264.32
新疆	444.90	494.86	779.76	946.15	1096.96	1298.58
内蒙古	95.93	160.48	299.67	416.65	485.78	505.56
东部地区	623.39	846.33	1396.19	2395.39	2872.23	3057.82
辽宁	148.26	185.89	291.02	616.59	671.84	664.31
吉林	119.32	134.22	182.97	252.54	245.34	218.57
黑龙江	94.43	108.70	161.40	199.86	177.25	137.48
北京	16.84	28.35	32.24	41.41	58.55	80.12
天津	7.99	11.56	16.43	20.27	26.70	33.14
河北	71.58	62.19	85.34	240.91	290.28	299.29
山西	2.03	4.01	6.38	8.23	10.32	9.36
上海	3.15	4.36	4.98	6.22	10.39	27.62
江苏	6.64	8.30	11.06	15.33	25.99	38.49
浙江	3.09	10.64	16.16	21.28	39.54	121.47
安徽	13.38	15.53	26.18	32.44	39.78	39.56
福建	2.00	14.70	25.15	46.68	58.38	79.69
江西	0.2	0.90	2.21	10.13	12.57	15.23
山东	25.25	29.46	40.81	50.59	63.27	72.59
河南	40.57	51.72	79.97	100.95	114.36	112.16
湖北	3.54	18.30	177.87	214.06	259.69	246.85
湖南	58.67	127.57	220.13	482.38	641.07	655.14
广东	6.45	29.89	15.87	35.53	126.91	206.73

　　资料来源:中国民族报社信息中心,www.mzb.com.cn/2006-12-28,中国民族宗教网;国务院人口普查办公室、国家统计局人口统计司.中国 1982 年人口普查资料(电子计算机汇总).北京,1992:218;中国 1990 年人口普查资料(第一册).1993:300、320、340、360;国务院人口普查办公室、国家统计局人口和社会科技统计司.中国 2000 年人口普查资料(上册).北京:中国统计出版社,2002:18、302、389;2010 年第六次全国人口普查资料(上册).35-54。

　　注:无数据指该项目在该统计年未进行。

　　少数民族的人口数量,1953 年按总人口与汉族之差为 35032085 人,按各少数民族合计为 34969085 人,按省区市合计为 34013782 人,相差 63000 人、1018303 人和 955303人;1964 年按总人口与汉族之差与各少数民族合计一致为 39923736 人,按省区市合计为 39883909 人,相差 39827 人;从 1982 年开始,三种口径一致。

附表 3　1990 年、2010 年中国各行政区的人口数量和密度

行政区	土地面积	人口数量		人口密度	
	10^3 km²	10^4 人		人/km²	
		1990 年	2010 年	1990 年	2010 年
全国	9506.90	113051.06	133281.09	119	140
东部地区	2716.92	80195.05	96378.16	295	355
西部地区	6789.98	32856.01	36902.93	34	54
西南地区	2600.65	22758.09	24767.64	88	95
四川	484.06	10721.83	8041.75	189	166
重庆	82.27		2884.62		350
贵州	176.15	3239.11	3474.86	184	197
云南	383.19	3697.26	4596.68	96	120
广西	237.56	4224.49	4602.38	178	194
海南	35.35	655.81	867.15	185	245
西藏	1202.07	219.60	300.22	1.8	2.5
西北地区	4189.33	10097.92	12135.28	24	29
陕西	205.79	3288.23	3732.74	160	182
甘肃	404.09	2237.11	2557.53	49	56
青海	717.48	445.70	562.67	6	8
宁夏	51.95	465.54	630.14	70	95
新疆	1664.90	1515.69	2181.58	9	13
内蒙古	1145.12	2145.65	2470.63	18	37
东部地区	2716.94	80195.05	96378.16	295	355
辽宁	148.06	3945.97	4374.63	270	300
吉林	191.12	2465.98	2745.28	129	144
黑龙江	452.65	3521.59	3831.40	78	84
北京	16.41	1081.84	1961.24	658	1194
天津	11.92	878.54	1293.87	737	1085
河北	188.43	6108.28	7185.42	325	383
山西	156.71	2875.88	3571.21	184	228
上海	8.24	1334.19	2301.92	2075	3579

续表

行政区	土地面积	人口数量		人口密度	
	10^3 km^2	10^4 人		人/km^2	
		1990 年	2010 年	1990 年	2010 年
江苏	106.74	6705.68	7866.09	654	767
浙江	105.40	4144.60	5442.69	407	535
安徽	140.13	5618.10	5950.05	402	426
福建	124.02	3004.83	3689.42	248	304
江西	166.89	3771.02	4456.78	226	267
山东	157.13	8439.21	9579.27	535	607
河南	165.54	8553.42	9402.99	512	563
湖北	185.89	5397.05	5723.77	290	308
湖南	211.85	6065.80	6570.08	286	310
广东	179.81	6282.97	10432.05	349	580

资料来源:中国 1990 年人口普查资料(第一册).300-301;2010 年第六次全国人口普查资料(第一卷)35-54;中华人民共和国国家统计局.中国统计年鉴—2011[M].北京:中国统计出版社,2011:427。

附表 4-1　1990 年、2010 年中国分年龄、性别的人口数量　　单位:10^2 人

年龄组（岁）	1990 年		2010 年		年龄组（岁）	1990 年		2010 年	
	男	女	男	女		男	女	男	女
0～4	610491	553893	410626	344700	55～59	218400	198694	410829	402295
5～9	516309	477059	384647	324169	60～64	174819	164943	298344	288329
10～14	501836	470431	402673	346412	65～69	129175	134150	207485	203648
15～19	616506	585078	519048	479843	70～74	83442	97064	164035	165689
20～24	642330	615282	640086	634039	75～79	46891	62448	112789	125733
25～29	535130	507545	508370	501768	80～84	19940	33588	59175	74557
30～34	437061	401696	495218	476164	85～89	60570	13018	21998	34321
35～39	445689	417830	603911	576349	90～94	945	2571	5309	10474
40～44	333360	303717	636087	611453	95～99	146	433	1177	2523
45～49	258559	232320	537764	518181	≥100	16	51	89	271
50～54	241104	215092	403632	383899					

资料来源:中国 1990 年人口普查资料(第一册).北京:中国统计出版社,1993:380-453;2010 年第六次全国人口普查资料(上册).199-258。

附表 4-2　1990 年、2010 年汉族、少数民族分年龄、性别的人口数量

单位：10^2 人

年龄组（岁）	汉族				少数民族			
	1990 年		2010 年		1990 年		2010 年	
	男	女	男	女	男	女	男	女
0～4	553988	500865	364902	304487	56503	53028	45724	40214
5～9	463471	426812	341661	285832	52838	50247	42985	38337
10～14	451403	422753	358722	306479	50433	47678	43951	39933
15～19	562742	534001	471708	434724	53764	51078	47340	45119
20～24	591293	565825	586599	580784	51038	49457	53487	53255
25～29	495250	469788	461081	455803	39880	37757	47290	45966
30～34	406856	373645	449558	432754	30205	38051	45660	43410
35～39	416468	390754	554286	529898	29220	27076	49625	46450
40～44	310492	282568	588355	566260	22868	21149	47732	45193
45～49	239541	214546	499207	481462	19018	17775	38557	36719
50～54	223807	199115	376382	357723	17297	15977	27251	26176
55～59	203892	185214	384554	376817	14508	13480	26276	25478
60～64	163395	153970	278550	268883	11425	10973	19794	19445
65~69	121010	125732	193097	188959	8165	8418	14388	14689
70～74	77934	90937	153016	154142	5508	6126	11018	11547
75～79	43627	58544	105988	117986	3264	3904	6800	7751
80～84	18459	31552	55751	70176	1481	2035	3424	4381
85～89	55729	12277	20770	32466	485	741	1229	1855
90～94	829	2409	4977	9876	116	161	332	598
95～99	103	386	1087	2359	42	47	90	164
≥100	9	41	78	249	7	10	10	22

资料来源：同表 4-1。

附表 4-3 1990 年、2010 年东、西部少数民族分年龄、性别的人口数量

单位：10^2 人

年龄组（岁）	东部民族				西部民族			
	1990 年		2010 年		1990 年		2010 年	
	男	女	男	女	男	女	男	女
0～4	11488	10668	7798	6862	44555	41902	37614	33117
5～9	9670	9248	7449	6613	42702	40567	35166	31410
10～14	9178	8744	7543	6812	40724	38440	35961	32717
15～19	1094	10526	9117	8818	42310	40091	37930	36033
20～24	11394	10823	10698	10667	39313	38264	42559	42350
25～29	9817	9152	8618	8434	29791	28363	38475	37343
30～34	8022	7067	8450	7935	21972	20801	36969	35245
35～39	7630	6969	10158	9342	21367	20298	39190	36868
40～44	5227	4481	10822	10007	17466	16507	36664	34960
45～49	3975	3454	9563	8921	11899	14184	28822	27638
50～54	3681	3126	7335	6634	13476	12720	19791	19428
55～59	3226	2776	7196	6457	11177	10605	18939	18886
60～64	2954	2346	4938	4449	8746	8544	14754	14899
65～69	1943	1790	3346	3114	6161	6560	10968	11501
70～74	1221	1170	2626	2482	4241	4901	8330	9002
75～79	730	750	1698	1730	2507	3116	5069	5985
80～84	312	376	900	1016	1156	1636	2505	3342
85～89	97	137	333	419	385	596	890	1426
90～94	15	24	74	111	100	136	256	484
95～99	2	4	16	26	40	42	74	137
≥100	1	1	1	3	6	10	9	19

资料来源：同表 4-1。

附表 4-4　1990 年、2010 年西南、西北少数民族分年龄、性别的人口数量

单位:10^2 人

年龄组（岁）	西南民族				西北民族			
	1990 年		2010 年		1990 年		2010 年	
	男	女	男	女	男	女	男	女
0～4	29121	27043	25004	21554	15434	14859	12610	11563
5～9	28534	26787	24150	21203	14168	13779	11017	10207
10～14	28648	26937	24612	22017	12076	11503	11348	10700
15～19	29308	27553	24698	23004	13002	12538	13232	13030
20～24	27261	26115	26883	26335	12052	12149	15667	16014
25～29	20107	18870	25042	24048	9684	9492	13433	13295
30～34	14426	13486	25005	23472	7546	7315	11965	11773
35～39	14372	13435	26596	24548	6995	6863	12595	12320
40～44	11926	11185	24843	23290	5540	5322	11822	11670
45～49	10458	9961	19324	18351	4440	4223	9499	9288
50～54	9500	8994	12704	12406	3977	3727	7087	7022
55～59	7880	7615	12691	12635	3298	2991	6248	6251
60～64	5956	6068	9922	10147	2789	2476	4833	4752
65～69	4151	4759	7621	8236	2010	1801	3347	3264
70～74	2843	3618	5830	6601	1397	1283	2501	2401
75～79	1692	2378	3610	4533	815	738	1458	1451
80～84	719	1203	1747	2568	457	433	759	774
85～89	208	429	601	1108	176	166	289	318
90～94	32	79	109	379	68	57	89	106
95～99	8	21	49	107	33	22	25	30
≥100	2	6	5	14	5	3	4	5

资料来源:同表 4-1。

图书在版编目(CIP)数据

中国少数民族人口学特征地域性的理论与实证/ 原华荣等著 . —杭州:浙江大学出版社,2019.8
ISBN 978-7-308-19497-6

Ⅰ.①中… Ⅱ.①原… Ⅲ.①少数民族－地区人口学－特征－研究－中国 Ⅳ.①C922.2

中国版本图书馆 CIP 数据核字(2019)第 185513 号

中国少数民族人口学特征地域性的理论与实证

原华荣 等著

责任编辑	田 华
责任校对	王建英
封面设计	雷建军
出版发行	浙江大学出版社
	(杭州市天目山路 148 号 邮政编码 310007)
	(网址:http://www.zjupress.com)
排　　版	浙江时代出版服务有限公司
印　　刷	杭州高腾印务有限公司
开　　本	710mm×1000mm 1/16
印　　张	16
字　　数	280 千
版 印 次	2019 年 8 月第 1 版 2019 年 8 月第 1 次印刷
书　　号	ISBN 978-7-308-19497-6
定　　价	55.00 元